X Y
DE L'IDENTITE MASCULINE

DU MÊME AUTEUR

L'Amour en plus : histoire de l'amour maternel (XIIᵉ-XXᵉ s.), Flammarion.

Les Goncourt : romanciers et historiens des femmes, préface à *La Femme au XVIIIᵉ s.* d'Edmond et Jules de Goncourt, collection « Champs », Flammarion.

Emilie, Emilie : l'ambition féminine au XVIIIᵉ siècle, Flammarion.

Les Remontrances de Malesherbes (1771-1775), collection « Champs », Flammarion.

L'Un est l'autre : des relations entre hommes et femmes, Editions Odile Jacob.

Correspondance inédite de Condorcet et Madame Suard (1771-1791), éditée, présentée et annotée par Elisabeth Badinter, Fayard.

Madame d'Epinay : histoire de Madame de Montbrillant ou les contre-confessions, préface d'Elisabeth Badinter, Mercure de France.

Thomas, Diderot, Madame d'Epinay : qu'est-ce qu'une femme ?, débat préfacé par Elisabeth Badinter, P.O.L.

Condorcet, Prudhomme, Guyomar : paroles d'hommes (1790-1793), présentées par Elisabeth Badinter, P.O.L.

En collaboration avec Robert Badinter :

Condorcet : un intellectuel en politique, Fayard.

ELISABETH BADINTER

X Y

DE L'IDENTITE MASCULINE

EDITIONS
ODILE JACOB

ISBN 2-7381-0179-8

© ÉDITIONS ODILE JACOB, SEPTEMBRE 1992
15, RUE SOUFFLOT, 75005 PARIS

REMERCIEMENTS

Ce livre est le résultat de six séminaires tenus à l'Ecole Polytechnique. Les commencements furent laborieux. Je me suis parfois sentie coupable de mettre en question les critères traditionnels de la masculinité sans pouvoir en proposer d'autres. Je remercie mes étudiants de leur patience et en particulier ceux qui m'ont aidée à y voir plus clair.

Outre la complexité du sujet, j'ai été confrontée à un problème de documentation que je n'aurais pas pu résoudre sans l'aide amicale de plusieurs personnes. Ma reconnaissance va d'abord à Mariette Job, dont la culture encyclopédique m'a permis de trouver les romans qui pouvaient éclairer la condition masculine. Elle va également à Claude Durand pour les mêmes raisons. Je veux aussi remercier mes amis aux Etats-Unis que j'ai harcelés pour qu'ils m'envoient la précieuse documentation anglo-américaine : Arno Mayer, Marilyn Yalom, Muriel Jolivet, Tom Bishop, et en particulier Nicolas Rachline que j'ai si souvent mis à contribution. Enfin, je suis profondément redevable à Michèle Bleustein-Blanchet, Merete Gerlach-Nielsen et Pierre Barillet qui ont lu et relu le manuscrit avec une patience inlassable et m'ont donné de précieux conseils. A tous, y compris Guy Taïeb, Michèle Réservat et Isabelle Simon, je dis un grand merci.

Pour mon fils Benjamin qui m'a fait
cadeau du titre de ce livre.

XY est la formule chromosomique de l'homme [1]. S'il
n'y a pas d'accident de parcours, ces deux chromosomes
déclenchent tous les mécanismes de la différenciation
sexuelle qui font qu'un homme n'est pas une femme.
Définitivement identifiés en 1956 [2], les chromosomes
sexuels définissent le sexe génétique masculin et sym-
bolisent l'origine de l'histoire de l'homme. Mais si XY
est bien la condition première de l'être humain masculin,
cela ne suffit pas à le caractériser. Il y a des personnes
XY, physiquement normales, qui méconnaissent leur
identité masculine et d'autres qui acquièrent cette identité en dépit d'anomalies génétiques. Le devenir masculin
met en jeu des facteurs psychologiques, sociaux et cultu-

---

1. XX est celle de la femme.
2. Cf. les travaux de J.H. Tjio et A. Levant en Suède. *Hereditas,* 42, 1, 1956.

9

rels qui n'ont rien à voir avec la génétique mais jouent un rôle non moins déterminant, sinon plus. De XY au sentiment d'identité masculine, qui marque l'aboutissement de l'évolution de l'homme, le chemin est long et semé d'embûches. Un peu plus long et un peu plus difficile que le parcours féminin, contrairement à ce que l'on a longtemps cru.

Il y a encore peu, c'était la femme le continent noir de l'humanité et nul ne songeait à questionner l'homme. La masculinité paraissait aller de soi : lumineuse, naturelle et contraire à la féminité. Les trois dernières décennies ont fait voler en éclats ces évidences millénaires. Parce que les femmes ont entrepris de se redéfinir, elles ont contraint les hommes à en faire autant. XY reste la constante, mais l'identité masculine n'est plus ce qu'elle était. Preuve qu'elle n'était pas inscrite dans le marbre.

La remise en question des certitudes les plus intimes est toujours longue et douloureuse. Il suffit de lire les romans masculins de ces dernières années pour s'en convaincre. Mais ce travail de déconstruction n'intervient jamais par hasard. Il prend place quand le modèle dominant a montré ses limites. Tel est le cas du modèle masculin traditionnel, déphasé par rapport à l'évolution des femmes et source d'une véritable mutilation dont les hommes commencent à prendre conscience. Le vieil homme est en train de mourir pour laisser place à un autre, différent, qui naît sous nos yeux et dont on entrevoit à peine les contours. Ce livre se situe dans cette période de l'entre-deux où plus rien n'est très clair et où il faut parfois pallier l'absence de savoir par l'imagination. L'auteur féminin qui parle des hommes a pleinement conscience de ses limites.

PROLOGUE

L'ENIGME MASCULINE
Le Grand X

Qu'est-ce qu'un homme ?

Quelle est l'essence du mâle humain ? Spontanément, nous donnons créance à l'éternel masculin sans trop nous soucier de la remarque de Rousseau : « Le mâle n'est mâle qu'en certains instants, la femelle est femelle toute sa vie, ou du moins toute sa jeunesse [1]. » Peu enclins à nous interroger sur une réalité inconstante, nous voulons croire à un principe universel et permanent de la masculinité (mâlitude) qui défie le temps, l'espace et les âges de la vie. Ce principe, nous le trouvons dans l'ordre de la nature qui exhibe la différence des sexes. Aussitôt l'enfant né, aussitôt le sexe assigné. Et si un doute demeure, la génétique palliera l'anatomie défaillante.

Pourtant, ces évidences sans cesse rappelées ne parviennent pas à mettre un terme au questionnement. Notre langage quotidien trahit nos doutes, voire notre

---

1. *Emile*, Livre V. La Pléiade, Gallimard, 1969, p. 697.

13

inquiétude, en parlant de la masculinité comme d'un objectif et d'un devoir. Etre un homme se dit plus volontiers à l'impératif qu'à l'indicatif. L'ordre si souvent entendu : « Sois un homme » implique que cela ne va pas de soi et que la virilité n'est peut-être pas si naturelle qu'on veut bien le dire. A tout le moins, l'exhortation signifie que la détention d'un chromosome Y ou d'organes sexuels masculins ne suffit pas à circonscrire le mâle humain. Etre un homme implique un travail, un effort qui ne semble pas être exigé de la femme. Il est plus rare d'entendre : « Sois une femme », comme un rappel à l'ordre, alors que l'exhortation au petit garçon, à l'adolescent et même à l'adulte masculin est propos courant dans la plupart des sociétés [2]. Sans en être pleinement conscients, nous faisons comme si la féminité était naturelle, donc inéluctable, alors que la masculinité devrait s'acquérir et se payer cher. L'homme lui-même et ceux qui l'entourent sont si peu sûrs de son identité sexuelle, qu'on exige des preuves de sa virilité. « Prouve que tu es un homme », tel est le défi permanent auquel est confronté un être masculin. Or l'exhibition des preuves passe par des épreuves que la femme n'a pas à connaître. Le jour des règles vient naturellement, sans effort sinon sans douleur, et voilà la petite fille déclarée femme pour toujours. Rien de tel aujourd'hui pour le petit garçon de la civilisation occidentale. Non point que le besoin archaïque de prouver sa virilité ait disparu. Mais la contradiction n'a jamais été si grande entre la nécessité d'exhiber son genre et l'absence de preuves certaines et définitives.

La confusion est à son comble lorsque le langage

2. David D. Gilmore, *Manhood in the Making. Cultural Concepts of Masculinity*, Yale University Press, 1990, p. 2.

courant parle volontiers d'*un homme, un vrai* pour désigner l'homme viril. Cela signifie-t-il que certains êtres humains n'ont que l'apparence de l'homme, sont de faux hommes ? Certains se plaignent aujourd'hui de l'absence de féminité des femmes, mais ces dernières émettent rarement des doutes sur leur identité. A l'inverse, ce sont bien souvent les hommes eux-mêmes qui se distinguent entre eux en ajoutant le label de qualité : vrai. Et ce sont eux aussi qui s'interrogent secrètement pour savoir s'ils méritent cette mention.

Devoir, preuves, épreuves, ces mots disent qu'il y a une véritable tâche à accomplir pour devenir un homme. La virilité n'est pas donnée d'emblée, elle doit être construite, disons « fabriquée ». L'homme est donc une sorte d'*artefact,* et comme tel il court toujours le risque d'être pris en défaut. Défaut de fabrication, défaillance de la machinerie virile, bref un homme raté. L'entreprise est si peu assurée que la réussite mérite d'être relevée. Comme le dit Pierre Bourdieu : « Il suffit de dire d'un homme, pour le louer, que " c'est un homme " [3]. » Formule de l'*illusio* virile. D'ores et déjà, Bourdieu souligne l'effort pathétique pour être à la hauteur de cette idée de l'homme et la souffrance de ne pas l'être.

A cette souffrance-là s'en ajoute une nouvelle. Aujourd'hui, les repères se sont envolés et l'homme de la fin du XXe siècle ne sait plus se définir. A la question « qu'est-ce qu'un homme ? », Günter Grass répond : « Un lieu de fâcheuse souffrance... un jouet de fortune... un théâtre d'angoisse et de désespérance [4]. » Le propos date justement des années 1970, époque à laquelle les hommes

---

3. P. Bourdieu, « La domination masculine », *Actes de la recherche en sciences sociales,* n° 84, septembre 1990, p. 21.
4. Günter Grass, *Le Turbot,* 1977, trad. française, Seuil, 1979, p. 238.

commencent à s'interroger sur leur identité. Prenant exemple sur les féministes qui contestent haut et fort les rôles traditionnels qu'on leur assigne, certains disent vouloir se libérer des contraintes de l'*illusio* virile. Ce sont les théoriciens des sciences humaines aux Etats-Unis qui inaugurent ce questionnement sur le rôle idéal masculin, source d'aliénation pour les hommes et de mésentente avec les femmes. Ces années 1970 qui voient naître les premiers travaux scientifiques sur la masculinité [5] ont le ton de la passion qui accompagne toute dénonciation. Il y a une sorte de joie furieuse à mettre en question la norme et à montrer toutes les contradictions qu'elle fait peser sur le mâle humain. Mais au plaisir de la dénonciation et de la destruction du modèle a succédé dans les années 1980 une période d'incertitude lourde d'angoisse. Plus que jamais l'homme est un problème à résoudre et non une donnée. L'Australienne Lynne Segal [6] et l'Américaine Catherine Stimpson [7], deux fines spécialistes de l'homme, font le même constat : « L'homme est devenu un vrai mystère. » Ce qui fait son essence, sa virilité, voit en outre son unité remise en cause. La classe, l'âge, la race ou la préférence sexuelle deviennent des facteurs de différenciation masculine et les Anglo-Américains ne parlent plus de masculinité qu'au pluriel.

Si les chercheurs français sont restés discrets sur ces

---

5. A l'exception du livre de Marc Feigen-Fasteau, *Le Robot mâle,* publié en 1974 aux USA et en 1980 par Denoël-Gontier, les autres n'eurent pas l'honneur d'une traduction. Il s'agit de Warren Farrell, *The Liberated Man* (1975), J. Pleck et J. Sawyer, *Men and Masculinity* (1974) et D. David et R. Brannon, *The Forty-nine Percent Majority* (1976).

6. Lynne Segal, *Slow Motion. Changing Masculinities, changing Men.* Virago Press, Grande-Bretagne, 1990, et Rutgers University Press, p. IX.

7. Catherine Stimpson, préface de Harry Brod (ed.), *The Making of Masculinities. The New Men's Studies,* USA Unwin Hyman Inc., 1987, p. XI.

questions [8], beaucoup de romanciers en revanche en ont senti l'acuité et disent avec des mots simples leur désarroi. Philippe Djian est l'un d'eux. Dans *Lent dehors,* qui raconte l'histoire d'un homme de l'enfance à la maturité, le héros constate : « Durant de longues années, je m'imaginais que la femme était le mystère absolu. Aujourd'hui, c'est moi, en tant qu'homme, que j'ai du mal à comprendre... Je crois que je peux comprendre à quoi sert une femme, mais un homme, à quoi sert-il au juste ? Que signifie : je suis un homme ? » Pour P. Djian, l'homme est le continent noir. Il se dirige sans boussole [9].

De tels propos étaient impensables il y a encore trente ans. Les hommes savaient si bien ce qu'ils étaient que nul ne songeait à s'interroger sur l'identité masculine. Que s'est-il donc passé pour en arriver là ? Beaucoup accusent le féminisme des années soixante d'avoir « déstabilisé les oppositions réglées et brouillé les repères stables » [10]. En vérité, le féminisme occidental est moins coupable d'avoir brouillé les repères que d'avoir montré le roi nu. En mettant fin à la distinction des rôles, et en prenant pied systématiquement dans tous les domaines jadis réservés aux hommes [11], les femmes ont fait s'évanouir l'universelle caractéristique masculine : la supériorité de l'homme sur la femme. Depuis la naissance du patriarcat, l'homme s'est toujours défini comme un être humain privilégié, doté de quelque chose *en plus* ignoré des femmes. Il se juge *plus* fort, *plus* intelligent, *plus* courageux, *plus* responsable, *plus* créateur, ou *plus* rationnel. Et ce *plus* justifie sa relation hiérarchique

---

8. Rendons hommage au travail précurseur d'Emmanuel Reynaud, *La Sainte virilité,* éd. Syros, 1981.
9. Philippe Djian, *Lent dehors,* Bernard Barrault, 1991, pp. 44, 63.
10. Gilles Lipovetsky, *L'Ere du vide,* Gallimard, 1983, p. 80.
11. E. Badinter, *L'Un est l'autre : des relations entre hommes et femmes,* O. Jacob, 1986, 3e partie, la ressemblance des sexes.

aux femmes, ou à tout le moins avec la sienne. Pierre Bourdieu remarque qu'«être un homme, c'est être installé d'emblée dans une position impliquant des pouvoirs»[12]. Il conclut justement que «l'*illusio* virile est au fondement de la *libido dominandi*». Mais on peut aussi inverser le propos et dire que la *libido dominandi* fonde la virilité, fût-elle illusoire. Et même si le «dominant est dominé par sa domination», cette dernière était l'ultime critère d'identité masculine. Avec sa disparition progressive, nous sommes confrontés au vide définitionnel. De quoi avoir le vertige pour tous ces jeunes hommes qui naviguent à vue pour éviter deux écueils : ne pas être assez mâle ou l'être trop.

Repenser la masculinité est une urgence que les Américains ont perçue plus vite que les autres. Ils ont donné naissance aux *Men's Studies* qui fleurissent autant en Angleterre qu'aux Etats-Unis[13], en Australie, et à un moindre degré dans les pays nordiques. Si ces nouvelles interrogations viennent essentiellement des pays anglo-américains, c'est probablement que cette civilisation a toujours été obsédée par la virilité, comme en témoignent leur histoire, leur art et leur culture. Ces hommes-là ont été confrontés à d'autres femmes que les Français. Ils ont eu à faire face à un féminisme autrement plus radical et plus puissant dont il faudrait retrouver les causes historiques et psychologiques. Les féministes Américaines reprochent souvent aux Françaises leur connivence avec les hommes. Il est vrai qu'au-delà des polémiques et des critiques qui ont opposé hommes et femmes, la Française n'a jamais tout à fait rompu le dialogue avec son complice. La solidarité des sexes a survécu à tout, y compris aux

---

12. *Op. cit.,* p. 21.
13. On compte plus de 200 départements de *Men's Studies* aux Etats-Unis.

périodes de remise en question les plus aiguës. La virilité est moins contestée de ce côté de l'Atlantique, la violence masculine y est moins grande, et les hommes ont moins peur des femmes, et réciproquement. Résultat : le problème de la masculinité se pose ici avec moins d'acuité qu'ailleurs, ce qui n'empêche qu'il taraude chacun de nous, hommes et femmes.

Quand l'homme était l'Homme

La langue française – aujourd'hui comme hier – désigne du même mot le mâle et l'humain. Pour nous faire comprendre, il faut souvent préciser que nous l'écrivons avec une majuscule ou une minuscule. Ce faisant, depuis l'Antiquité grecque, le Français ne fait qu'entériner la tendance à assimiler les deux signifiés. L'homme *(vir)* se vit comme universel *(homo)*. Il se considère comme le représentant le plus accompli de l'humanité. Le critère de référence. La pensée occidentale se partage entre deux approches apparemment différentes de la dualité des sexes [14]. Soit on privilégie le modèle de la ressemblance soit on lui préfère celui de l'opposition. Mais dans les deux cas, on affirme la supériorité de l'homme qui justifie sa domination sur la femme.

Selon Thomas Laqueur, c'est le *one sex model,* le modèle unisexe, qui a dominé la pensée jusqu'au début du XVIIIᵉ siècle. Après quoi, même si ce modèle réapparaît ici ou là, notamment chez Freud, c'est le modèle

---

14. Ce passage s'inspire du brillant ouvrage de l'Américain Thomas Laqueur, *Making Sex, Body and Gender from the Greeks to Freud.* Harvard University Press, 1990. Publié en français, après qu'on eut écrit ces lignes, sous le titre *La Fabrique du sexe, Essai sur le corps et le genre en Occident,* Gallimard, 1992.

des deux sexes opposés qui l'emporte aux XIXe et XXe siècles, disons jusqu'à hier.

Que signifie le *one sex model* et comment parler encore de dualité des sexes ? Pendant fort longtemps, ce fut un lieu commun de penser que les femmes avaient les mêmes organes génitaux que les hommes, avec pour seule différence que les leurs étaient à l'intérieur du corps et non à l'extérieur [15]. En plein XVIIIe siècle, Diderot peut encore écrire : « La femme a toutes les parties de l'homme, et la seule différence qu'il y ait est celle d'une bourse pendante en dehors, ou d'une bourse retournée en dedans [16]. » Durant près de deux millénaires, le langage a entériné ce point de vue. L'ovaire qui sera dès le début du XIXe siècle la métonymie de la femme n'aura pas eu de nom à lui avant la fin du XVIIe siècle [17].

Comme le fait remarquer Thomas Laqueur, le sexe ou le corps, avant le Siècle des Lumières, était compris comme un épiphénomène, alors que le genre, que nous considérons comme une catégorie culturelle, était la donnée première et primordiale. Être un homme ou une femme était avant tout un rang, une place dans la société, un rôle culturel, et non un être biologiquement opposé à l'autre. Mais ce modèle de l'unicité sexuelle engendre un dualisme qualitatif dont l'homme est le pôle lumineux.

---

15. C'est Galien qui a le mieux développé l'identité structurelle des organes de reproduction mâles et femelles. Il soutint la thèse selon laquelle les femmes étaient essentiellement des hommes auxquels manquait la chaleur vitale, marque de la perfection. Ce manque de chaleur était la raison de la rétention à l'intérieur de ce qui est chez l'homme à l'extérieur. Dans cette optique, le vagin est pensé comme un pénis interne, l'utérus comme le scrotum, les ovaires comme les testicules. A l'appui de ses théories, Galien faisait état des dissections de l'anatomiste alexandrin Hérophile au IIIe siècle avant Jésus-Christ.

16. Diderot, « Le rêve de d'Alembert », 1769, in *Œuvres philosophiques,* éd. de P. Vernière, éd. Garnier, 1967, p. 328.

17. Hérophile appelle les ovaires *dydumos,* les jumeaux, nom également attribué aux testicules. De même n'existe-t-il aucun nom technique en latin, en grec ou dans les langues européennes avant 1668 pour désigner le vagin.

Que les différences entre les sexes soient de degré et non de nature n'empêche pas la hiérarchie de demeurer. La femme est mesurée à l'aune de la perfection masculine. Inverse de l'homme, elle est donc moins parfaite.

A la fin du XVIIIᵉ siècle, des penseurs d'horizons différents insistent sur la distinction radicale entre les sexes, qu'ils fondent sur les nouvelles découvertes biologiques. De la différence de degré, on passe à la différence de nature. Ainsi, en 1803, Jacques-Louis Moreau argumente avec force contre Galien. Non seulement les sexes sont différents, mais ils le sont dans chacun des aspects du corps et de l'âme, donc physiquement et moralement [18]. C'est le triomphe du dimorphisme radical. A l'inverse du modèle précédent, c'est le corps maintenant qui apparaît comme le réel et ses significations culturelles comme des épiphénomènes. La biologie devient le fondement épistémologique des prescriptions sociales. L'utérus et les ovaires qui définissent la femme consacrent sa fonction maternelle et font d'elle une créature en tout point opposée à son compagnon [19]. L'hétérogénéité des sexes commande des destins et des droits différents. Hommes et femmes évoluent dans deux mondes distincts et ne se rencontrent guère... sinon le temps de la reproduction. Forte de son pouvoir de génération, elle règne en maître sur son foyer, préside à l'éducation des enfants et incarne sans conteste la loi morale qui décide des bonnes mœurs. A lui, le reste du monde. En charge de

18. Dans son *Histoire naturelle de la femme*, Jacques-Louis Moreau (1771-1826) décrit la relation de l'homme et de la femme comme « une série d'oppositions et de contrastes », Th. Laqueur, *op. cit.*, p. 5.
19. En 1889, le biologiste Patrick Geddes croit en trouver la preuve ultime par l'observation au microscope des cellules féminines et masculines. Les premières sont « plus passives, conservatrices, apathiques et stables » alors que celles de l'homme sont « plus actives, énergiques, impatientes, passionnées et variables », *idem*, p. 6.

la production, de la création et du politique, la sphère publique est son élément naturel.

Certains ont voulu voir dans cette dichotomie des mondes masculin et féminin la réalisation d'un idéal : la complémentarité des sexes, garante de l'harmonie entre l'homme et la femme. En termes actuels, on parlerait d'« égalité dans la différence ». Les avocats de ce modèle largement majoritaires au XIXᵉ siècle plaidaient que l'on ne pouvait plus parler d'inégalité entre les sexes, puisqu'ils étaient incomparables. La différence interdisant la comparaison terme à terme ôtait à l'homme son statut de référent. Ce beau discours idéologique si réconfortant pour les hommes, puisqu'il interdit aux femmes de les rejoindre sur leur territoire, masque une réalité moins démocratique. Malgré ses dénégations, l'homme reste le critère auquel on mesure la femme. Il est *l'Un*, lisible, transparent, familier. La femme est *l'Autre*, étrangère et incompréhensible [20]. Finalement, quel que soit le modèle envisagé pour penser les sexes – ressemblance ou différence –, l'homme se présente toujours comme l'exemplaire le plus achevé de l'humanité, l'absolu à partir duquel se situe la femme.

La nouveauté introduite par les *Men's Studies,* après les *Women's Studies,* réside justement dans la volonté proclamée de rompre avec ce schéma millénaire. Comme l'écrit Harry Brod : « L'analyse traditionnelle de l'homme, considéré comme la norme humaine, exclut en fait systématiquement de ses considérations ce qui appartient en propre aux hommes en tant qu'hommes [21]. » Michael

---

20. Annelise Maugue, *L'Identité masculine en crise au tournant du siècle,* Rivages/Histoire, 1987, p. 7.
21. Harry Brod (ed.), *The Making of Masculinities. The New Men's Studies.* Boston, Unwin Hyman, 1987, p. 2. Traduction de l'auteur, comme pour tous les extraits d'ouvrages de langue anglaise cités dans ce livre.

22

Kimmel a mis en lumière la traditionnelle « invisibilité » du genre masculin qui a tant contribué à son identification avec l'humain. Trop souvent, dit-il, « nous traitons les hommes, comme s'ils n'avaient pas de genre, comme s'ils étaient seulement des personnages publics... comme si leur expérience personnelle du genre était sans importance » [22]. L'auteur du propos dit en avoir pris conscience en assistant à une discussion entre une femme blanche et une femme noire sur la question de savoir si la ressemblance sexuelle l'emportait sur les différences raciales. La blanche affirmait que le fait qu'elles soient femmes les solidarisait par-delà leur différence de couleur. Mais la noire n'était pas d'accord.

« Quand vous vous regardez le matin dans la glace, que voyez-vous ?

– Je vois une femme, répondit la femme blanche.

– C'est précisément le problème, répliqua la femme noire. Je vois une noire. Pour moi la race est visible chaque jour, parce que c'est la cause de mon handicap dans cette société. La race est invisible pour vous, raison pour laquelle notre alliance me paraîtra toujours quelque peu artificielle [23]. »

Kimmel réalisa alors que lorsqu'il se regardait dans la glace le matin, il voyait « un être humain : universellement généralisable. La personne générique. » Ce qui était dissimulé – à savoir qu'il avait et un genre et une race – était devenu *visible* de façon frappante. L'explication sociologique d'un tel aveuglement réside, dit Kimmel, dans le fait que nos privilèges nous sont très souvent invisibles.

---

22. Michael S. Kimmel et Michael A. Messner, *Men's Lives*, Macmillan, N.Y., 1989, p. 3.
23. *Idem.*

Pour la plupart d'entre nous aujourd'hui, l'homme n'est plus l'Homme. Le mâle est un aspect de l'humanité et la masculinité un concept relationnel, puisqu'on ne la définit que par rapport à la féminité. Les Anglo-Américains insistent sur cette idée qu'il n'y a pas de virilité [24] en soi : « Masculinité et féminité sont des constructions relationnelles... Bien que le " mâle " et la " femelle " [25] puissent avoir des caractéristiques universelles, personne ne peut comprendre la construction sociale de la masculinité ou de la féminité sans référence à l'autre [26]. » Loin d'être pensée comme un absolu, la masculinité, qualité de l'homme, est à la fois relative et réactive. Si bien que lorsque la féminité change – généralement quand les femmes veulent redéfinir leur identité – la masculinité est déstabilisée.

L'histoire des sociétés patriarcales prouve que ce sont toujours les femmes qui suscitent les grandes remises en question. Et non les hommes. Ce qui s'explique aisément par leur statut privilégié dans ce type de société. Mais les grandes crises de la masculinité ne sont pas seulement affaires de pouvoir. La psychologie, on le verra, apporte une explication essentielle à leur compréhension. Contrairement à l'idéologie du patriarcat, ce ne sont pas les hommes qui sont les premiers référents de l'humanité, mais les femmes. C'est par rapport à elles et contre elles qu'ils se définissent. Du moins, jusqu'à ce jour. Mais que

---

24. Si le mot « virilité » signifie en premier lieu l'ensemble des attributs et caractères physiques et sexuels de l'homme, il est également utilisé au sens plus général de « propre de l'homme » et synonyme de masculinité. En revanche, le mot anglo-américain s'en tient à la première signification, et les féministes américaines décèlent un sens machiste au signifiant *virility* et s'abstiennent de l'utiliser.
25. Traduction de l'américain « male » et « female » qui renvoient aux caractères physiques et biologiques de l'homme et de la femme.
26. Michael S. Kimmel (ed.), *Changing Men. New Directions in Research on Men and Masculinity*, Sage Publications, 1987, p. 12.

les hommes se rassurent : la crise actuelle n'est pas sans précédent.

Les précédentes crises
de la masculinité

Celles dont les échos sont parvenus jusqu'à nous ont des traits communs. Elles naissent dans des pays à la civilisation raffinée, où les femmes jouissent d'une plus grande liberté qu'ailleurs. Ces crises qui expriment un besoin de changement des valeurs dominantes sont consécutives à des bouleversements idéologiques, économiques ou sociaux. Elles ont des répercussions dans l'organisation de la famille, du travail ou des deux. Mais ce qui distingue les deux crises précédentes de celle que nous connaissons aujourd'hui est leur caractère socialement limité. Aux XVIIe et XVIIIe siècles, elle ne concerne que les classes dominantes, l'aristocratie et la bourgeoisie urbaine [27]. Plus étendu et plus profond à la fin du XIXe siècle, le malaise masculin trouvera des exutoires successifs dans les deux grandes guerres mondiales.

La crise de la masculinité aux XVIIe et XVIIIe siècles en France et en Angleterre

Ce sont les Précieuses françaises qui furent à l'origine de la première remise en question du rôle des hommes et de l'identité masculine. La violence des quolibets qui

---

27. Et à cette époque, le monde rural représente 80 % de la population française.

25

leur furent adressés n'a d'égale que l'angoisse qu'elles suscitèrent par leurs revendications jugées « folles ». La préciosité française connut son apogée entre 1650 et 1660. Elle naît en réaction à la grossièreté des hommes de la cour d'Henri IV et de ceux de la Fronde (1648-1652). Elle est la première expression du féminisme en France et chez notre voisin d'outre-Manche. Il est vrai que ces deux pays étaient connus pour être les plus libéraux d'Europe à l'égard des femmes. Contrairement à leurs sœurs méditerranéennes, la Française et l'Anglaise avaient toute liberté d'aller et venir et d'avoir commerce avec le monde. L'une et l'autre bénéficiaient d'un avantage exceptionnel à l'époque, lorsqu'elles appartenaient aux classes dominantes, celui de ne pas supporter les tâches maternelles [28].

La Précieuse est une femme émancipée qui propose des solutions féministes à son désir d'émancipation et inverse totalement les valeurs sociales traditionnelles. Elle milite pour un nouvel idéal de la femme qui prend en compte la possibilité de son ascension sociale et son droit à la dignité. Elle réclame le droit au savoir et attaque la pièce maîtresse de la société phallocratique : le mariage. Contre l'autoritarisme du père et du mari, les Précieuses sont résolument hostiles au mariage arrangé et à la maternité [29]. Elles préconisent le mariage à l'essai et sa rupture après la naissance de l'héritier, remis à la garde de son père. Ne voulant renoncer à aucune liberté ni à l'amour, elles prônent le sentiment

---

28. Dès lors qu'elle prétend à un certain statut social, la femme française embauche une nourrice pour s'occuper de son enfant, et dispose de son temps à volonté. Elisabeth Badinter, *L'Amour en plus : histoire de l'amour maternel du XVIIᵉ au XXᵉ siècle*, Flammarion, 1980, cf. la première partie : L'Amour absent.
29. G. Mongrédien, *Les Précieux et les précieuses*, Mercure de France, 1939, pp. 149-150, sur la diatribe contre le mariage : mari, enfants, belles-familles sont impitoyablement relégués au rang des malheurs de la femme.

tendre et platonique. « Je veux, disait Mademoiselle de Scudéry, un amant sans mari, et je veux un amant qui, se contentant de la possession de mon cœur, m'aime jusqu'à la mort. » Soit la situation inverse des liens coutumiers entre l'homme et la femme, qui se mariaient sans amour. Aux yeux des Précieuses, l'amour est d'abord celui de l'homme pour la femme et non le contraire. En exigeant de l'homme amoureux une soumission sans limites, proche du masochisme, elles renversent le modèle masculin dominant, celui de l'homme brutal et exigeant, ou du mari grossier qui se croit tout permis.

Seuls quelques hommes, les Précieux, acceptèrent les nouvelles règles. Leur nombre fut négligeable mais leur influence le fut moins. Ils adoptèrent une mode féminine et raffinée – perruque longue, plumes extravagantes, rabats, mouches, parfums, rouge – qui fut copiée. Les hommes qui se voulaient distingués mettaient à présent leur point d'honneur à paraître civilisés, courtois et délicats. Ils s'abstenaient de montrer leur jalousie et de jouer les tyrans domestiques. Insensiblement, les valeurs féminines progresseront dans « la bonne société », au point de paraître dominantes au siècle suivant. Nous savons maintenant que les Précieuses ne furent pas un microcosme ridicule. La résistance et les moqueries qu'on leur opposa sont les signes mêmes de leur influence.

Curieusement, le débat sur l'identité masculine fut plus explicite en Angleterre qu'en France, comme si déjà l'obsession de la virilité taraudait davantage nos amis d'outre-Manche. Il est vrai que les féministes anglaises avaient d'autres exigences que les Françaises. Outre la liberté, elles réclamaient une totale égalité sexuelle,

27

autrement dit le droit à la jouissance [30] et celui de ne pas être abandonnées quand elles étaient enceintes. Le sociologue M. Kimmel, qui s'est penché sur l'histoire de la masculinité en Angleterre, pense que la Grande-Bretagne connaît une véritable crise de la masculinité entre 1688 et 1714 (période de la Restauration anglaise). On constate des « efforts pour renégocier les rôles de l'homme et de la femme dans le mariage, la famille et la sexualité » [31].

La signification du masculin est l'objet de débats. Les femmes ne se contentent pas d'affirmer l'égalité des désirs et des droits, elles disent aussi vouloir des hommes plus doux, plus féminins. A quoi les pamphlétaires répondent que la chose est faite et que l'inversion des rôles a commencé. Le portrait de l'homme « féminisé » qui adopte des comportements semblables à ceux des femmes suscite une peur de l'homosexualité que l'on ne perçoit pas en France chez les contempteurs des précieux. Le « nouvel homme » de la Restauration anglaise apparaît comme un inverti, aussi vain, mesquin et ravissant qu'une femme. On plaint les femmes d'être abandonnées par les hommes [32], et on s'en prend au développement de l'urbanisation galopante. En ville, lieu de tous les vices, les femmes, moins surveillées qu'à la campagne, sont l'objet de toutes les tentations. Et les Anglais d'y voir l'influence pernicieuse de la mode française sur les mœurs anglaises. Très vite, certains pamphlets font le lien entre fémini-

---

30. *Sylvia's Complaint,* 1688, cité par M. Kimmel, « The Contemporary " Crisis " of Masculinity », in Harry Brod, *op. cit.,* p. 132.

31. *Ibidem,* p. 133.

32. « Ladies this was ill luck, but you
   have much the worser of the two ;
   The world is chang'd I know not how,
   For men kiss men, not Women now ; »
   Ibidem, p. 135.

sation masculine et trahison, masculinité traditionnelle et patriotisme [33].

Il est vrai que la féminisation des mœurs et des hommes n'a pas suscité les mêmes réactions en France. Le Siècle des Lumières représente une première coupure dans l'histoire de la virilité. C'est la période la plus féministe de notre histoire avant l'époque contemporaine. D'une part, les valeurs viriles s'estompent, ou du moins ne s'affichent plus. La guerre n'a plus l'importance et le statut qu'elle avait jadis. La chasse est devenue une distraction. Les jeunes nobles passent plus de temps dans le salon ou le boudoir des femmes qu'à s'entraîner dans des garnisons. D'autre part, les valeurs féminines s'imposent au monde de l'aristocratie et de la haute bourgeoisie. La délicatesse des mots et des attitudes l'emporte sur les caractères traditionnels de la virilité. On peut dire que, dans les classes dominantes, l'uni-sexisme l'emporte sur le dualisme oppositionnel qui caractérise habituellement le patriarcat.

La Révolution de 1789 mettra un terme à cette évolution. Lorsque les femmes demandent publiquement leurs droits de citoyennes, la Convention d'une seule voix les leur refuse [34]. Les députés, qui n'ont guère connu les douceurs de l'Ancien Régime, réaffirment avec force la séparation des sexes et le différencialisme radical. Proximité, similitude et confrontation leur font horreur et suscitent des réactions autoritaires, voire menaçantes.

---

33. « So strangely does Parisian air
Change English youth, that half a year
Makes them forget all native custome
To bring French modes, and Gallic Lust home ;
Nothing will these Apostates please
But Gallic health and French disease. »
Kimmel, *ibidem*, p. 135.

34. *Condorcet, Prudhomme, Guyomar..., paroles d'hommes (1790-1793)*. Présentées par Elisabeth Badinter, P.O.L., 1989.

Hors du foyer, les femmes sont dangereuses pour l'ordre public. On les appelle à ne pas se mélanger aux hommes et on leur interdit la moindre fonction extra-ménagère ou extra-maternelle. Renforcé par le Code Napoléon et entériné par l'idéologie du XIXᵉ siècle, le dualisme oppositionnel perdurera pendant près de cent ans, jusqu'à l'apparition d'une nouvelle crise de la masculinité plus étendue et plus profonde que la précédente.

La crise de la masculinité au tournant des XIXᵉ et XXᵉ siècles

Cette crise-là concerne aussi bien l'Europe que les Etats-Unis d'Amérique. Tous ces pays connaissent de semblables bouleversements économiques et sociaux, dus aux nouvelles exigences de l'industrialisation et de la démocratie. La vie des hommes change, les revendications féministes se font de nouveau entendre, et l'anxiété masculine se réveille. Mais selon le pays envisagé, la France, l'Autriche ou les Etats-Unis, cette anxiété prend des formes sensiblement différentes qui dépendent de l'histoire et de la culture de chacun.

Annelise Maugue est la première à s'être penchée sur la crise d'identité qui tourmenta nos concitoyens, il y a un siècle [35]. En l'espace de quelques générations, 1871-1914, un nouveau type de femme est apparu qui menace les frontières sexuelles imposées. Grâce à l'idéologie républicaine, l'éducation des filles est devenue réalité. L'université leur a fait une place sur ses bancs. Elles deviennent

---

35. *L'Identité masculine en crise au tournant du siècle,* Rivages/Histoire, 1987. Et « L'Eve nouvelle et le vieil Adam, identités sexuelles en crise », in *Histoire des femmes,* sous la direction de Georges Duby et Michelle Perrot, le XIXᵉ siècle, tome 4, Plon, 1991, pp. 527 à 543.

30

professeurs, doctoresses, avocates ou journalistes. Elles réclament leurs droits de citoyennes à part entière, prétendent gagner leur vie à l'extérieur du foyer et disent déjà : « A travail égal, salaire égal. » La plupart des hommes réagissent avec hostilité au mouvement d'émancipation des femmes. Pas seulement le courant catholique traditionnel, ou le mouvement ouvrier qui craint la concurrence de la main-d'œuvre féminine, mais aussi des républicains aussi convaincus qu'Anatole France ou Emile Zola : tous ces hommes « ont le sentiment d'assister, plutôt qu'à une simple évolution, à une mutation véritable » [36]. Du haut en bas de l'échelle sociale, ils se sentent menacés dans leur identité par cette nouvelle créature qui veut faire comme eux, être comme eux, au point de se demander s'ils ne vont pas être obligés d'« accomplir des tâches féminines, bref, horreur suprême, d'être des femmes » !

L'angoisse des hommes devant la ressemblance des sexes est sans égale chez la femme. Ils la ressentent comme « le piège mortel » [37] qui mène à la dissolution de leur spécificité. Comme le note justement Annelise Maugue : les hommes ont peur. Barbey d'Aurevilly, leur porte-parole, prophétise sombrement : « Un jour, Marie d'Agoult sera à l'Académie des sciences morales et politiques, George Sand à l'Académie française, Rosa Bonheur à l'Académie des beaux-arts, et c'est nous, les hommes qui feront les confitures et les cornichons [38]. » Même inquiétude chez Albert Cim ou Octave Mirbeau qui redoutent non seulement de faire les confitures, mais « d'allaiter la marmaille [39] ». L'homme se sent menacé

---

36. Annelise Maugue, « L'Eve nouvelle et le vieil Adam », *op. cit.*, p. 528.
37. A. Maugue, *L'Identité masculine en crise, op. cit.*, p. 37.
38. *Les Bas bleus*, 1878, *ibidem*, p. 52.
39. *Ibidem*, p. 52. Plusieurs femmes écrivains antiféministes apportèrent leur contribution à ces résistances masculines, telles Ida Sée, *Le Devoir maternel* (1911) ou Colette Yver, *Les Cervelines* (1908).

dans ses pouvoirs, son identité et sa vie quotidienne. Ses craintes sont d'autant moins fondées que les femmes de l'époque ne rejettent ni la famille, ni la maternité, ni le dévouement qui va de pair. Mais : « Rien n'y fait, ni les actes, ni les discours (rassurants) des femmes n'apaisent les angoisses masculines et c'est un incroyable dialogue de sourds qui se développe entre les deux sexes jusqu'en 1914 [40]. »

L'angoisse des hommes devant la Nouvelle Eve a d'autres sources qui la confortent. De plus en plus nombreux à travailler en usines à des tâches mécaniques et répétitives, ou dans l'administration au train-train monotone, les hommes ne trouvent plus dans le travail de quoi mettre en valeur leurs qualités traditionnelles. Ni force, ni initiative, ni imagination ne sont plus nécessaires pour gagner sa vie. Barrès peut se moquer des fonctionnaires, ces « demi-mâles » qui n'aspirent qu'à la sécurité, comme des femmes, et les opposer à ceux de jadis qui vivaient « le fusil à la main », dans « le corps-à-corps viril avec la nature » [41]. La crise de la masculinité est à son pic. C'est la guerre, hélas, qui mettra fin momentanément à l'angoisse masculine. Retrouvant leur rôle traditionnel de guerrier, ces pauvres jeunes recrues partiront au front la fleur au fusil, comme s'ils se réjouissaient de l'occasion donnée d'être enfin des hommes, des vrais... Cependant, la crise de l'identité masculine fut moins aiguë en France que dans les autres pays. Les écrivains français les plus misogynes n'atteignent jamais les sommets d'un Schopenhauer, d'un Nietzsche ou d'un Weininger.

Jacques Le Rider souligne que la crise de la masculinité s'inscrit, à Vienne au début du siècle, dans un

---

40. Annelise Maugue, « La Nouvelle Eve... », *op. cit.*, p. 534.
41. A. Maugue, p. 73.

contexte de crise généralisée [42]. A la désintégration de
l'Empire des Habsbourg et au « retour sur soi » des
intellectuels viennois, s'ajoute l'éclatement du sujet [43].
On ne parle même plus de sujet, mais de « Ça », de
« Moi » et de « Sur-Moi ». Le citoyen-mâle autrichien vit
« une crise permanente de l'identité » [44], magnifiquement
illustrée par *L'Homme sans qualités* [45], celui qui refuse
les identifications hâtives et se met en position d'attente.
Situation extrêmement inconfortable puisqu'en période
de « déconstruction », les acquis sont remis en question,
les repères se dissolvent et l'on ne sait plus se définir.

C'est moins la dissolution de la cellule familiale traditionnelle en milieu prolétaire qui inquiète l'intellectuel
viennois que l'émancipation (très progressive) de la femme
de moyenne bourgeoisie. Indépendante, active et reven-
dicatrice, elle est aux antipodes de la femme douce et
passive dont ils rêvent. Comme le note Robert Musil, non
sans ironie, « Que veut dire " nostalgie du sein maternel " dans une civilisation où la femme s'est radicalement
masculinisée et où la féminité ne représente plus le moins
du monde un refuge pour l'homme » [46] ? La femme émancipée, qu'on soupçonne d'être féministe, est « un homme

---

42. Tout ce passage doit beaucoup aux travaux de Jacques Le Rider, l'un des
meilleurs spécialistes français de la modernité viennoise. Notamment : *Modernité viennoise et crises de l'identité*, PUF/Perspectives critiques, 1990 ; *Le cas
Otto Weininger, racines de l'antiféminisme et de l'antisémitisme*, PUF/Perspec-
tives critiques, 1982 ; « Ludwig Wittgenstein et Otto Weininger », in *Wittgenstein
et la critique du monde moderne*, La Lettre volée, Bruxelles, 1990, pp. 43 à 65,
« Otto Weininger : Féminisme et virilité à Vienne », *L'Infini*, n° 4, automne 1983,
pp. 4 à 20 ; « Misères de la virilité à la belle époque », *Le Genre humain*, n° 10,
1984, pp. 117 à 137.
43. Bruno Bettelheim, *Le Poids d'une vie*, collection « Réponses », Robert
Laffont, 1991, pp. 15 à 40.
44. J. Le Rider, *Modernité viennoise*, p. 55.
45. De Robert Musil (1880-1942), titre du roman publié en 1930 et 1933,
Seuil, 1979.
46. « Œdipe menacé », in *Œuvres pré-posthumes*, Seuil, 1931, traduit par
Ph. Jaccottet en 1965.

33

dans un corps féminin, une virago » [47]. Une monstruosité qui en engendre une autre : l'homme féminisé, le décadent par excellence. Otto Weininger, misogyne obsessionnel, fait ce triste constat : « Il y a des époques... où naissent plus de femmes masculines et plus d'hommes féminins. C'est précisément ce qui se produit aujourd'hui... L'extension qu'ont prise depuis quelques années à la fois le " dandysme " et l'homosexualité ne peut s'expliquer que par une féminisation générale [48]. » De son côté, Karl Kraus dénonce le culte moderne de l'androgyne, c'est-à-dire du flou, du confus et des « formes intermédiaires [49] ». Le concept de bisexualité, introduit par Freud et repris par Weininger, force les uns et les autres à prendre en compte leur part irréductible de féminité. Il trouble une grande partie de l'intelligentsia masculine qui réalise que la virilité n'est jamais définitivement acquise.

Si un des thèmes dominants de la littérature de langue allemande est bien l'effroi devant la femme, nul doute que Weininger atteint le paroxysme de la misogynie. Il sait que le féminin menaçant à chaque instant l'idéal viril est logé en lui-même. Mais il n'est pas le seul à crier son horreur de la femme et à manifester un malaise identitaire. La fin du XIXᵉ siècle, remarque J. Le Rider, se caractérise par une recrudescence des ouvrages diffamatoires pour le sexe féminin [50]. Après les philosophes [51], ce sont les psychologues et les biologistes ainsi

---

47. Jacques Le Rider, *Le Cas Otto Weininger*, p. 67.
48. Otto Weininger, *Sexe et caractère*, traduit de l'allemand par Daniel Renaud, préface de Roland Jaccard, L'Age d'Homme, 1989, p. 73.
49. J. Le Rider, *L'Infini*, *op. cit.*, p. 14. Par « formes intermédiaires », on entendait l'homosexualité, c'est-à-dire le vice, la décadence ou la maladie honteuse.
50. Cf. *Le Cas Otto Weininger*, *op. cit.*, pp. 71 à 76.
51. Arthur Schopenhauer, « Essai sur les femmes », *Parerga & Paralipomena* (1851), traduction de Jean Bourdeau, augmentée et préfacée par Didier Raymond, Actes Sud, 1981. Friedrich Nietzsche, notamment, *Par-delà le Bien et le Mal*, 1886, éd. 10/18, 1951, §§ 238-239.

que les historiens et les anthropologues qui font preuve d'un antiféminisme extrêmement violent. Tous s'emploient à démontrer, avec succès, l'infériorité ontologique de la femme [52]. La femme est proche de l'animal et du nègre [53] : elle est portée par ses instincts primitifs, jalousie, vanité, cruauté. Mais comme elle a une âme enfantine et que la nature l'a dotée de l'instinct maternel (qu'elle partage d'ailleurs avec toutes les femelles mammifères), sa seule véritable vocation est la maternité. Par conséquent, toutes les femmes qui se disent émancipées sont de mauvaises mères : de grandes nerveuses au corps dégénéré...

Les remèdes proposés varient du tout au tout. Une majorité d'hommes se déclarent, à l'instar de Nietzsche et Weininger, partisans du retour à une saine polarité des rôles sexuels. Pour que les hommes retrouvent leur virilité, il faut d'abord que les femmes retournent à leur place naturelle. Seul le rétablissement des frontières sexuelles libérera les hommes de leur angoisse identitaire. Puis le refoulement massif de leur bisexualité originaire fera le reste. C'est le sens de la célèbre formule d'Alfred Adler : *la protestation virile*. A l'opposé, certains marginaux [54] appellent les hommes à se débarrasser d'une

---

52. Le traité *Sur l'imbécillité physiologique de la femme* du médecin Paul Julius Moebius fut un véritable *best-seller*. Publié en 1900, il fut réédité neuf fois de 1900 à 1908 et connut le même succès que *Sexe et caractère* (1903). Il y est question, comme le titre l'indique, de son « imbécillité » et donc de sa relative irresponsabilité légale. « On peut la définir en la situant à mi-chemin entre la sottise et le comportement normal. Il convient d'abandonner l'idée abstraite de " genre humain " pour parler désormais de genres humains. Comparé à celui de l'homme, le comportement de la femme paraît pathologique comme celui des nègres comparé à celui des Européens », écrit Moebius. Cité par J. Le Rider, *Le Cas Otto Weininger, op. cit.*, p. 75.

53. En France, Dumas fils comparait les femmes aux « Peaux-Rouges à teint rose » ou à des « négresses à mains blanches et potelées ». Si W. Vogt ou Baudelaire la comparent au juif dont elle partage l'adaptabilité, l'indiscrétion et la sournoiserie, l'analogie apparaît plus rarement sous une plume française qu'autrichienne ou allemande.

54. Voir en particulier Georg Groddeck et Otto Gross.

35

virilité artificielle et oppressive, et à retrouver au plus vite leur féminité première. Ils ne sont guère entendus. Quant aux femmes qui s'expriment publiquement sur le sujet, elles n'ont aucune influence sur l'anxiété des hommes. Lou Andreas-Salomé a beau jouer « le désarmement unilatéral » et « porter le masque ravissant de l'Eternel féminin, pour rassurer les perpétuels doutes des hommes sur leur masculinité » [55], rien n'y fait. Et moins encore le discours clairvoyant de la féministe viennoise Rosa Mayreder qui plaide la synthèse du masculin et du féminin pour les individus libérés de leurs caractéristiques sexuelles [56]. Ce plaidoyer pour un véritable androgynat ne pouvait provoquer qu'un supplément d'effroi masculin.

Plus forte qu'en France, l'angoisse identitaire des hommes austro-allemands ne sera pas étrangère à la montée du nazisme, et plus généralement du fascisme européen. L'arrivée de Hitler au pouvoir résonnait inconsciemment comme une promesse de restauration virile. Klaus Theweleit [57] a très bien montré que l'hypervirilité des héros du nazisme cachait un moi fragile et des problèmes sexuels considérables. Tel ne fut pas exactement le cas des Français. Si la France ne fut pas épargnée par le virus du fascisme, son histoire diffère de celle de l'Italie ou de l'Allemagne, et les Français ont « la hantise du rejet et de la sécession » [58]. Contrairement aux Anglo-Saxons qui optèrent pour la séparation des

---

55. « Misères de la virilité », in *Le Genre humain, op. cit.,* p. 119.
56. Sur Rosa Mayreder, cf. J. Le Rider, *Modernité viennoise, op. cit.,* pp. 186-189 ; *Le cas Otto Weininger, op. cit.,* pp. 165-166 ; *Le Genre humain, op. cit.,* pp. 128-129.
57. Klaus Theweleit, *Male Fantasies,* traduction américaine par Stephen Carway, University of Minnesota Press, 1987, vol. 1 : Women, Floods, Bodies, History.
58. Annelise Maugue, *L'Identité masculine, op. cit.,* p. 159.

sexes et un idéal masculin hyperviril, ils choisirent la négociation et des comportements apparemment moins machistes.

Les Etats-Unis, à leur tour, connurent une grande crise de la masculinité. Certains historiens américains datent son apparition des années 1880 [59], d'autres des années 1890 [60]. Tous rapportent la peur clairement exprimée à cette époque de « l'européanisation » de l'Amérique, synonyme de féminisation de la culture, et donc de l'homme américain. Or celui-ci se piquait couramment au XIXe siècle d'avoir échappé à la veulerie de la civilisation européenne [61]. Jusqu'au début de ce siècle, la virilité américaine avait eu de multiples occasions de se manifester. L'expansion géographique – la conquête de l'Ouest, la « pacification » des populations locales et le développement urbain – combinée avec une croissance économique rapide et le développement de l'infrastructure industrielle, alimentaient un optimisme viril concernant les promotions sociales [62]. Avant la guerre de Sécession (1861-1865), 88 % des hommes étaient fermiers, artisans ou commerçants indépendants. En 1910, moins d'un tiers des Américains vivaient encore de cette façon [63]. L'industrialisation avait très vite imposé ses contraintes – tâches mécaniques, routinières et parcellaires – et les travailleurs étaient dépossédés de tout contrôle sur l'organisation et les résultats de leur travail.

---

59. Michael S. Kimmel, « The Contemporary " Crisis " of Masculinity in Historical perspective », in Brod, *op. cit.*, pp. 143 à 153.
60. Peter G. Filene, *Him/Her/Self. Sex roles in Modern America*, 1974, 2e édition 1986, The John Hopkins University Press, Baltimore/London ; Joe L. Dubbert, « Progressivism and the Masculinity Crisis », in *The American Man*, éd. E. et J. Pleck, Prentice-Hall Inc, New Jersey, 1980, pp. 303 à 319.
61. Joe L. Dubbert, « Progressivism and the Masculinity Crisis », *op. cit.*, p. 308.
62. Michael S. Kimmel, « The Contemporary Crisis of Masculinity... », in Brod, *op. cit.*, p. 138.
63. *Ibidem*, p. 138.

Comme en Europe, cette mutation économique s'accompagna d'un bouleversement de la vie familiale et des valeurs qui surexcitait l'angoisse des hommes. Obligés de travailler de plus en plus loin de leur foyer, ils durent abandonner l'éducation de leurs enfants à l'entière responsabilité de leurs épouses. La paternité devint une « institution du dimanche » [64], et la nouvelle virilité fut identifiée au succès symbolisé par l'argent. La crise de la masculinité éclata au grand jour lorsque les femmes, comme en Europe, prétendirent remplir d'autres rôles que ceux de mère et ménagère. Plus bruyamment qu'en Europe [65], elles dirent leur lassitude de ces tâches et se rebellèrent contre les conventions. Frustrées, déprimées, elles prirent l'offensive en créant des clubs féminins, en envoyant leurs filles dans les collèges [66], et en travaillant à l'extérieur du foyer. La femme américaine, qui se veut indépendante, réclame de pouvoir rester célibataire ou se marier selon son cœur et sa volonté. Si elle se marie, elle fait moins d'enfants et n'entend pas abandonner sa liberté en se soumettant à son mari. Elle réclame le droit au divorce, une plus grande participation à la vie publique et bien entendu le droit de vote. Comme en Europe, les

---

64. Peter G. Filene, *op. cit.*, pp. 78-79.
65. Contrairement à l'Europe, les USA connaissaient déjà une crise de la domesticité. Dès les années 1890, livres et journaux féminins se plaignent amèrement du manque de servante ou de toute autre aide ménagère qui condamnait la maîtresse de maison à remplir toutes ces tâches répétitives. A la même époque, en Europe, même les foyers fort modestes bénéficient de l'aide d'une « bonne », comme en témoigne, par exemple, *Les Rougon-Macquart* (1871-1893) de Emile Zola.
66. Aux USA, aller au collège signifiait quitter le toit paternel et faire connaissance de la mixité dans les études, les sports et la vie sociale. En 1890, on comptait 3 000 filles diplômées des collèges pour 13 000 garçons. Au début du XXᵉ siècle, elles représentaient 40 % de l'ensemble des diplômés et n'entendaient pas rentrer à la maison pour accomplir les mêmes tâches que leurs mères. P. Filene rapporte qu'entre 1880 et 1890 le nombre des femmes qui travaillent a plus que doublé. Entre 1900 et 1910, il augmente encore de 50 %, Filene, *op. cit.*, p. 26 et Michael S. Kimmel, *op. cit.*, p. 144.

hommes manifestent leur hostilité à cet idéal féminin. Ils s'en prennent à l'égoïsme de la Nouvelle Eve qui dégrade son sexe, abandonne son foyer et met en péril la famille. On traite ces femmes de « troisième sexe » ou de « lesbiennes hommasses » [67]. L'augmentation du nombre des divorces – 7 000 en 1860, 56 000 en 1900 et 100 000 en 1914 – et le déclin de la natalité [68] suscitent des milliers d'articles sur la dissolution de la famille. En 1903, Théodore Roosevelt annonce que la race américaine est en train de se suicider. Même les supporters démocrates du suffrage féminin trouvaient que les féministes allaient trop loin. En vérité, plus les femmes exprimaient haut et fort leurs revendications et plus la vulnérabilité des hommes apparaissait au grand jour : rôle masculin incertain, peur panique de la féminisation [69], l'Américain moyen des années 1900 ne sait plus trop comment être un homme digne de ce nom.

Contrairement à beaucoup d'Européens, les Américains s'en prirent moins aux femmes qu'à la féminisation de la culture [70]. On alerte les parents contre le danger d'élever les garçons dans du coton et on morigène les mères qui sapent la virilité de leur fils, c'est-à-dire leur vitalité. On prône la séparation des sexes, et des occupations. Football, base-ball devinrent très populaires, probablement parce que, comme le notait un journaliste en 1909 : « Le terrain de football (sport particulièrement violent) est le seul lieu où la suprématie masculine est incontestable [71]. » Dans le même but, on adopte l'insti-

67. M. Kimmel, *op. cit.*, p. 144.
68. De 1 300 enfants de moins de cinq ans pour 1 000 mères en 1800, on était tombé à 700 enfants en 1900, *idem*, pp. 40 et 41.
69. Le livre de Henry James, *Les Bostoniennes* (1886) illustre cette peur de la féminisation.
70. M. Kimmel, *op. cit.*, p. 146.
71. *The Independent*, cité par Joe. L. Dubbert, *op. cit.*, p. 308.

tution des boy-scouts qui se fixe pour objectifs de « sauver les garçons de la pourriture de la civilisation urbaine [72] », et de faire des enfants mâles, des hommes virils. Le héros des Américains est Théodore Roosevelt, président des Etats-Unis de 1901 à 1908, parce qu'il incarne les valeurs viriles traditionnelles. En appelant les Américains à retrouver le goût de l'effort et du courage, en prônant l'ancienne distinction des rôles sexuels et en insistant sur la mission maternelle sacrée des Américaines, le président met du baume sur les blessures masculines. Reste que la crise psychique des hommes n'est pas résolue pour autant. A la veille de la Première Guerre mondiale, ils n'ont toujours pas de réponse aux dilemmes de la virilité moderne. A titre de sublimations fantasmatiques, de nouveaux héros apparaissent dans la littérature. On fait revivre l'Ouest sauvage et on invente la figure emblématique du cow-boy, l'homme viril par excellence : « Violent, mais honorable, combattant inlassable muni de son revolver phallique, défendant les femmes sans être jamais domestiqué par elles [73]. » Les classes moyennes se jetèrent littéralement sur ces nouveaux livres ainsi que sur la série des *Tarzan* publiés dès 1912 par Edgar Rice Burroughs, vendue à plus de 36 millions d'exemplaires ! Malgré tout cela, beaucoup d'hommes ne parvenaient pas à calmer leurs angoisses. C'est l'entrée en guerre des Etats-Unis en 1917 qui servit d'exutoire et de « test virilité » à beaucoup d'entre eux. Convaincus de se battre pour la bonne cause, les hommes pouvaient

---

72. Filene, Peter G., *op. cit.*, p. 95. L'institution des boy-scouts fut créée en Angleterre par le général Robert Baden-Powell en 1908.
73. *Ibidem*, p. 94. Le premier roman de ce genre fut *The Virginian* (1902) de Owen Wister. Il connut un succès considérable. En moins d'un an, 15 romans du même genre furent publiés.

à la fois déchaîner leur violence contenue et se prouver à eux-mêmes, enfin, qu'ils étaient de vrais mâles [74].

Finalement, la crise de la masculinité qui sévit au début du siècle fut momentanément résolue par la guerre. Aux grands maux, les grands remèdes ! Mais la guerre ne fit que masquer les problèmes essentiels que l'on n'avait pas su résoudre et qui ressurgissent aujourd'hui dans toute leur acuité. Depuis le cataclysme de la Seconde Guerre mondiale où l'hypervirilité s'est montrée dans toute sa pathologie, la guerre ne semble plus le remède aux défaillances de la masculinité. Nous voilà de nouveau confrontés à la question de l'homme sans échappatoire à l'horizon. Une véritable polémique, inaugurée par les différents courants féministes, s'est engagée au sein des sciences de « l'homme ». L'enjeu est crucial pour tous, puisque selon le point de vue qui l'emportera, c'est toute la pédagogie, le rapport des sexes et donc la politique qui s'en ressentiront.

La polémique actuelle : l'homme surdéterminé ou indéterminé ?

La masculinité est-elle une donnée biologique ou une construction idéologique ? La question oppose les tenants du déterminisme biologique aux culturalistes qui s'appellent aujourd'hui « constructivistes » aux Etats-Unis.

---

74. Il suffit de lire la correspondance de l'écrivain John Dos Passos pour s'en convaincre. Envoyé se battre en France, ses lettres vibrent d'une violence passionnée. Il avoue à son ami Arthur McComb n'avoir jamais été aussi heureux que sous le feu du combat : « Je ressens constamment le besoin de l'ivresse excitante d'un grand bombardement... là, je me sens plus vivant que jamais auparavant. » Autrement dit : là, je me sens vraiment un homme, Peter G. Filene, *op. cit.*, p. 101.

Contrairement aux apparences, ce n'est pas seulement le vieux débat des anciens et des modernes, des traditionalistes contre les libéraux, c'est aussi celui qui oppose âprement deux courants féministes contemporains qui prétendent l'un et l'autre fonder l'égalité des sexes : l'un sur le dualisme absolu des deux genres, l'autre sur la ressemblance des sexes et l'infinité des genres humains.

Les différencialistes, ou l'éternel masculin

Sous ce vocable, il faut entendre tous ceux qui pensent que l'irréductible différence entre les sexes est l'*ultima ratio* de leurs destins respectifs et de leurs mutuelles relations. C'est la biologie qui définit, en dernière instance, l'essence masculine et féminine. Ce point de vue a retrouvé une nouvelle jeunesse avec la sociobiologie, fondée en 1975 par E. O. Wilson [75]. Ce dernier, spécialisé dans l'étude du comportement des insectes, et ses disciples, sont convaincus que tous les comportements humains s'expliquent en termes d'hérédité génétique et de fonctionnement neuronal. Derniers héritiers de Darwin, ils pensent que nos comportements sont dictés par l'évolution et la nécessité de s'adapter.

Les théories sociobiologiques, nettement plus populaires dans les pays anglophones qu'en France [76], posent en principe que le sexe est « une force antisociale ». Les deux sexes ne sont pas faits pour s'entendre, mais pour

75. E.O. Wilson, *Sociobiologie : The New Synthesis*, Harvard University Press, 1975. Et *On Human Nature*, Harvard University Press, 1978. Il définit la sociobiologie comme « l'étude systématique des fondements biologiques de toutes les conduites sociales ».

76. A part Desmond Morris, dont *Le Singe Nu* connut un franc succès, Lionel Tiger *(Men in groups)* 1964 et E.O. Wilson, traduits en notre langue, ne réussirent à séduire que les théoriciens de la nouvelle droite.

se reproduire. C'est dans leur stratégie opposée concernant la reproduction que l'on trouve l'explication ultime de leur nature. Avec l'humour de Jeffrey Weeks : « Toutes les différences commencent et finissent avec les ovaires et les testicules [77]. » Du nombre des ovules et spermatozoïdes, on extrapole aux caractères présumés innés des hommes et des femmes. Elles sont déclarées naturellement « timides, difficiles, pointilleuses ». Eux : « Inconstants et couchant avec n'importe qui [78]. » Autre postulat déduit du nombre d'œufs disponibles chez le mâle et la femelle : la compétition inévitable des mâles pour la possession du potentiel reproductif limité des femmes ! A cause de cette compétition, ce sont les mâles les plus forts et les plus agressifs qui l'emportent. Et c'est cette agressivité héréditaire masculine qui fournit les bases biologiques de la domination mâle sur les femelles, de la hiérarchie et de la compétitivité entre les hommes et de la guerre [79]. David Barash entreprit même de prouver que le viol était naturel à l'homme [80]. Prenant ses exemples dans le règne animal (abeilles, vers de terre, canards...) et végétal (il évoque le viol des fleurs femelles par les fleurs mâles ! !), il plaide l'innocence du violeur, et fait même son éloge. Il suggère fermement que les violeurs ne sont que les outils involontaires d'une pulsion génétique aveugle. Le viol est un besoin inconscient de reproduction et par là, biologiquement parlant, à la fois avantageux et inévitable.

On rirait de ces théories si elles n'avaient encore un

---

77. Jeffrey Weeks, *Sexuality and its Discontents,* Routledge & Kegan, 1985, rééd. 1989, p. 114.
78. Ruth Bleier, *Science and Gender. A Critique of Biology and its Theorie on Women,* Pergamon Press, p. 19.
79. *Idem,* p. 20.
80. D. Barash, *The Wisperings Within,* Harper & Row, 1979, pp. 30-31. Les livres de D. Barash sont très populaires aux USA, et très critiqués également.

public dans les pays anglo-américains. Laissons donc les sociobiologistes qui se réclament des insectes et de l'âge des cavernes pour nous tourner vers les féministes différencialistes qui elles aussi en appellent au déterminisme biologique pour définir la femme et l'homme. Bien que leurs objectifs soient aux antipodes, ces deux courants de pensée partagent la même croyance en l'existence d'une essence sexuelle immuable. Si les premiers fondent sur elle l'éternelle supériorité masculine, les secondes soutiennent au contraire que cette différence radicale est la voie royale vers l'égalité des sexes.

Le différencialisme féministe est né à la fin des années 1970 des déceptions causées par le féminisme universaliste, largement dominant depuis Simone de Beauvoir, qui préconisait une politique de la mixité fondée sur la philosophie de la ressemblance. On lui reprocha de n'avoir pas réglé les problèmes essentiels. Constatant que les femmes avaient peu gagné à ce régime, sinon la double journée de travail, les métiers les moins rémunérés et une pression sexuelle masculine plus forte que jamais, certaines en conclurent qu'elles avaient fait fausse route. Si l'égalité n'est qu'un leurre, dirent-elles, c'est que les différences ne sont ni reconnues ni prises en compte. Pour être les égales des hommes, les femmes ont dû renier leur essence féminine et se faire les pâles décalques de leurs maîtres. En perdant leur identité, elles vivent la pire des aliénations et donnent, sans le savoir, son ultime victoire à l'impérialisme masculin [81].

Les différencialistes, dites aussi féministes maxima-

---

81. Les premières, aux Etats-Unis, à soutenir ces positions furent les séparatistes lesbiennes. Elles furent suivies d'autres qui se disent radicales. En France, c'est Luce Irigaray qui incarne ce courant de pensée.

44

listes [82] ou nationalistes [83], ont remis l'accent sur les différences corporelles – et plus récemment sur l'inconscient spécifiquement féminin – pour retrouver l'essence féminine. La vulve est la métonymie de la femme [84], comme jadis l'ovaire aux yeux des médecins et philosophes du XIXᵉ siècle. Tout naturellement on remet la maternité à l'honneur. Même si Luce Irigaray proclame le droit à la virginité [85], on assiste à un retour en force de la célébration du sublime. maternel. Là est le vrai destin des femmes, la condition de leur puissance, de leur bonheur et la promesse de la régénération du monde si mal traité par les hommes. Les féministes différencialistes préconisent la séparation des sexes et encouragent les femmes à privilégier les relations entre elles. Adrienne Rich, dès 1976 [86], et Luce Irigaray voient dans le rapport mère/fille la quintessence du couple humain, le fondement de la force et de l'amitié entre femmes, et une première réponse au patriarcat qui domine le monde [87]. Allant jusqu'au bout de sa logique, A. Rich ne récuse pas l'hétérosexualité, mais invite les femmes à reconnaître leur homosexualité latente [88].

---

82. Expression créée par Catherine Stimpson en 1980 pour désigner les féministes qui accentuent les différences sexuelles par opposition aux minimalistes.

83. Cf. Ti-Grace Atkinson, « Le Nationalisme féminin », in *Nouvelles questions féministes,* nº 13, 1984, pp. 5 à 35.

84. Maryse Guerlais, « Vers une nouvelle idéologie du droit statutaire : le temps de la différence de Luce Irigaray », in *Nouvelles questions féministes,* nᵒˢ 16-17-18, 1991, p. 71.

85. *Le Temps de la différence,* Le Livre de Poche, 1989, p. 71.

86. A. Rich, *Naître d'une femme,* 1976, trad. française 1980, Denoël/Gonthier.

87. De même L. Irigaray appelle les filles à rester dans le giron de leur mère et à retrouver « les grands couples mères-filles de la mythologie : Déméter-Koré, Clytemnestre-Iphigénie, Jocaste-Antigone ». Allant plus loin, elle réclame la création d'un langage, et d'un code civil exclusivement féminins. La stratégie de la non-mixité des sexes poussée à ses dernières limites aboutit à la création d'un monde de femmes. Seule façon à ses yeux de contrer « la culture patriarcale fondée sur le sacrifice, le crime et la guerre ». Cf. *Le Temps de la différence. op. cit.,* pp. 23 et 27.

88. « Compulsory Heterosexuality and Lesbian Existence », in *Signs,* 5, 1980, pp. 631-660. Cet article fit grand bruit aux USA.

A. Rich fut très lue, mais peu suivie sur ce terrain-là. En revanche, l'idéologie maternaliste et gynocentrique connaît un certain succès. Non seulement elle justifie la supériorité morale des femmes sur les hommes, mais elle fonde nombre de leurs prérogatives. Si les femmes sont naturellement « maternelles », c'est-à-dire douces, pacifiques, chaleureuses, on conclut d'emblée qu'elles sont l'avenir radieux de l'humanité. La maternité – jusque-là tenue pour une relation privée – doit être pensée comme le modèle de la sphère publique [89]. Elle fournira les bases d'une toute nouvelle conception du pouvoir et de la citoyenneté. « Le citoyen sera un être humain aimant... dévoué à la protection de la vie humaine si vulnérable [90]. » Autrement dit, le monde ne peut être sauvé que par les mères.

Ce thème fut repris et développé par les « écoféministes » [91]. Pour elles, la femme incarne la nature et la vie, tandis que l'homme est rejeté du côté de la culture et de la mort. Cette dichotomie connut une certaine vogue en France [92], avant même que l'on parle de fécon-

---

89. S'appuyant sur les travaux de Nancy Chodorow ou de Carol Gilligan qui tendent à montrer la supériorité « sociale » et morale des femmes, les féministes « maternalistes » déclarent que l'expérience maternelle des femmes leur donne une capacité morale qui peut seule contrecarrer le monde individualiste du mâle libéral. Voir Nancy Chodorow, *The Reproduction of Mothering,* University of California Press, 1978. Dans ce livre, l'auteur tend à montrer que l'aptitude des femmes à communiquer et à établir des liens avec autrui est une qualité humaine plus positive que le besoin masculin de prendre ses distances. Voir aussi Carol Gilligan, *In a Different Voice,* Harvard-University Press, 1982, trad. française, *Une si grande différence,* Flammarion, 1986.
90. Mary G. Diez, « Feminism and Theories of Citizenship », in *Gender, Politics and Power,* Y. Onway, S. Bourque & J.W. Scott eds., University of Michigan Press, 1987, p. 11.
91. Linda Birke, *op. cit.,* pp. 116 à 125.
92. Cf. la revue *Sorcières,* notamment le n° 20, 1980, « La nature assassinée », où l'identité femme/nature est revendiquée. On y critique la notion de bisexualité soupçonnée d'évacuer le féminin, p. 15. Voir aussi le magazine *Le Sauvage,* dans la même mouvance, ainsi que de nombreux ouvrages qui célébrèrent le corps, les règles et l'utérus de la femme. Dans la foulée, on alla jusqu'à revaloriser le travail ménager plus pacifique et proche de la nature que le travail accompli par les hommes. Cf. Annie Leclerc, *Paroles de femmes,* Grasset, 1976, p. 114.

46

dation *in vitro*. Elle fut ravivée par la peur des femmes de se voir privées de la fonction procréatrice. On évoqua le pouvoir du corps médical masculin sur le ventre des femmes et le spectre de la machine artificielle maternelle, ultime ruse du tyran mâle pour éliminer son ennemie. Soucieuses de se soumettre à la nature, certaines de ces féministes, anciennes militantes de la contraception et de l'avortement, se posent aujourd'hui la question de leur légitimité. Opposées à tout ce qui menace la vie, les écoféministes se disent concernées par l'environnement et par l'ensemble de la chaîne des êtres. Hostiles à la théorie de l'animal-machine du XVIIᵉ siècle, elles perçoivent l'être humain comme un animal parmi d'autres. Beaucoup vont au-delà de la simple proclamation de sympathie pour l'animalité souffrante, en insistant sur les liens entre la femme et l'animal [93]... contre l'homme. L'une d'entre elles suggère que « la sympathie que beaucoup de femmes ressentent pour les animaux est due au fait qu'ils sont les unes et les autres victimes des hommes [94] ». Par conséquent, si l'on veut liquider le patriarcat (exploiteur de la nature), « il faut prendre conscience de la souffrance des non-humains » [95] en même temps que de toutes les minorités opprimées par les hommes. Ce qui revient à briser la chaîne des êtres à hauteur d'homme, animal si perverti qu'il n'appartient plus au monde naturel. La différence entre la femme et l'animal n'est que de degré, alors qu'elle est de nature entre elle et l'homme. On retrouve ici le même discours

---

93. Cf. A. Brown, *Who Cares for Animals ?* Hernemann, London, 1974, pp. 1-35.

94. Carol Adams, « The Œdipus Complex : Feminism and Vegetarianism », in *The Lesbian Reader*, G. Covina & L. Galana (eds), Amazon Press, Oakland California, 1975, pp. 149-150.

95. Norma Benney, « All of One Flesh : The Rights of Animals », in Caldecott & Leland, cité par Linda Birke, *op. cit.*, p. 121.

que les sociobiologistes qui peuvent comparer une abeille et une femme, mais pas un homme et une femme.

En se fondant chacun sur le principe du déterminisme biologique, sociobiologie et féminisme différencialiste parviennent à un résultat similaire : l'un est toujours valorisé aux dépens de l'autre. Dans cette optique, hommes et femmes n'ont plus à se rencontrer que le temps de l'insémination... L'essentialisme aboutit nécessairement à la séparation et au pire : à l'oppression. Il ne peut offrir qu'une perspective limitée de la nature et des potentialités humaines. Tout est inscrit à l'avance, sans possibilité de changements ou de création. Prisonniers d'un schéma prédéterminé et même surdéterminé, homme et femme se retrouvent condamnés à perpétuité à jouer les mêmes rôles. A recommencer éternellement la même guerre.

Les constructivistes, ou la masculinité éclatée

Actuellement, les spécialistes des *Men's Studies* sont d'accord pour rejeter l'idée d'une masculinité unique. Formés aux sciences de l'homme, ils contestent le rôle premier de la biologie et s'emploient à démontrer la plasticité humaine. Forts des travaux de l'anthropologie sociale et culturelle, des toutes nouvelles recherches historiques et sociologiques sur la masculinité (et la féminité), ils concluent qu'il n'y a pas un modèle masculin universel, valable en tout temps et en tout lieu. A leurs yeux, la masculinité n'est pas une essence, mais une idéologie qui tend à justifier la domination masculine. Ses formes changent (qu'y a-t-il de commun entre le guerrier du Moyen Age et le soutien de famille des années 1960 ?) et seul a subsisté le pouvoir de l'homme sur la femme. Mais aujourd'hui que ce pouvoir s'effrite sous nos yeux, que reste-t-il de *la* masculinité ?

Voilà près d'un demi-siècle que l'anthropologue américaine Margaret Mead a ouvert la voie à l'idée de la multiplicité des masculinités. Étudiant sept peuplades des mers du Sud [96], elle a mis en lumière l'extrême variabilité des rôles et des stéréotypes masculins et féminins, ainsi que celle des rapports entre hommes et femmes. Qu'y a-t-il de commun entre le mâle Arapesh, amateur d'art, qui préfère se laisser brutaliser plutôt que de se battre, et le guerrier Mundugumor, coléreux et agressif, qui mangeait l'ennemi capturé en parlant et en riant [97] ? Comment comparer l'audace sexuelle des garçons Iatmul avec la timidité des Tchambuli ?

Des travaux plus récents montrent que la diversité masculine persiste encore d'un bout à l'autre du monde, en dépit de sa rapide occidentalisation. David Gilmore [98] rapporte la multiplicité des modèles, du Sud méditerranéen aux tribus Samburu de l'Est de l'Afrique, en passant par les tribus de la Nouvelle-Guinée, les Tahitiens, les juifs américains et bien d'autres. Ici des hommes très durs et angoissés [99] par leur virilité, accusant la moindre différence avec les femmes. Là, des hommes

---

96. *L'Un et l'autre sexe*, publié en 1948 et traduit en français en 1966 par Denoël/Gonthier. Les critiques récentes concernant un de ses livres les plus célèbres (*Coming of Age in Samoa*, 1928, trad. française, *Mœurs et sexualité en Océanie*, Terre humaine, Plon, 1963) ne remettent pas en cause la validité de ses derniers travaux sur la diversité des genres, cf. Derek Freeman, *Margaret Mead and Samoa, the Making and Unmaking of an Anthropological Myth*, Harvard University Press, 1983.
97. M. Mead, *op. cit.*, pp. 67 et 70.
98. David A., Gilmore, *Manhood in the Making. Cultural concepts of Masculinity*, Yale University Press, 1990.
99. Par exemple les tribus de Nouvelle-Guinée. Voir Maurice Godelier, *La Production des grands hommes*, Fayard, 1982. Ce livre rapporte les observations de l'auteur faites en 1967 et 1975 sur les Baruya ; Gilbert H. Herdt, ed., *Rituals of Manhood. Male Initiation in Papua New-Guinea*, University of California Press (1982).

tendres et doux qui paraissent féminins au regard de nos critères traditionnels, vivant paisiblement la mixité des sexes [100]. Que devient le mythe de l'agressivité naturelle des hommes quand on se penche sur la petite société Semai de la Malaisie centrale [101], l'une des populations les plus pacifiques du monde ? On ne peut s'empêcher de se poser la question de la « nature » et de l'origine de la masculinité. Qui de Rambo, héros des jeunes Américains, ou du petit homme Semai est le plus viril ? Lequel est le plus normal, le plus proche de la nature ? Lequel a subi la plus grande pression de la part de son environnement et de son éducation ? Lequel a le plus refoulé une partie de lui-même ?

Nul besoin de courir le monde pour constater la multiplicité des modèles masculins. Notre société est un bon observatoire de cette diversité. La masculinité diffère selon les époques, mais aussi selon les classes sociales [102], les races [103] et les âges [104] de l'homme.

On aura compris que le célèbre propos de Simone de Beauvoir s'applique aussi à l'homme : on ne naît pas homme, on le devient. Ce qui paraît démontré, *a contrario,* par les enfants sauvages au XIXᵉ siècle grandis loin de tout contact humain, Victor de l'Aveyron et Gaspar Hauser. Il est vrai que les observateurs de ces enfants

---

100. Sur les Tahitiens, voir Robert Levy, *Tahitians, Mind and Experience with the Society Islands,* University of Chicago Press, 1973.
101. Les Semai pensent que l'agressivité est la pire des calamités et la frustration de l'autre, le mal absolu. Résultat, ils ne se montrent ni jaloux, ni autoritaires, ni méprisants. Ils cultivent des qualités non compétitives, sont plutôt passifs et timides et s'effacent volontiers devant les autres, hommes ou femmes. Peu préoccupés par la différence des sexes, ils n'exercent aucune pression sur les enfants mâles pour qu'ils se distinguent des filles et deviennent de petits durs. Cf. D. Gilmore, *op. cit.,* pp. 209-219. Voir aussi Robert K. Dentan, *The Semai : A Non Violent People of Malaysia,* N.Y. Holt, Rinehart and Wurston, 1979.
102. Anthony Astrachan, *How Men Feel,* N.Y. Anchor Press/Double day, 1986.
103. Robert Staples, « Stereotypes of Black male sexuality », in *Men's Lives, op. cit.,* p. 4.
104. Voir 2ᵉ partie, chap. 2.

s'intéressaient peu aux problèmes d'identité sexuelle. Mais ils apparaissent clairement dans leurs rapports. C'est Gaspar Hauser qui veut porter des vêtements de fille parce qu'il les juge plus beaux : « On lui dit qu'il doit devenir un homme : il le nie absolument [105]. » Victor, que le docteur Itard décrit possédé par de fortes pulsions sexuelles, ne montre aucune préférence pour l'un ou l'autre sexe. Son désir est indifférencié, ce qui ne doit pas étonner, dit le bon docteur en 1801 : « Chez un être à qui l'éducation n'avait point appris à distinguer un homme d'avec une femme [106]. »

Si la masculinité s'apprend et se construit, nul doute qu'elle peut changer. Au XVIIIe siècle, un homme digne de ce nom pouvait pleurer en public et avoir des vapeurs ; à la fin du XIXe, il ne le peut plus, sous peine d'y laisser sa dignité masculine. Ce qui est construit peut donc être déconstruit pour être reconstruit à nouveau. Mais les plus radicaux des « constructivistes », inspirés par J. Derrida, ne s'attachent qu'à la déconstruction. Il s'agit de faire éclater définitivement le dualisme des genres [107] et même des sexes [108], qui ne sont que des oppositions idéologiques, visant toujours à l'oppression de l'un par l'autre. Par ce biais, ils pensent se débarrasser une fois pour toutes des problèmes d'identité sexuelle – y compris de ceux des transsexuels [109] – et instaurer un régime de pleine liberté.

---

105. Lucien Malson, *Les Enfants sauvages,* collection 10/18, 1964, pp. 81-82.
106. *Idem.*
107. S. Kessler & McKenna, *Gender : An Ethno Methodogical Approach,* N.Y., 1978, John Wiley. Elles remettent en question le dualisme des genres, catégories arbitraires, de même que Holly Devor, *Gender Blending. Confronting the Limits of Duality,* Indiana University Press, 1989, p. 33.
108. Judith Butler, *Gender Trouble. Feminism and Subversion of Identity,* Routledge, 1990. Son objectif est de déstabiliser la distinction. Elle insiste sur le fait que le corps lui-même est une construction, p. 8.
109. Marcia Yudkin, « Transsexualism and women : a critical perspective », in *Feminist Studies,* octobre 1978, vol. 4, n° 3, pp. 97 à 106.

Les deux positions sont donc irréconciliables. Entre les tenants du déterminisme biologique qui tracent le portrait d'un mâle éternel et leurs opposants qui déclarent tranquillement que « le genre masculin n'existe pas [110] », nous avons le sentiment que l'énigme masculine est plus mystérieuse que jamais. L'homme est-il une question sans réponse ? Un signifiant sans signifié ? Pourtant nous savons bien qu'il y a deux sexes et que l'homme n'est pas une femme. A quelques exceptions près, on distingue toujours l'un de l'autre. Si la diversité des comportements dément la prééminence du biologique, la multiplicité des masculinités ne saurait empêcher les caractères communs, voire les connivences secrètes. C'est à la recherche de celles-ci que nous partons à présent.

---

110. Marc Chabot, « Genre masculin, genre flou ». Conférence à l'Université de Laval au Québec, 1990, que l'auteur a eu la gentillesse de me faire parvenir. Elle est à présent publiée dans *Des hommes et du masculin,* Bief, Presses Universitaires de Lyon, 1er trimestre 1992, pp. 177 à 191.

PREMIÈRE PARTIE

CONSTRUIRE UN MÂLE (Y)

L'identité masculine

La problématique de l'identité sexuelle

Le souci de l'identité sexuelle est relativement nouveau. Jusqu'au XIXᵉ siècle, lorsque se présentait un cas d'intersexualité [1], on croyait qu'un tel sujet pouvait changer d'identité sexuelle sans grands bouleversements intérieurs. Le cas d'Herculine Barbin [2], faux hermaphrodite masculin, vint démentir tragiquement cette appréhension exclusivement sociale de l'identité sexuelle.

Depuis les travaux d'Erik Erikson [3], nous savons que

---

1. Il y a deux sortes d'intersexualité qui posent des problèmes d'identité. Dans un cas, les organes génitaux externes sont d'emblée d'apparence ambiguë. Dans l'autre, ils ont un aspect comparable à la normale, mais l'évolution des caractères sexuels secondaires à la puberté est en dysharmonie avec l'apparence. Cf. Léon Kreisler, « Les intersexuels avec ambiguïté génitale », in *La Psychiatrie de l'enfant,* vol. XIII, fasc. 1, 1970, pp. 5 à 127.
2. Michel Foucault (éd.), *Herculine Barbin, dite Alexina B.,* Gallimard, 1978. Ce texte contient le journal et le dossier médico-légal d'un hermaphrodite masculin déclaré fille à sa naissance en 1838 et qui sera contraint de changer officiellement d'identité après l'adolescence quand il se révéla plus masculin que féminin. Le choc psychique fut si grand qu'il se suicida en 1868, faute de pouvoir accepter sa nouvelle identité masculine.
3. Erik Erikson, *Childhood and Society,* 1950, et surtout *Identity and the Life Cycle,* 1959, rééd. en 1980 par W.W. Norton & Compagny N.Y.

55

l'acquisition d'une identité (sociale ou psychologique) est un processus extrêmement complexe qui comporte une relation positive d'inclusion et une relation négative d'exclusion. On se définit par des ressemblances avec certains et des différences avec d'autres [4]. Le sentiment d'identité sexuelle [5] obéit lui aussi à ces processus.

Déjà pour Freud, l'identification était la clé du concept d'identité, par définition multiple [6]. E. Erikson lui adjoignit celui de différenciation. Aujourd'hui, tous les psychologues reconnaissent l'importance de ce second principe peu pris en compte il y a encore une trentaine d'années. On sait qu'un jeune enfant peut distinguer son identité sexuelle grâce à la différenciation d'avec les membres du sexe opposé, au moins autant que par identification avec ceux du même sexe que lui [7]. J. Money et A. Ehrhardt insistent sur l'importance du code négatif. Non seulement il n'est pas « vide », mais il sert de modèle à la fois de ce qu'il ne faut pas faire et de ce que l'on peut attendre de l'autre sexe. Même si les différences culturelles entre les sexes sont relativement réduites, il en reste toujours suffisamment pour que le double codage subsiste. Cela prouve l'importance de la reconnaissance

---

4. Alex Mucchielli, *L'Identité,* collection « Que Sais-Je ? », PUF, 1986.
5. Pour le décrire, l'américain dispose d'un vocabulaire plus précis que le nôtre. Robert Stoller, spécialiste de la transsexualité, demanda dès 1963 qu'on distingue le sexe, le genre et le noyau d'identité de genre. Le mot *sexe* (état de mâle ou de femelle) renvoie au domaine biologique. Pour déterminer le sexe, il faut analyser chromosomes, organes génitaux externes et internes, gonades, état hormonal et caractères sexuels secondaires. Le *genre* a des connotations psychologiques ou culturelles. *« L'identité de genre »* commence avec la perception que l'on appartient à un sexe et pas à l'autre. Le *« noyau d'identité de genre »* est la conviction que l'assignation de son sexe a été correcte. « Je suis un mâle » s'impose avant l'âge de deux ans et persiste généralement de façon inaltérable.
6. « Le fait de l'identification autorise peut-être un emploi littéral de cette expression : pluralité des personnes psychiques » in *Naissance de la psychanalyse,* notes jointes à la lettre du 2 mai 1897, PUF, 1986, p. 176.
7. J. Money & A. Ehrhardt, *Man & Woman ; Boy & Girl,* The John Hopkins University Press, 1972, éd. 1982, p. 13.

du « dualisme des genres » pour que l'enfant ait un clair sentiment d'identité.

Les difficultés de l'identité masculine

J. Money a souligné qu'il est plus facile de « faire » une femme qu'un homme [8]. L'évolution virile est véritablement la *via difficilior* [9]. De la conception d'un XY à la masculinité adulte, le chemin est semé d'embûches. Le propos de Spinoza, « toute détermination est négation » [10], s'applique davantage à lui qu'à elle. Dès 1959, la psychologue américaine Ruth Hartley comprend que le petit garçon se définit avant tout négativement : « Les mâles apprennent généralement ce qu'ils ne doivent pas être pour être masculins, avant d'apprendre ce qu'ils peuvent être... Beaucoup de garçons définissent simplement la masculinité : ce qui n'est pas féminin [11]. » Le propos est si vrai que l'on pourrait dire que dès la conception, l'embryon masculin « lutte » pour ne pas être féminin. Né d'une femme, bercé dans un ventre féminin, l'enfant mâle, contrairement à l'enfant femelle, est condamné à la différenciation pendant une grande partie de sa vie. Lui ne peut exister qu'en s'opposant à sa mère, à sa féminité, à sa condition de bébé passif. A trois reprises, pour signifier son identité masculine, il lui faudra se convaincre et convaincre les autres qu'il n'est pas une femme, pas un bébé, pas un homosexuel. D'où le désespoir de ceux qui ne parviennent pas à réaliser

---

8. *Idem*, p. 19.
9. J. Le Rider, « Misères de la virilité à la belle époque », in *Le Genre humain, op. cit.*, pp. 121 et 122.
10. Lettre à Jarig Jelles, La Haye, le 2 juin 1674.
11. R.E. Hartley, « Sex Role Pressures in the Socialization of the Male Child », in *Psychological Reports*, 5, 1959, p. 458.

cette triple négation (dénégation ?), comme l'illustrent bien les romans autobiographiques d'Edmund White [12]. Le héros, qui a passé toute sa jeunesse à haïr son homosexualité, voudrait tant être « un adulte, un homme et un hétérosexuel » [13], synonymes à ses yeux de maîtrise, de solidité et de dignité. Mais il n'est aucun des trois et doit accepter la honte de vouloir être protégé comme un enfant.

L'autre difficulté propre à la masculinité du garçon est qu'elle est moins stable et moins précoce que la féminité de la fille. On a longtemps cru qu'elle était un état primaire et naturel. En fait, elle est seconde, difficilement acquise et fragile. Raison pour laquelle chacun s'accorde aujourd'hui à reconnaître la vérité du propos de Helen Hacker : « En général, la masculinité est plus importante pour les hommes que la féminité pour les femmes [14]. »

Depuis que l'on a mis en lumière les difficultés de l'identité masculine, plus personne ne soutient que l'homme est le sexe fort. Au contraire, on le définit comme le sexe faible [15] doté de nombreuses fragilités, physiques et psychiques. Dès la vie intra-utérine, le mâle a plus de difficultés à survivre : « Il semble que l'embryon, puis le fœtus mâles soient plus fragiles que les femelles. Cette fragilité persiste lors de la première année de la vie et la mortalité préférentielle qui pénalise les mâles

12. Cf. *A Boy's Own Story*, Picador Pan Books, 1982, trad. française, *Un Jeune Américain*, Mazarine, 1984. Voir aussi la suite : *La Tendresse sur la peau*, Ch. Bourgois, 1988.

13. *La Tendresse sur la peau*, pp. 144-145.

14. Helen Mayer Hacker, « The New Burdens of Masculinity », in *Marriage et Family Living*, vol. XIX, August 1957, n° 3, p. 231.

15. Cf. Lynne Segal, *Slow Motion. Changing Masculinities*, Rutgers University Press, 1990, p. 75 ; Gerald Fogel (ed.), *The Psychology of Men*, Basic Books, N.Y. 1986, p. 6 ; John Munder Ross, « Beyond the Phallic illusion », in Fogel (ed.).

est observée tout au long de l'existence [16]. » En France, une femme aujourd'hui vit en moyenne huit années de plus qu'un homme. L'une des raisons de cette vulnérabilité physique vient peut-être de la fragilité psychique masculine, que l'on perçoit mieux depuis une vingtaine d'années. La répartition des troubles psychiatriques selon le sexe montre une sur-représentation masculine [17] jusqu'à l'adolescence. Les garçons représentent près des deux tiers des consultants externes en France ou à l'étranger [18]. Après l'adolescence, elle s'atténue et même elle s'inverse selon les maladies psychiques.

Plusieurs hypothèses sont envisagées par Léon Eisenberg pour expliquer cette prédominance masculine dans les états psychiatriques les plus courants chez l'enfant. D'abord la vulnérabilité génétique : l'homme ne possédant qu'un seul chromosome X, celui-ci accuse tous les effets néfastes de tout allèle [19] pathologique sur ce chromosome. D'autre part, grâce au chromosome Y, seul le fœtus mâle est exposé à la sécrétion de la substance masculinisante des canaux et de la testostérone. Par

---

16. Jacques Ruffié, *Le sexe et la mort,* Odile Jacob, 1986, p. 81 : il meurt *in utero* plus de garçons que de filles. De plus, la Sécurité Sociale a fait savoir en 1991 qu'un enfant mâle de 0 à 12 mois coûtait à la nation 1 714 F de plus qu'une fille durant la même période. Au stade adulte, on trouve en moyenne 160 femmes pour 115 hommes (alors qu'il naît plus de garçons que de filles : 104,5 à 108,3 garçons pour 100 filles selon les époques et les pays) et le fossé ne fera que s'accroître avec le temps.
17. Philippe Chevallier, « Population infantile consultant pour des troubles psychologiques », in *Population,* mai-juin 1988, n° 3, pp. 611 à 638. Regroupant 18 études statistiques sur les enfants en consultation psychologique, il en dégage les caractères communs : prépondérance des garçons et rôle déclencheur de l'école.
18. *Ibidem,* pp. 615 et 616. Voir aussi l'article détaillé du psychiatre américain Léon Eisenberg, « La répartition différentielle des troubles psychiques selon le sexe », in *Le Fait féminin* (éd. Evelyne Sullerot), Fayard, 1978, pp. 313 à 327 : « Aux USA, les admissions totales en consultation externe d'enfants de moins de 14 ans font apparaître une proportion de 2,5 garçons pour 1 fille. Entre 14 et 17 ans, les admissions sont sensiblement égales.
19. Allèle : gène symétrique d'un autre gène, situé sur le locus correspondant du second chromosome de la paire. Cf. Glossaire du *Fait féminin, op. cit.,* p. 517.

ailleurs, les psychanalystes savent bien que les perversions sont essentiellement masculines. Le fétichisme, le travestisme ou le transsexualisme touchent très majoritairement les hommes, comme si « la nature avait plus de difficulté à différencier l'identité du mâle que celle de la femelle » [20].

Les difficultés de la masculinité sont patentes. Surtout de nos jours et dans nos contrées où le pouvoir qui lui servait de cuirasse s'effrite de partout. Sans ses défenses millénaires, l'homme expose ses blessures, souvent à vif. Il suffit de lire la littérature masculine européenne et américaine des quinze dernières années pour saisir toute la palette des sentiments qui l'assaillent : la colère, l'angoisse, la peur des femmes, l'impuissance, la perte de ses repères, la haine de soi et de l'autre, etc. Un trait commun à tous ces textes : l'homme qui pleure [21].

20. J. Money et A. Ehrhardt, op. cit., p. 148.
21. Sur plus de 100 romans écrits par des hommes, près des deux tiers montrent à une ou plusieurs reprises le héros en pleurs...

CHAPITRE I

Y ou le dualisme sexuel

L'évolution a déterminé les deux sexes de l'espèce humaine en différenciant la 23ᵉ paire de leurs chromosomes. XX chez la femme, XY chez l'homme. Le sexe de l'enfant est défini par la formule chromosomique du spermatozoïde qui féconde l'ovule [1]. C'est donc le mâle qui engendre le mâle.

Bien que le chromosome Y n'ait pas encore livré tous ses mystères [2], la génétique et en particulier l'étude des anomalies chromosomiques donnent déjà beaucoup à penser sur la différence masculine, sa fragilité et son caractère en quelque sorte second. Ainsi, nous savons à présent que des êtres humains peuvent naître avec un chromosome manquant ou supplémentaire. On peut vivre avec un seul X (44XO) [3] ou avec trois X

---

1. Le spermatozoïde porteur d'un chromosome X donne un embryon femelle et le spermatozoïde porteur d'un chromosome Y, un embryon mâle.
2. Notamment, l'ensemble des facteurs qui interviennent dans le programme de différenciation gonadique.
3. 44XO, ou syndrome de Turner, donne un être humain de type féminin. Il toucherait une femme sur 2 700 et ne serait pas un obstacle à la fertilité.

(44XXX) [4]. On peut aussi rencontrer des êtres humains, de type masculin XYY ou XXY [5]. Mais la nature ne produit jamais un être humain doté d'un ou plusieurs Y non accompagnés d'un X. Dans le syndrome de Turner (44XO), l'unique X peut être transmis soit par le père, soit par la mère, mais dans les deux cas cet X paraît représenter l'humanité de base : ce sans quoi il n'y a pas d'être humain possible. Alors que l'Y symbolise la différence sexuelle masculine et elle seule, sa présence, nécessaire pour « faire » un homme, est loin d'être suffisante pour définir l'identité masculine.

Le développement prénatal de XY :
« une lutte de tous les instants » [6]

La différenciation sexuelle qui fait d'un embryon XY un enfant déclaré mâle à l'Etat civil procède par étapes successives que l'on peut représenter par le schéma suivant :

---

4. 44XXX : variante cytogénétique du cas précédent qui concernerait une femme sur 500, sans problème de fertilité. Ces indications et les suivantes sont tirées de l'article de Nacer Abbas, Colin Bishop et Marc Fellous, « Le déterminisme génétique du sexe », in *La Recherche, la sexualité*, n° 213, sept. 1989, pp. 1036 à 1046.
5. XYY concernerait un homme sur 500. C'est un sujet normal et fertile. XXY (syndrome de Klinefelter) est aussi de type masculin, avec un petit pénis, des testicules atrophiés et des problèmes de stérilité. Ce cas toucherait un homme sur 700.
6. Ce qui suit est emprunté aux articles d'Alfred Jost, « Le développement sexuel prénatal », in *Le Fait féminin, op. cit.*, pp. 85 à 90 ; Susomo Ohno, « La base biologique des différences sexuelles », *ibidem*, pp. 57 à 65 ; John Money & Anke A. Ehrhardt, *op. cit.* ; Bernard Vigier et Jean-Yves Picard, « L'AMH : hormone clé de différenciation sexuelle », in *Science & Vie, L'Un et l'autre sexe, op. cit.* ; Anne Fausto-Sterling, *op. cit.* ; Betty Yorburg, *Sexual Identity*, J. Wiley & Sons, N.Y. London, 1974 ; J. Ruffié, *op. cit.*

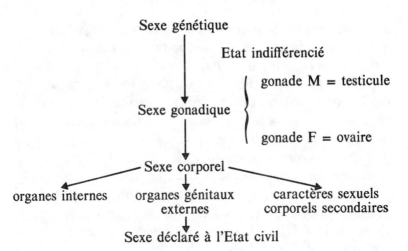

Cette chaîne d'événements qui mène à la différenciation des sexes peut être comparée à une « course de
relais » [7], dans la mesure où chaque étape dépend du bon
fonctionnement de la précédente. On va voir que le
développement de l'embryon XY est plus complexe, et
donc plus aléatoire que celui de XX.

Le mâle XY possède tous les gènes présents chez la
femelle XX et en plus il hérite des gènes du chromosome
Y [8]. En un sens, le mâle est la femelle *plus* quelque
chose. Mais cela signifie aussi que le sexe femelle est le
sexe de base chez tous les mammifères, autrement dit :
le programme embryonnaire de base est orienté de façon

---

7. J. Money et A. Ehrhardt, *op. cit.*, pp. 3 et 4.
8. Le chromosome Y porte un très grand nombre de gènes disproportionné
avec sa taille qui est pourtant petite. Depuis juillet 1990, les chercheurs anglais
ont identifié le gène qui aiguille le développement de l'embryon sur la voie mâle.
Il s'agit d'un gène appelé SRY qui émet des signaux chimiques, environ 8 semaines
après la fécondation. Ces signaux influenceraient les glandes sexuelles pour
qu'elles deviennent des testicules et non des ovaires (*Nature*, 19 juillet 1990).
Confirmant leur découverte, les Anglais réussirent à changer le sexe d'un embryon
de souris femelle en lui injectant le gène SRY qu'ils avaient isolé. L'embryon a
poursuivi sa gestation et s'est développé normalement comme un mâle. Il a pu
s'accoupler plusieurs fois, mais il reste stérile (*Nature*, mai 1991).

à produire des femelles[9]. Le seul rôle de l'Y est de détourner la tendance spontanée de la gonade embryonnaire indifférenciée à organiser un ovaire et de la forcer à produire un testicule. Les différentes cellules du testicule commencent à accomplir leurs fonctions spécialisées dont la plus importante est la production d'une hormone mâle : la testostérone. D'ailleurs, si des fœtus XX sont exposés constamment à la testostérone injectée, ils développent tout l'ensemble des caractères masculins, y compris la verge et le tractus génital, en dépit de la présence d'ovaires, au lieu de testicules. En revanche, si le gène d'Y déterminant le testicule est supprimé par mutation, ou en l'absence de testostérone, les cellules XY organisent des ovaires au lieu de testicules et le fœtus se développe comme une femelle.

Il y a quarante ans, Alfred Jost, dont les découvertes font autorité dans le monde entier, a analysé le rôle des glandes génitales dans la réalisation du « sexe corporel » en castrant chirurgicalement des fœtus de lapin avant le début de la différenciation sexuelle (au 19e jour d'une grossesse en comptant 32 jours) : les fœtus castrés se développent tous comme des femelles, quel que soit leur sexe génétique. Les conclusions de Jost sont sans appel : « Chez le mâle, le testicule fœtal doit activement s'opposer à la réalisation des structures féminines... *Le mâle se construit contre la féminité première de l'embryon...*

---

9. Les biologistes ont montré la « raison » du choix de la femelle comme sexe de base chez les mammifères : « Les embryons croissent dans l'utérus de la mère et le développement fœtal peut être influencé par les hormones femelles (œstrogène et progestérone) maternelles. Si le développement fœtal femelle dépendait des hormones femelles, il y aurait un danger constant que les embryons mâles soient féminisés au même titre que les embryons femelles. Il ne restait qu'une solution : l'indépendance du développement fœtal des hormones femelles. Ce qui n'est possible qu'en programmant le schéma embryonnaire de base comme féminin, de façon qu'en l'absence d'interventions, l'embryon de mammifère se développe automatiquement en femelle », Susomo Ohno, *op. cit.,* p. 61.

Au cours du développement, devenir mâle est *une lutte de tous les instants* [10]. » La moindre défaillance testiculaire met le fœtus en danger d'être plus ou moins féminisé, donc plus ou moins anormal du point de vue génital.

Pendant les premières semaines, les embryons XX et XY sont anatomiquement identiques, dotés à la fois des canaux femelles et mâles [11]. Ils sont sexuellement bipotentiels. Chez le fœtus mâle, la différenciation commence vers le quarantième jour, alors qu'elle ne débute chez le fœtus femelle qu'après le deuxième mois, comme si la programmation féminine de base devait être contrecarrée à un stade précoce chez les mâles : « La présence du chromosome Y impose une masculinisation rapide de l'ébauche, qui sans cela évoluerait vers le type ovarien [12]. » Suit une série de « phases critiques » du développement sexuel dont les étapes ne peuvent être réalisées ni avant ni après le moment opportun.

Tout cela laisse à penser qu'il y a des limites au modèle alternatif « mâle ou femelle ». Outre que les embryons XX et XY sont anatomiquement semblables jusqu'à la sixième semaine, qu'homme et femme ont en commun les mêmes hormones sexuelles – seules varient les quantités [13] – les anomalies génétiques produisent des

---

10. *Le Fait féminin, op. cit.,* pp. 86-87. Souligné par nous.
11. Une hormone, « Anti-Müllerian Hormone », AMH, sécrétée par le testicule fœtal et immature a pour rôle d'inhiber, chez le fœtus mâle, le développement des ébauches de l'oviducte et de l'utérus, dites canaux de Müller. De son côté, la testostérone assure le maintien des canaux de Wolff, la masculinisation du sinus urogénital et des organes génitaux externes. « Chez le fœtus génétiquement mâle, le programme interne de développement est contrecarré... chez le fœtus femelle, le développement des organes génitaux suit simplement le programme préétabli, sans qu'interviennent de facteurs féminisants spécifiques », cf. docteurs Bernard Vigier et Jean-Yves Picard, *op. cit.,* p. 24.
12. A. Jost, *op. cit.,* p. 87.
13. On trouve dans le sang des uns et des autres aussi bien les androgènes (hormones mâles) que des œstrogènes et de la progestérone (hormones féminines).

individus dont on a bien du mal à définir le sexe et le genre. Ces ambivalences ou ces ambiguïtés ouvrent la porte à toutes les interprétations. Les tenants de la ressemblance des sexes ont des arguments pour prouver que ce qui unit les deux sexes est beaucoup plus important que ce qui les distingue [14]. Les autres se fondent sur ces anomalies qui donnent des pseudo-hermaphrodites masculins ou féminins pour plaider la thèse de la multiplicité des sexes. Mais peut-on arguer d'une anomalie qui survient, selon les cas, toutes les 10 000 ou 30 000 naissances, pour méconnaître le cas de figure le plus général ? Certes, le dualisme sexuel n'est pas absolu, et bien moins radical qu'on ne le pense. Mais même atténué, et relatif, il subsiste comme une constante de l'humanité. D'autant que nous avons tous une irrésistible tendance à le renforcer dès la naissance de l'enfant.

Le regard des parents

Dans le cas le plus probable, où l'assignation du sexe à la naissance va de soi, l'enfant déclaré garçon ou fille à l'Etat civil est immédiatement perçu comme tel par son entourage et en premier lieu par ses parents. Le regard et la conviction des parents sur le sexe de leur enfant sont absolument déterminants pour le développement de l'identité sexuelle de celui-ci. C'est même le facteur le plus important, comme on le verra à propos

---

Mais l'homme produit près de six fois plus de testostérone que la femme. Comme le fait remarquer Betty Yorburg, « qualifier les androgènes et œstrogènes de mâles ou femelles est trompeur puisque les deux types d'hormones sont produits par les hommes et les femmes, mais en différentes quantités », in *Sexual Identity,* op. cit., p. 20.

14. Anne Fausto-Sterling, *op. cit.,* p. 85.

des enfants intersexuels. Or il se trouve qu'il existe chez les humains une tendance irrépressible à l'« étiquetage » sexuel de l'autre, et en particulier du bébé, qui s'accompagne de comportements différents selon le sexe assigné à l'enfant.

Vingt-quatre heures après la naissance du bébé, Zella Luria et Jeffrey Rubin demandèrent aux pères et aux mères leur impression sur lui [15]. Les pères avaient vu leur bébé derrière une vitre, les mères l'avait tenu une fois dans les bras. Les bébés, garçons et filles, avaient même poids et même taille, ils étaient tous normaux et nés à terme. Les résultats des interviews des parents sont éloquents. « Les parents utilisèrent davantage le mot " grand " pour les fils que pour les filles, et " belle ", " mignonne ", " gentille " pour ces dernières... Les petites filles avaient les " traits fins " et les petits garçons les " traits marqués ", les petites filles étaient " petites ", les petits garçons, de la même taille, étaient " grands ". Les deux parents tendent à stéréotyper leur bébé mais toutes les enquêtes montrent que cette tendance est plus marquée chez le père [16]. »

---

15. Zella Luria, « Genre et étiquetage : l'effet Pirandello », in *Le Fait féminin, op. cit.,* p. 237. Voir aussi B.I. Fagot, « Sexes differences in toddlers' bevahior and parental reaction », in *Developmental psychology,* 1974, 10, pp. 554-558. Ainsi que « Sex-related stereotyping of toddlers' behaviors », in *Developmental psychology,* 1973, 9, p. 429.

16. L'expérience baptisée *« baby X »,* qui utilise un paradigme semblable, parvient aux mêmes conclusions. L'objet de l'expérience est un bébé en chair et en os habillé de jaune. Quarante-deux adultes sont divisés en trois groupes. Au premier, on dit qu'il s'agit d'une fille, au second que c'est un garçon et au troisième, que c'est un bébé de trois mois sans préciser le sexe. Puis on demande aux adultes de jouer avec le bébé. Comme précédemment, le résultat le plus marquant a été que les adultes ont avec le même enfant des relations différentes selon qu'on le déclare mâle ou femelle. Quand cette information n'était pas donnée, les hommes étaient plus anxieux que les femmes, et la plupart des sujets attribuaient un sexe à l'enfant en « justifiant ce choix par des indices conformes aux stéréotypes », par exemple la force ou la fragilité du bébé... C.A. Seavey, P.A. Katz & S.R. Zalk « Baby X : The Effect of Gender Labels on Adult Responses to Infants », in *Sex Roles,* 1975, 1, pp. 103-110.

Toutes ces recherches montrent l'importance extrême du regard de l'entourage sur le bébé. Aussitôt né, nous apprenons au bébé par le geste, la voix, le choix des jouets et des vêtements, à quel sexe il appartient. Mais on ne prend vraiment conscience de l'influence de ce phénomène d'apprentissage que lorsque le sexe de l'enfant pose des problèmes.

Quand les organes génitaux externes sont ambigus dès la naissance, les parents, aujourd'hui, doivent surseoir à la déclaration civile jusqu'à plus amples examens [17]. Si l'enfant est XX, le traitement chirurgical peut commencer assez vite, mais s'il est XY, il faut attendre [18]. Tous les examens requis par le diagnostic peuvent prendre plusieurs mois. Les médecins demandent instamment aux parents de traiter leur enfant comme s'il était du genre neutre et de ne pas céder à l'irrésistible tendance à lui assigner un sexe, pour ne pas avoir à changer de comportement après la découverte d'une éventuelle erreur. Mais l'expérience montre que même si les parents peuvent en France choisir un prénom neutre – comme Dominique ou Claude – ils ne peuvent pas supporter très longtemps l'incertitude. Pas plus d'ailleurs que l'équipe médicale qui a l'enfant en charge.

---

17. Les spécialistes de l'intersexualité essayent d'assigner un sexe à l'enfant le plus rapidement possible et de commencer le traitement chirurgical et hormonal au plus tôt. Mais le diagnostic ne peut pas se faire en un jour. Il nécessite : analyse chromosomique, dépistage cytologique, évaluations hormonales, gonadotropine et stéroïdes, examen manuel et radiographique. Cf. Suzanne J. Kessler, « The Medical Construction of Gender : Case Management of Intersexed Infants », in *Signs,* vol. 16, n° 1, automne 1990, pp. 3 à 26.

18. Si on décide que l'enfant est du sexe masculin, la première étape de réparation du pénis intervient au cours de la première année. Elle est complétée par d'autres opérations avant l'âge d'entrer en classe. Si on décide qu'il est du sexe féminin, l'opération de la vulve et la réduction du clitoris peuvent se faire dès le troisième mois. Il est plus facile de former des organes génitaux féminins proches de la normale que des organes génitaux masculins. On ne sait pas encore créer un pénis normal d'apparence et fonctionnel. Cf. Suzanne J. Kessler, *op. cit.,* pp. 6 et 8.

Finalement, l'enfant de sexe ambigu sera très souvent du sexe choisi par ses parents.

Le corps est la source d'une identité primaire et le sexe une zone d'investissement très vite privilégiée, origine la plus lointaine de l'identité sexuée. Pourtant, on a vu des garçons acquérir une identité masculine en dépit d'une absence de pénis [19] comme si d'autres forces (biologie et comportement parental) prenaient le relais de l'organe manquant. Il existe le cas inverse du garçon biologiquement normal (dont les quatre sexes – génétique, gonadique, corporel et déclaré à l'Etat civil – sont en conformité les uns avec les autres) qui dès le plus jeune âge a le sentiment d'être une fille. C'est le cas très rare de la transsexualité qui touche les garçons presque quatre fois plus souvent que les filles. Stoller s'est intéressé en particulier au cas des tout jeunes garçons dont le sentiment d'être une fille commence dès la petite enfance, vers deux, trois ans. Tous s'identifient à des femmes, ont des manières féminines, des intérêts et des fantasmes féminins. Leur progression dans le transvestisme et le comportement féminin n'est limitée que par la coopération de la famille qui permet ou non à l'enfant de se comporter d'une manière féminine. Ces petits garçons apprennent si étonnamment vite les attitudes féminines qu'elles paraissent presque naturelles. Certains montrent même des signes évidents de féminité avant l'âge d'un an. Tous ces enfants présentent un contexte parental très particulier [20].

---

19. Robert Stoller, *Recherches sur l'identité sexuelle, op. cit.,* pp. 60 à 70.
20. Une mère très bisexuelle, féminine de façade, sexuellement neutre, dépressive, sans intérêt pour la sexualité ni attachement particulier pour le père de l'enfant, avec un profond sentiment d'incomplétude. Un père absent, physiquement et émotionnellement, qui ne s'émeut pas de voir son fils s'habiller en fille et adopter un comportement inhabituel. Robert Stoller, *Recherches sur l'identité sexuelle, op. cit.,* pp. 119 à 122.

Qu'est-ce donc qui conduit ces petits mâles à maintenir, contre toute évidence anatomique, qu'ils sont des femelles ? Selon Stoller, il semble que ce soit une identification excessive à la mère due à l'incapacité de celle-ci de permettre à son fils de se séparer de son corps. Le gardant contre elle toute la journée, elle provoque une confusion des limites du moi entre elle et son fils. Cette symbiose extrême qui se prolonge plusieurs années annule toutes les tensions, tous les conflits nécessaires au développement psychosexuel, comme l'angoisse de castration, les fantasmes phalliques ou des réactions névrotiques de défense. Psychotiques, rétifs à tout traitement psychanalytique, ou « curieuse erreur de la nature », les transsexuels adultes demandent le changement de sexe pour être en paix avec eux-mêmes. Le cas si rare des transsexuels (quelques centaines en France) a le mérite de poser la question de la définition du sexe. En cas d'anomalie, lequel des quatre sexes (génétique, gonadique, corporel ou psychique [21]) définit en priorité la personne humaine ? A ce jour, la plus grande confusion règne. Outre le désaccord qui oppose toujours psychanalystes, psychiatres et juristes, la récente polémique sur le test génétique appliqué aux athlètes féminines des jeux olympiques d'Albertville ajoute encore à l'incertitude. Pour certains généticiens, la découverte du gène SRY (sur le chromosome Y) qui commande chez le jeune embryon la formation des testicules est la preuve ultime du sexe de la personne. Pour d'autres, elle ne l'est pas à cause de nombreuses exceptions : le gène SRY est certes celui qui déclenche le processus de masculinisation, mais il arrive parfois qu'il ne fonctionne pas bien, et alors le

---

21. Le sexe de l'Etat civil, entendu ici comme le sentiment personnel de son identité, soit le noyau de l'identité de genre, selon la terminologie de Stoller.

fœtus devient féminin : la personne est dotée d'un vagin et d'une apparence féminine [22]. Au sexe génétique, le généticien Axel Kahn préfère le critère gonadique : « Ce qui fait la différence entre un homme et une femme, *sur le plan de la compétition,* c'est une hormone mâle, la testostérone. C'est elle qui conditionne la puissance musculaire et donne l'avantage aux hommes comme le savent les spécialistes du dopage [23]. »

Reste à savoir si, hors du domaine de la compétition sportive, l'hormone mâle est bien l'ultime critère de distinction sexuelle. Rien n'est moins sûr. En l'absence de certitude absolue, la tolérance voudrait que l'on décide au cas par cas au mieux des intérêts de l'individu, au lieu de trancher au nom de principes contestés de toute part.

Il ne suffit pas d'être XY et d'avoir un pénis fonctionnel pour se sentir un homme. Inversement, on peut se croire un homme malgré divers anomalies ou dysfonctionnements. Mais pour l'immense majorité, la première étape fondamentale de la différenciation masculine commence avec XY et s'achève avec le regard de ses parents. Durant cette phase, le fœtus aura « lutté », selon l'expression d'A. Jost, pour ne pas obéir au programme de développement féminin. Cette lutte toute biologique est peu de chose à côté de celle que l'enfant mâle va avoir à mener dès sa naissance, et pendant longtemps, pour devenir un homme.

---

22. Cas des « testicules féminisants » : il s'agit de sujets XY qui ont toutes les apparences d'une femme. Ce sont des femmes – parfois très jolies – qui présentent un aspect génital externe féminin, un développement morphologique de type féminin parfait, mais qui à l'examen s'avèrent avoir un équipement chromosomique et un appareil génital interne masculin.
23. *Libération,* mardi 28 janvier 1992, p. 3. Souligné par nous.

CHAPITRE II

La différenciation masculine

La formation du mâle est commandée par une donnée naturelle, universelle et nécessaire : son lieu de naissance maternel. Cette particularité du garçon d'être nourri physiquement et psychiquement par une personne du sexe opposé détermine son destin de façon plus complexe et dramatique que celui de la fille. D'autant que, dans le système patriarcal qui a dominé le monde depuis des millénaires, c'est la différence radicale des rôles et des identités sexuels qui fut mise à l'honneur.

Dans ce schéma, l'enfant mâle est successivement tout et son contraire. Féminin d'origine, il est sommé d'abandonner sa première patrie pour en adopter une autre qui lui est opposée, voire ennemie. Cet arrachement qui lui est imposé est aussi vivement désiré...

La dyade mère/fils
ou le duo amoureux

La fusion originaire

Durant les neuf mois de la vie intra-utérine, l'enfant fait un avec sa mère. Nous savons depuis longtemps que le bien-être du fœtus dépend de celui de la mère. Choc, dépression ou fortes émotions se répercutent sur lui. Mais jusqu'à quel point cette pré-histoire détermine la vie de l'individu, nous ne le savons pas encore. Le développement neurologique inachevé permet-il de parler d'une sorte de mémoire de ces temps de la caverne ? Les neuf mois passés au creux du maternel ne laissent-ils pas une empreinte féminine indélébile sur l'enfant à naître ?

Un certain nombre de psychologues ont retenu ce concept d'*empreinte* – venu de l'éthologie – pour décrire l'influence de la mère sur son petit, et l'attachement de celui-ci pour elle [1]. Dans les premières semaines qui suivent la naissance, la symbiose mère/enfant perdure autant que la vie extra-utérine le permet. Durant ces tout premiers mois, l'enfant, dans la dépendance absolue de sa mère, ne se différencie d'elle que tout doucement [2].

---

1. John Bowlby, *Attachement et perte,* vol. I, L'Attachement, PUF, 1978, et P.H. Gray, « Theory and Evidence of Imprinting in Human Infants », in *Journal of Psychology,* 46, 1958, pp. 155 à 166.
2. « L'investissement libidinal attaché à la symbiose... protège le moi rudimentaire de toute tension prématurée et non adaptée » ; M. Mahler, *Psychose Infantile,* Payot, 1982, pp. 21-22. Certains ont récemment critiqué la notion de symbiose, comme Daniel Stern, *Interpersonal World of the Infant,* N.Y., Basic Books, 1985, p. 10. Il pense qu'il n'y a jamais confusion entre le soi et l'autre dans l'esprit du bébé.

« Là s'enracine l'amour le plus puissant et le plus complet qu'il est donné à l'être humain de connaître. » Du corps-à-corps au tête-à-tête, la relation à la mère est « unique, incomparable, inaltérable et elle devient pour les deux sexes l'objet du premier et du plus puissant des amours, prototype de toutes les relations amoureuses ultérieures » [3]. La mère ne se contente pas de nourrir l'enfant, elle le soigne et éveille en lui de multiples sensations physiques.

Cet amour total de l'enfant pour sa mère a été mille fois célébré, et en particulier par les écrivains de sexe masculin [4]. Si l'amour maternel peut être vécu comme un « transport de bonheur » [5] par le petit garçon, il peut aussi être ressenti comme une menace dès lors que la mère ne répond pas de façon satisfaisante à la passion de son petit, trop aimante ou pas assez. La bonne mesure d'amour maternel est d'autant plus cruciale qu'il s'adresse à un enfant mâle. Trop d'amour l'empêcherait de devenir un mâle, mais pas assez peut le rendre malade.

Dès la naissance, le bébé mâle est naturellement en état de passivité primaire, totalement dépendant de celle qui le nourrit. Déjà Groddeck remarquait que « pendant la tétée, la mère est l'homme qui donne ; l'enfant, la femme qui reçoit » [6]. Cette toute première relation érotique [7] lui apprend le nirvana de la dépendance passive

---

3. Freud, *Abrégé de psychanalyse*, 1940.
4. Dans son autobiographie, Philip Roth se revoit en « papoose dorloté... bébé mâle apprenant à creuser son terrier contre le corps de sa mère, relié par chacune de ses terminaisons nerveuses à son sourire et à son manteau en peau de phoque », in *Les Faits*, Gallimard, 1990, p. 30.
5. Expression de l'écrivain autrichien Peter Rosei in *Homme et femme S.A.R.L.*, Fayard, 1987, p. 179.
6. Georg Groddeck, *Le Livre du Ça*, 1923, trad. française Tel, Gallimard, 1978.
7. Sigmund Freud, *Introduction à la psychanalyse*, Payot, 1970, p. 293 : lorsque l'enfant s'endort rassasié devant le sein de sa mère, il présente une expression d'heureuse satisfaction que l'on retrouve plus tard à la suite de la satisfaction sexuelle.

et laissera des traces indélébiles dans le psychisme de l'adulte [8]. Mais les conséquences de cette expérience ne sont pas les mêmes pour le garçon et la fille. Pour la fille, elle est à la base d'une identification avec son propre sexe, alors que pour le garçon elle est une inversion des rôles ultérieurs. Pour devenir un homme, il devra apprendre à se différencier de sa mère et à refouler au plus profond de lui cette passivité délicieuse où il ne faisait qu'un avec elle. Le lien érotique entre la mère et l'enfant ne se limite pas aux satisfactions orales. C'est elle, qui, par ses soins, éveille toute sa sensualité, l'initie au plaisir, et lui apprend à aimer son corps. La bonne mère est naturellement incestueuse et pédophile [9]. Nul ne songerait à s'en plaindre, mais tous veulent l'oublier, y compris la mère et le fils. Normalement, le développement moteur et psychique de l'enfant permet progressivement la séparation. Mais quand l'amour maternel est par trop puissant, trop gratifiant, pourquoi l'enfant sortirait-il jamais de cette dyade délicieuse ? En revanche, si cet amour total n'a pas été réciproque, l'enfant passera le reste de sa vie à le rechercher dans la douleur.

Il est dans la nature de l'être humain (mâle ou femelle) de commencer sa vie dans une relation amoureuse passive et d'y trouver le plaisir nécessaire pour se développer plus avant. Jusqu'à ce jour, nous avons pensé que c'était à la seule mère d'incarner le pôle amoureux. S'il est impensable qu'elle cesse de l'être, il n'est pas sûr que le

---

8. *Idem*, p. 294 : « Je ne saurais vous donner une idée assez exacte de l'importance de ce premier objet – le sein maternel – pour toute recherche ultérieure d'objets sexuels, de l'influence profonde qu'il exerce dans toutes ses transformations et substitutions, jusque dans les domaines les plus éloignés de notre vie psychique. »

9. Pat Conroy, entre beaucoup d'autres, évoque « l'innocente séduction des avances maternelles », in *Le Prince des marées,* trad. française, Presses de la Renaissance, 1988, p. 110.

tête-à-tête exclusif avec son fils ne soit qu'avantage pour ce dernier.

La féminité première du garçon

Imprégné de féminin durant toute sa vie intra-utérine, puis identifié à sa mère aussitôt né, le petit mâle ne peut se développer qu'en devenant le contraire de ce qu'il est à l'origine. Cette *protoféminité* du bébé humain est estimée différemment par les spécialistes. Pour les uns, elle favorise le développement de la fille et handicape celui du garçon. Pour d'autres, elle est également avantageuse aux deux sexes.

Le concept de *protoféminité* chez l'enfant mâle a été évoqué pour la première fois par Stoller en réponse aux théories de Freud sur la masculinité innée. Ce faisant Stoller a opéré une révolution radicale : si Freud réduisait la bisexualité originaire au primat de la masculinité (les deux premières années de la vie), le psychiatre-psychanalyste américain suggère au contraire que la bisexualité originaire se réduit au primat du féminin.

Selon Freud, pour qui la *protoféminité* n'existe pas, la petite fille a plus d'obstacles à franchir que le petit garçon [10]. Il croyait que « la masculinité était le mode originel, naturel, de l'identité de genre dans les deux sexes, et qu'elle résultait de la première relation d'objet hétérosexuelle du garçon avec la mère, et de la première relation d'objet homosexuelle de la fille avec celle-ci [11] ». Stoller reproche à Freud d'avoir négligé le tout premier

---

10. Janine Chasseguet-Smirgel, « Masculin et féminin », in *Les Deux arbres du jardin,* Des Femmes, 1988. Et Robert Stoller, « Féminité primaire », in *L'excitation sexuelle,* Payot, 1984, pp. 59 à 82.
11. R. Stoller, *Masculin ou féminin,* PUF, 1989, pp. 307-308.

stade de la vie, induit par la fusion qui se produit dans la symbiose mère-bébé. Parce que les femmes acceptent leur féminité de façon primaire et incontestée, leur identité de genre est plus solidement ancrée que celle des hommes. Cette identification préverbale qui augmente la création de leur féminité devient chez le garçon un obstacle à surmonter.

Si garçon et fille doivent passer par les mêmes étapes de séparation et d'individuation [12], le bébé mâle rencontre des difficultés ignorées de l'autre sexe. L'étude des transsexuels masculins révèle à Stoller les dangers d'une symbiose excessive entre le fils et la mère. « Plus une mère prolonge cette symbiose – relativement normale dans les premières semaines ou les premiers mois – plus la féminité risque alors d'infiltrer le noyau d'identité de genre [13]. » Comme on rencontre ce processus, ajoute Stoller, à des degrés moindres dans la plupart des maternages, c'est probablement là que se trouve l'origine des craintes de l'homosexualité, beaucoup plus marquées chez les hommes que chez les femmes, ainsi « que la plupart des racines de ce qu'on nomme masculinité, à savoir la préoccupation d'être fort, indépendant, dur, cruel, polygame, misogyne et pervers ». C'est seulement si le garçon peut se séparer sans problème de la féminité et de la femellité de sa mère, qu'il sera en mesure de développer « *cette identité de genre plus tardive que nous appelons la masculinité*. C'est alors qu'il verra sa mère, en tant qu'objet séparé et hétérosexuel qu'il pourra désirer [14] ».

On ne peut mieux dire que *la masculinité est seconde*

---

12. Cf. Les travaux de M. Mahler.
13. R. Stoller, « Faits et hypothèses. Un examen du concept freudien de bisexualité », in *Nouvelle revue de psychanalyse*, n° 7, 1973. Gallimard, p. 150.
14. *Idem*, p. 151. Souligné par nous.

et « à créer ». Elle peut être mise en péril par l'union primaire et profonde avec la mère [15].

Alors que la relation homosexuelle mère/fille des premiers mois ne peut qu'augmenter, chez la fille, le sentiment d'identité, le petit garçon doit tout faire pour anéantir ses pulsions protoféminines. Le comportement que les sociétés définissent comme convenablement masculin est fait de manœuvres de défense [16] : crainte des femmes, crainte de montrer quelque féminité que ce soit, y compris sous la forme de tendresse, de passivité ou de soins dispensés aux autres et bien sûr crainte d'être désiré par un homme. De toutes ces craintes, Stoller déduit les attitudes de l'homme ordinaire : « Etre rude, tapageur, belligérant ; maltraiter et fétichiser les femmes ; rechercher seulement l'amitié des hommes mais aussi détester les homosexuels ; parler grossièrement ; dénigrer les occupations des femmes. *Le premier devoir pour un homme est : ne pas être une femme* [17]. »

Si la féminité première est conçue plutôt comme un handicap par Stoller, des femmes, psychologues, la perçoivent comme un grand avantage pour le garçon. La symbiose maternelle est bénéfique aux deux sexes parce qu'elle est l'origine des sentiments nourriciers, de tendresse et d'attachement chez le futur adulte. Elle est associée à des comportements positifs et chaleureux [18] qui sont le miel des relations humaines postérieures. Et si l'enfant a le malheur d'avoir une mère « froide », il sera incapable, adulte, d'exprimer ces sentiments élé-

---

15. *Idem :* « Une expérience empreinte de félicité, qui, enterrée, mais active au cœur de l'identité, sera, la vie durant, comme un foyer aimanté qui pourra attirer l'individu vers une régression à cette union primitive. »
16. R. Stoller, *Masculin ou féminin ?, op. cit.,* pp. 310-311.
17. *Idem,* p. 311. Souligné par nous.
18. Miriam M. Johnson, *Strong Mothers, Weak Wives,* University of California Press, 1988, p. 109.

mentaires, et nourrira souvent une haine de soi et des femmes inextinguible.

Margarete Mitscherlich va plus loin en soutenant que notre société demande trop tôt au petit garçon de se détacher de sa mère et d'adopter un comportement masculin. C'est grâce à cette identification avec la personne nourricière – la mère en l'occurrence – que les enfants surmontent leurs angoisses et leur détresse. Ils intériorisent les comportements de la mère qui console et apaise et sont en mesure de vaincre leur haine pour leur cadet vis-à-vis duquel ils se vivront partiellement comme une mère [19]. Phyllis Chesler parle de ces garçons trop vite arrachés à leurs mères comme d'« êtres dématriciés » [20]. Pour ces auteurs, la relation première à la mère est la condition même de l'identité humaine du mâle. Si cette relation n'est pas bonne ou si l'identification n'est pas possible, l'enfant aura toutes les difficultés à devenir un mâle humain.

L'une des conséquences de cet intérêt porté à la relation symbiotique entre mère et fils est la nouvelle importance reconnue à la phase pré-œdipienne. Freud l'avait évoquée tardivement [21] à propos de la spécificité de la sexualité féminine : il voyait dans cette « fixation à la mère », la préhistoire nécessaire de l'établissement de la féminité de la petite fille. Freud parle peu de cette phase chez le garçon : « Elle existe aussi, mais moins

---

19. « Le fait d'intérioriser des comportements maternels positifs permet à l'enfant d'acquérir ses premières structures psychiques qui sont les prémices de l'estime de soi. S'il est obligé trop tôt de rejeter l'identification à la mère, l'enfant est en outre perturbé dans sa capacité à développer une mémoire qui lui permette d'évoquer toutes les fois qu'il en éprouve le besoin les fonctions consolatrices et apaisantes de la mère. » Helga Dierichs & Margarete Mitscherlich, *Des Hommes,* Ed. des Femmes, 1983, pp. 49-50.
20. Phyllis Chesler, *La Mâle donne,* Ed. des Femmes, 1983, p. 53.
21. S. Freud, *Nouvelles conférences sur la psychanalyse,* 5e conférence sur la féminité, 1931, ed. fr. Coll. Idées, Gallimard, 1971, p. 157.

longue, moins riche de conséquences et plus difficile à différencier de l'amour œdipien puisque l'objet reste le même [22]. » C'est Mélanie Klein et ses héritiers anglo-américains qui ont mis le phare sur cette période archaïque, et en particulier ceux qui se sont intéressés à la formation de l'identité masculine. En 1967, le psychanalyste Ralph Greenson, qui travaillait avec R. Stoller sur les transsexuels, attire l'attention, dans une communication au 25e congrès de psychanalyse, sur l'importance pour le jeune garçon de la « désidentification » à l'égard de sa mère [23].

Pour les psychanalystes américains, l'étape œdipienne est généralement moins périlleuse pour le petit mâle que la phase pré-œdipienne, car le principal danger pour le garçon n'est pas tant la peur de la castration paternelle que le sentiment ambivalent fait de désir et de crainte à l'égard de la mère : indéracinable envie de revenir à la symbiose maternelle et peur de restaurer l'unité archaïque [24]. C'est de la bonne résolution de ce conflit que dépend la constitution de l'identité masculine.

Le petit garçon dans l'univers maternel

La durée de la symbiose mère/fils varie énormément d'une époque à l'autre et, aujourd'hui, d'une culture à l'autre. Plus la symbiose est longue, intime et source de plaisir mutuel, plus est grande la probabilité que le

---

22. J. Laplanche et J.-B. Pontalis, *Vocabulaire de psychanalyse*, PUF, 1967, Art. Proedipien.
23. Prononcée en juillet 1967 à Copenhague, cette conférence a été publiée sous le titre « Dis-identifying from mother : its Special Importance for the Boy », in *International Psycho-Analytic Journal*, vol. 49, 1968, pp. 370 à 373.
24. Gerald Fogel (ed.), *The Psychology of Men*, N.Y., Basic Books, 1986, p. 10.

garçon devienne féminin. « Cet effet persistera si le père du garçon n'interrompt pas la fusion qualitativement et quantitativement [25]. »

La leçon est récente et ne concerne pas nos sociétés industrielles aujourd'hui. Parce que les femmes ont radicalement transformé leur mode de vie, la symbiose avec leurs enfants s'en est trouvée singulièrement raccourcie. L'augmentation constante du nombre des mères qui travaillent à l'extérieur de chez elles limite leur capacité d'allaitement, et avec lui la prolongation du corps-à-corps fusionnel avec le bébé. Outre les nécessités économiques, il est de moins en moins évident qu'elles désirent cette prolongation au-delà des premiers mois qui suivent la naissance. L'intérêt pour l'enfant le dispute à d'autres, professionnels, culturels ou sociaux. Très vite, le petit enfant connaît la frustration de la séparation, une nourriture variée, et d'autres visages que celui de sa mère. Pour les mères qui se consacrent entièrement à leur petit, l'école vient sonner l'heure de la séparation. Bien qu'en France, elle ne soit pas obligatoire avant six ans, l'usage veut qu'on y envoie les enfants vers trois ans, voire moins... Comme par hasard, à la fin de la période pré-œdipienne !

A l'autre bout du monde, les mères des nombreuses tribus guerrières de Nouvelle-Guinée [26] se comportent tout autrement avec leur fils. D'abord les tabous *post-partum* [27] contribuent à renforcer le couple mère/enfant.

---

25. R. Stoller, *Masculin ou Féminin, op. cit.,* p. 309.
26. M. Godelier, *La production des grands hommes, op. cit.,* et Gilbert H. Herdt, *Rituals of Manhood. Male initiation in Papua New Guinea, op. cit.* Voir aussi l'article de Robert Stoller et Gilbert H. Herdt, « The development of Masculinity : a cross-cultural contribution », in *Journal of the American Psychoanalytic Association,* 1982, n° 30, pp. 29 à 59, traduit en français dans *Masculin ou Féminin, op. cit.,* pp. 307 à 338.
27. Ils interdisent toute activité sexuelle au couple jusqu'à ce que l'enfant soit dans sa deuxième année.

Le nouveau père Sambia ou Baruya doit éviter la mère et l'enfant d'abord parce que l'un et l'autre peuvent polluer du seul fait des contaminants de la mère à la naissance, et parce que l'excitation sexuelle issue de la vision de l'allaitement pourrait l'amener à enfreindre les tabous et causer la maladie ou la mort du bébé.

Jusqu'au sevrage, le père voit peu son enfant. Les Sambia ont tendance à penser que le bébé est un prolongement du corps de sa mère durant les neuf premiers mois. L'enfant a accès au sein de la mère à volonté, parfois jusque dans sa troisième année. Il vit dans ses bras, peau à peau, et dort nu avec elle jusqu'au sevrage. Après, garçons et filles dorment à part de leur mère, mais à trente ou soixante centimètres d'elle. Avec le temps, les garçons sont incités par leurs parents à dormir un peu plus loin de leur mère, mais pas encore dans « l'espace mâle » de la maison. En dépit d'un contact grandissant avec leur père, les garçons continuent cependant à vivre avec leur mère et leurs frères et sœurs, jusqu'à sept ou dix ans.

Les tribus de Nouvelle-Guinée, conscientes du danger de féminisation du garçon, procèdent à des rites d'initiation généralement très longs et traumatisants, à la mesure du lien extrême mère/fils qu'il s'agit de dénouer. On verra plus loin comment le rituel sépare de force l'enfant de sa mère, pour l'arracher à son étreinte aimante.

A un degré moindre, le *momisme* américain que l'on observe dès le XIXᵉ siècle, avec le début de la société industrielle, est une autre sorte de fusion prolongée avec la mère. Au corps-à-corps succède un tête-à-tête avec une femme toute-puissante qui n'est pas sans poser des problèmes aux fils. Les pères étant absents, « les fils suffoquent sous l'amour protecteur de leur mère [28] ». L'absence d'identification masculine se fait cruellement sentir, surtout quand l'usage tolère qu'une mère habille son petit garçon en fille jusqu'à l'âge de six ans, comme ce fut le cas par exemple pour Franklin D. Roosevelt, ou qu'elle lui laisse pousser de longues boucles... Certains garçons ne s'en remettront jamais, comme Ernest Hemingway qui souffrit toute sa vie de troubles d'identité sexuelle. Selon son biographe [29], Kenneth Lynn, sa mère, personnalité puissante, autoritaire et virile, le fantasma comme une petite fille pendant plusieurs années. Non seulement elle l'habilla, le coiffa et le traita comme « la jumelle » de sa sœur aînée, mais elle avait installé le petit Ernest dans une délicieuse relation de dépendance dès son premier cri. Pendant six mois, il dormit dans le lit de sa mère, où elle l'autorisait à caresser son visage, à se serrer contre elle et à se nourrir à volonté à son opulente poitrine. « Il est satisfait de dormir avec sa maman et tète toute la nuit », note-t-elle, heureuse, dans son journal. Bien que son père fût un homme faible, sans autorité et profondément névrosé [30], c'est probablement à ses interventions qu'Ernest Hemingway dut de ne pas être plus perturbé [31]. Enfant, il avait eu avec lui de vrais liens d'affection : son père, à l'affût de tout ce qui pouvait conforter son fils dans sa virilité, l'emmenait, dès l'âge de trois ans, pêcher et chasser. Mais si le père a pu empêcher le pire, il n'était pas assez fort pour le

---

28. Joe I. Dubbert, « Shaping the Ideal During the Masculine Century », in *A Man's Place, op. cit.*

29. Kenneth S. Lynn, *Hemingway*, 1987, trad. en français par A. Wicke & Marc Amfreville, Payot, 1990, pp. 43-44.

30. Il se suicida le 6 décembre 1928 d'une balle de revolver dans la tête.

31. Outre certaines nouvelles d'Hemingway, comme *Le Jardin d'Eden*, écrit à la fin de sa vie et qui exprime de véritables fantasmes transsexuels, nul doute que le portrait psychologique de sa mère (homosexuelle) correspond tout à fait au type de la mère du garçon transsexuel décrit par R. Stoller.

délivrer totalement de l'emprise maternelle, lui-même victime castrée de son épouse. Pour résister à sa mère, Ernest Hemingway n'eut d'autre solution que de fuir et de la haïr, « comme jamais un homme, au dire de son vieil ami Dos Passos, n'a vraiment haï sa mère ». Hanté par elle toute sa vie, et par un profond désir de féminité, il ne la désigna jamais, adulte, autrement que par ces mots : « Cette salope... »

Trancher dans le vif
ou la nécessaire trahison de la mère

Le propre de l'identité masculine (par opposition à l'identité féminine) réside dans l'étape de la différenciation à l'égard du féminin maternel, la condition *sine qua non* du sentiment d'appartenance au groupe des hommes. Leur ressemblance et leur solidarité se construisent par la mise à distance des femmes, et d'abord la première d'entre elles, la mère. Certains parlent de trahison, d'autres de meurtre symbolique. A croire que, dans la horde primitive évoquée par Freud, le matricide a précédé le parricide.

Comme l'a bien vu Hermann Burger, chaque homme est confronté au problème suivant : « D'un côté, procéder activement contre sa mère ; de l'autre souffrir passivement d'elle... Nous devons la tuer et mourir d'elle. Se faisant, l'homme doit se garder de blesser son âme féminine [32]. »

---

32. Hermann Burger, *La Mère artificielle*, 1982, trad. française, Fayard, 1985, p. 197. Né en 1942, l'auteur s'est suicidé en 1989.

La douleur de la séparation

Relisant *La Promenade au phare* de Virginia Woolf, P. Bourdieu évoque « la métaphore du couteau ou de la lame qui situe le rôle masculin du côté de la coupure, de la violence, du meurtre, c'est-à-dire du côté d'un ordre culturel construit contre la fusion originaire avec la nature maternelle » [33].

Le couteau ou la lame ne renvoient pas seulement à la coupure du cordon ombilical qui vaut pour les deux sexes, ils parlent aussi de cette seconde séparation d'avec le féminin maternel que représente la circoncision. Pratiquée quelques jours après la naissance, vers trois, quatre ans ou à l'adolescence, elle a toujours pour objet de renforcer la masculinité du garçon. Parce qu'elle constitue une castration symbolique, elle a retenu l'attention de nombreux psychanalystes. Theodor Reik, Géza Roheim, Herman Numberg ou Bruno Bettelheim ont montré qu'elle détachait le garçon de sa mère et l'introduisait dans la communauté des hommes. En outre, elle marque l'importance du pénis.

Bettelheim souligne que pour les garçons, « l'exhibition du gland libéré du prépuce fait partie des efforts accomplis pour affirmer leur virilité. Sur ce point, le garçon circoncis a une nette supériorité : son gland est visible, ce qui est souvent considéré comme le signe d'une virilité plus affirmée » [34]. Numberg insiste sur le fantasme de renaissance qui accompagne la circoncision : l'enfant

---

33. P. Bourdieu, « La domination masculine », in *Actes de la recherche*, n° 84, *op. cit.*, p. 23.
34. B. Bettelheim, *Les Blessures symboliques*, Gallimard, 1971, p. 39.

circoncis renaît sans prépuce et ainsi est un homme [35]. Aux yeux de Groddeck, la circoncision des juifs est le refoulement de la bisexualité, ce qui les distingue de tous les autres humains : « Le prépuce est retranché pour éliminer tout trait féminin de l'insigne de la masculinité ; car le prépuce est féminin, il est le vagin dans lequel est fourré le gland masculin... chez les juifs, s'ils retranchent le prépuce... ils éliminent la bisexualité de l'homme, ils enlèvent au masculin le caractère féminin. Ils renoncent ainsi, en faveur de la divinité bisexuelle, à leur similitude divine innée. Par la circoncision, le juif devient seulement un homme [36]. »

La circoncision, renoncement symbolique à la bisexualité divine, est tout à la fois la marque de la finitude humaine et celle de la masculinité. Pratiquée huit jours après la naissance dans la tradition juive, elle intervient au moment le plus fort de la symbiose mère/fils. Tout juste né, le bébé est encore partie du corps de la mère. Lorsque les hommes viennent lui prendre son enfant pour procéder à la circoncision, ils signifient à la mère que le garçon est à eux et n'est plus à elle. La circoncision blesse le fils en même temps que la mère qui se sent amputée d'une partie d'elle-même. Si douloureuse soit-elle, cette séparation « au couteau » n'est pas seulement le signe que la fusion maternelle doit prendre fin, elle

---

35. H. Numberg, *Problems of Bisexuality as Reflected in Circoncision,* Imago publishing Co. London, 1949, p. 8.
36. G. Groddeck, « Le double sexe de l'être humain », traduit par R. Lewinter, in *Nouvelle revue de psychanalyse,* n° 7, printemps 1973, p. 194. Texte publié in *La Maladie, l'art et le symbole,* Gallimard, 1969. R. Lewinter précise que le judaïsme apparaît comme l'affirmation exacerbée à l'extrême de l'unisexualité, instaurée par artifice, la répartition des rôles masculins et féminins « voulus absolument univoques... la circoncision est véritablement l'emblème du projet humain, l'être assurant pleinement sa finitude par rapport à l'infini ». Cf. « Groddeck : (anti)judaïsme et bisexualité », in *Nouvelle revue de psychanalyse, op. cit.,* pp. 199-200.

est aussi la récupération symbolique du fils par le père, le premier acte de la différenciation sexuelle.

Les trois années qui suivent la naissance du garçon sont le temps nécessaire au fils pour se séparer psychiquement de sa mère. Pour cela, il doit renforcer les frontières entre elle et lui, « mettre un terme à leur premier amour et à leur sens d'un lien empathique [37] ». Le garçon doit développer une identité masculine en l'absence d'une relation étroite et continue avec son père, symétrique de celle qu'une fille connaît avec sa mère. Nancy Chodorow constate qu'en l'absence d'une identification personnelle forte avec un homme, « les petits garçons de pères absents (propres à la famille contemporaine) élaborent un idéal de la masculinité par identification aux images culturelles de celle-ci et en choisissant des hommes célèbres comme modèles masculins [38] ». La grande difficulté pour eux consiste à opérer une désidentification, avec tout son cortège de négation et de rejet du féminin, sans le soutien effectif d'un modèle positif d'identification. Telle est l'origine d'une identité masculine plus négative que positive, qui met l'accent sur la différenciation, la distance à l'égard des autres et le déni de la relation affective. Alors que les processus d'identification féminine sont relationnels, ceux de l'identification masculine sont oppositionnels.

Lillian Rubin, très inspirée par les travaux de Chodorow, en a tiré les conséquences pour l'homme adulte. Elle pense que l'agressivité masculine contre les femmes peut être interprétée comme une réaction à cette perte précoce et au sentiment de trahison qui l'accompagne,

---

37. Carol Gilligan, *Une si grande différence,* Flammarion, 1986, p. 21.
38. Nancy Chodorow, *The Reproduction of Mothering. Psychoanalysis and the Sociology of Gender,* 1978, University of California Press, éd. 1979, p. 176. Son analyse repose en partie sur les recherches de R. Stoller.

que le mépris de la femme vient de la rupture intérieure exigée par la séparation. Ce mépris, selon elle, vient de la peur et non de l'arrogance, « peur qu'éprouve l'enfant qui se trouve obligé de repousser la présence toute-puissante de sa mère [39] ».

Même bien refoulée, la symbiose maternelle hante l'inconscient masculin. Parce que les hommes ont été élevés depuis des millénaires uniquement par des femmes, il leur faut dépenser des trésors d'énergie pour garder les frontières. Tenir les femmes à distance est le seul moyen de sauver sa virilité. Rousseau le savait déjà lorsqu'il appelait hommes et femmes « à vivre ordinairement séparés... Ils se sentent autant et plus qu'elles de leur trop intime commerce. Elles n'y perdront que leurs mœurs, et nous y perdons à la fois nos mœurs et *notre constitution*. Ne voulant plus souffrir de séparation, faute de pouvoir se rendre hommes, *les femmes nous rendent femmes* [40] ».

La masculinité : une réaction, une protestation

L'homme viril incarne l'activité. Mais cette activité n'est en vérité qu'une réaction contre la passivité et l'impuissance du nouveau-né. Le monopole de l'activité par les mâles ne vient pas d'une nécessité sociale. L'intériorisation des normes de la masculinité exige un surplus de répression des désirs passifs, notamment celui d'être materné. La masculinité qui se construit inconsciemment dans les toutes premières années de la vie se

---

39. Lillian Rubin, *Des Etrangers intimes,* Robert Laffont, 1986, pp. 69-70.
40. J.-J. Rousseau, *Lettre à d'Alembert,* 1758, Garnier-Flammarion, n° 160, 1967, pp. 195-196. Souligné par nous.

renforce au fil des ans avant d'exploser littéralement à l'adolescence. C'est le moment où la souffrance et la peur de la féminité et de la passivité commencent à devenir évidentes. La plupart des jeunes gens luttent contre cette souffrance intérieure en renforçant plus encore les remparts de la masculinité.

Cette réaction est un long combat qui met en jeu une formidable ambivalence. La peur de la passivité et de la féminité est d'autant plus forte que ce sont là les désirs les plus puissants et les plus refoulés de l'homme. Le combat incessant n'est jamais définitivement gagné, car comment renier une fois pour toutes la réminiscence de l'Eden ? Si dans la vie réelle, les hommes résistent tant bien que mal au désir rarement énoncé de régression, celui-ci peut apparaître à découvert dans le roman. Nombreux sont les romanciers qui évoquent la nostalgie du ventre maternel. *Le Rêve du singe fou* [41] compare les hommes adultes à des petits Peter Pan qui refusent de grandir. Plus explicite encore, l'auteur évoque « l'adulte entêté qui s'obstine à vouloir passer par une petite porte où, enfant il entrait... cet orifice (sexe de la mère) qu'on ne parcourt qu'une fois dans un sens seulement ». Même désir exprimé dans la superbe fresque de Günter Grass, *Le Turbot*. Les hommes ne sont rien d'autre que des bébés qui rêvent d'une mère à trois seins. « Besoin de leurs tétées quotidiennes, même les vieillards tremblotants... Avec le sein, les hommes sont repus, satisfaits, protégés. Ils n'ont jamais à décider... vivent exempts de responsabilités [42]. » Même désir encore, mais cette fois réprimé, dans *La Mère artificielle* : « Au diable ces

---

41. Christopher Frank, *Le Rêve du singe fou*, Seuil, 1976, Livre de Poche, 1989, pp. 33, 107, 116, 140.
42. Günter Grass, *Le Turbot*, 1977, trad. française, Seuil, 1979, pp. 25 à 29.

éternelles pleurnicheries d'hommes-bébés affligés de mamamnèses... qui aimeraient se carapater dans le ventre de leur mère. Mettons enfin sur le tapis la papamnèse [43] !... »

Philip Roth a fait mieux : son héros David Kepesh s'est métamorphosé en un énorme sein de femme. N'en pouvant plus de sa virilité et de l'incroyable contrôle de soi qu'elle exige, il s'effondre dans le délire qui l'autorise à goûter tous les plaisirs d'une totale impotence [44]. Désir de retourner dans le sein maternel ou à l'état de nourrisson... ces premières heures de la vie où le bébé est le sein. Hors de ce délire romanesque, toute l'œuvre de Ph. Roth raconte la guerre sans merci que livre l'adulte au bébé impotent et dépendant : « La voix de l'homme rejette l'enfant tenté par l'irresponsabilité [45]. »

Pour se laisser aller à ces fantasmes régressifs, il faut déjà avoir pris quelques distances avec ses angoisses. Peut-être aussi l'actuelle remise en question de la masculinité et de la féminité relâche-t-elle le nœud de la répression qui, il y a encore vingt ans, étranglait l'homme. Mais tous ne sont pas capables de cette lucidité sur eux-mêmes. Les plus fragiles, les plus douloureux aussi, ne peuvent maintenir leur masculinité et lutter contre le désir nostalgique du ventre maternel que par la haine du sexe féminin. On se souvient du dégoût de Baudelaire : « une outre... pleine de pus ». Un adolescent qui fait

---

43. Hermann Burger, *La Mère artificielle*, 1982, trad. française, Fayard, 1985, pp. 75-76.

44. Pourquoi un sein ? se demande-t-il. « Désir enfoui d'inertie totale et bien-heureuse, aspiration à un gros sac de chair sans cerveau, passif, immobile, agi au lieu d'être agissant ? Long sommeil d'hiver dans les montagnes de l'anatomie féminine ?... Le sein, cocon, cousin de cette poche où j'avais barboté dans le liquide amniotique de ma mère », in *Le Sein*, 1972, trad. française, Gallimard, 1975, pp. 102 à 107.

45. Philip Roth, *Ma Vie d'homme*, 1974, trad. française, Gallimard, 1976, p. 78.

l'amour pour la première fois avec un professeur plus âgée qui lui rappelle sa mère éprouve le même dégoût du sexe de la femme : « conduit tiède et gluant... envie de vomir... se sent aspiré de l'intérieur... se sent mal » [46]. Sensations partagées par beaucoup d'adolescents quand ils découvrent l'acte sexuel, qui normalement s'estompent avec le renforcement de la masculinité.

Reste que depuis l'enfance jusqu'à l'âge adulte, et parfois toute la vie, la masculinité est davantage une réaction qu'une adhésion. Le petit garçon se pose en s'opposant : je ne suis pas ma mère, je ne suis pas un bébé, je ne suis pas une fille, proclame son inconscient. Selon l'expression d'Alfred Adler, l'avènement de la masculinité passe par une *protestation virile*. Le mot « protestation » indique bien la levée d'un doute. On proteste de son innocence lorsqu'il y a suspicion de culpabilité. On la clame haut et fort pour convaincre les autres que nous ne sommes pas ce qu'ils nous soupçonnent d'être. De même, le petit garçon (puis l'homme) proteste de sa virilité parce que demeure un soupçon de féminité. Mais cette fois le doute vient moins des autres que de lui-même. C'est lui qu'il doit convaincre de son innocence, c'est-à-dire de son authenticité masculine.

Cette protestation s'adresse d'abord à la mère. Elle tient en trois propositions : Je ne suis pas elle. Je ne suis pas comme elle. Je suis contre elle.

Trahison et meurtre de la mère

La séparation de la mère oscille entre deux thèmes complémentaires : la trahison de la mère aimée (la bonne

---

46. Michka Assayas, *Les Années vides*, L'Arpenteur, 1990, pp. 38-39.

mère) qui hante un Philip Roth, et la libération de l'oppression maternelle (la mauvaise mère frustrante et surpuissante) qui obsède notamment les écrivains de langue allemande contemporains [47]. Selon l'image maternelle qui l'emporte (bien que l'une n'aille pas sans l'autre), c'est la culpabilité ou l'agressivité qui est mise en exergue. Freud attribuait à l'homme un « mépris normal » de la femme dû à l'absence de pénis, mais Janine Chasseguet-Smirgel, plus fine que le maître, détecte « derrière le mépris prononcé... une imago maternelle puissante, enviée et terrifiante » [48]. Elle terrifie parce qu'elle symbolise la mort, le retour en arrière, l'aspiration par une matrice avide [49].

Les psychologues ont souvent évoqué le thème de la trahison maternelle. L'homme adulte se méfierait des femmes en souvenir de sa mère qui aurait trahi son amour en l'abandonnant peu à peu au monde des hommes. Mais il y a une autre sorte de trahison qui figure en filigrane dans toute l'œuvre de Ph. Roth : celle de la mère par le fils. Là est pour lui le vrai scandale, bien plus que le phallocentrisme du mâle [50]. On ne peut pas être un homme sans trahir sa mère, « trancher les liens d'amour de son enfance [51] ». La virilité, dit Roth, c'est : « Dire non à sa mère, pour pouvoir dire non aux autres femmes. » Ou encore : « Etre le moins du monde, c'est

---

47. On retrouve le thème du meurtre de la mère chez Günter Grass, Michaël Krüger, Peter Rosei, Hermann Burger, ou Thomas Bernhard, parmi d'autres.
48. J. Chasseguet-Smirgel, *op. cit.*, p. 62.
49. La psychanalyste souligne d'ailleurs qu'un des lapsus que l'on entend le plus fréquemment en français est le mot « mort » pour le mot « mère ». Et ce n'est pas l'effet d'un hasard si « les grands écrits sur la féminité (de Freud) sont contemporains de l'introduction de l'instinct de mort et portent, indiscutablement, l'empreinte de la mort », *Idem,* pp. 85 et 86.
50. Ph. Roth, *La Contre-vie,* 1986, trad. française, 1989, Gallimard, pp. 246 et 248.
51. Ph. Roth, *Ma Vie d'homme,* 1974, trad. française, 1976, Gallimard, p. 279.

être son Philip à elle, mais... mon histoire débute et démarre par le fait d'être son Roth à lui (son père) [52]. » Portnoy consulte un psychanalyste pour qu'il lui accorde la force virile : « Rendez-moi fort, rendez-moi complet [53]. » Autrement dit, aidez-moi à trahir ma mère. Il se sent trop coupable à son égard pour oser sortir de son orbite, de son corps, et devenir un homme. Adolescent, elle le traite toujours comme son bébé et à la moindre velléité d'autonomie, elle pleure... La trahir, c'est à coup sûr déclencher ses larmes à elle, la culpabilité, la terreur et les angoisses chez lui. Le drame de Portnoy réside peut-être moins dans la toute-puissance maternelle et l'impotence paternelle que dans le fait qu'elle le considère comme « son amoureux » et qu'il le sait. Mais il ne peut prétendre conserver ce titre qu'aussi longtemps qu'il reste son bébé.

Résultat : à quatre ans, il savait à peine à quel sexe il appartenait [54]. Il se souvient que dans sa neuvième année, alors que l'un de ses testicules n'était pas descendu, il fut pris d'une terrible angoisse : « Et si les seins commençaient à me pousser en plus ? Et si mon pénis devenait sec et friable, se cassait un jour dans ma main pendant que j'urinais ? Alors je me transformerais en fille [55]. » Fille ou bébé : tels sont les obstacles que le garçon doit lever pour devenir un homme. Dans les deux cas, il s'agit de briser là avec la mère. Mais comment y parvenir lorsqu'elle menace de lui ôter son amour, et même de le castrer [56] ? Elle,

---

52. Ph. Roth, *Les Faits,* p. 30.
53. Ph. Roth, *Portnoy et son complexe,* 1967, trad. française 1970, « Folio », p. 56.
54. *Ibidem.,* p. 65.
55. *Ibidem,* pp. 58-59.
56. *Ibidem,* pp. 63-64. Sa mère le menace d'un couteau s'il ne veut pas manger !

qui lui a appris à pisser debout « en lui titillant la queue... sa main sur mon zob représente selon toute probabilité mon avenir ! » [57].

La culpabilité laisse place à l'agressivité et à la haine. Ph. Roth n'y échappe pas non plus. Il se débat furieusement contre l'omnipuissance maternelle qui l'empêche de grandir. Faute d'avoir combattu, il a perdu ses couilles. Adulte, il se soumet à toutes les femmes qu'il aime : impuissant, masochiste [58], « il file doux avec elles comme un gentil garçon sans défense » [59]. Il est devenu « un nourrisson égomaniaque » [60], qui ne connaît qu'une seule défense : réduire toutes les femmes « à l'état d'objets sexuels masturbatoires ». D'autres que lui expriment plus brutalement leur haine et la nécessité du matricide. Le Turbot le dit sans détour : l'acte viril par excellence, c'est le meurtre de la mère [61]. Faute de cet acte fondateur qui fait sortir un homme de l'obscure préhistoire du sein maternel, c'est la mort qui l'emporte sur la vie.

La littérature est riche de dénonciations de la mère. C'est à qui criera et pleurera le plus fort. M. Krüger illustre le complexe maternel des hommes de notre temps. L'homme-bébé est malade d'une symbiose infernale. Il se sent un néant, une loque sans identité, dévoré par une mère toute-puissante et des femmes bourreaux [62]. Peter Rosei évoque avec horreur l'homme apeuré comme un enfant devant la femme-déesse, autosuffisante et cruelle. Faute de pouvoir la tuer, il la fétichise, prend une partie

---

57. *Ibidem*, pp. 184-185.
58. Cf. *Ma Vie d'homme* et *Professeur de désir*.
59. *Ma Vie d'homme, op. cit.*, pp. 271-272.
60. *Idem*, p. 234. Le thème du nourrisson est constamment repris par P. Roth, notamment dans *La Leçon d'anatomie* qui raconte l'histoire de sa terrible dépression, pp. 387, 449, 622, 697.
61. Günter Grass, *op. cit.*, p. 294.
62. *Pourquoi moi ? Et autres récits* (1984-1987), trad. française, Le Seuil, 1990, pp. 21 à 39.

d'elle et rejette la femme tout entière [63]. La femme-déesse jette des sorts : elle empêche son fils de grandir et le rend impuissant [64]. Portnoy nordique, nul mieux que l'écrivain Knut Faldbakken n'a tracé le portrait de la mère toute-puissante et de son fils éternel nourrisson, *Le Monarque* (le *Bad Boy,* titre du livre norvégien) : impuissant, apathique, sans identité, masochiste, passif, il se méprise parce qu'il a peur de tout, même de son ombre. Les héros des romans de Faldbakken pleurent comme des nourrissons de leur impuissance et vivent des épisodes homosexuels. Seul, le corps d'un autre homme peut rassurer l'homme-nourrisson, en proie à une profonde dépression.

Le roman masculin, du Nord au Sud et de l'Est à l'Ouest, a fait de la mère castratrice et mortifère l'un des thèmes les plus répandus de la littérature contemporaine. C'est à qui dénoncera avec le plus de force ces femmes « poisseuses de sollicitude » [65] qui engendrent des hommes-poupons [66]. Les pères, quand ils ne sont pas morts, sont décrits comme des ombres sans consistance : affectivement absents, minables, humiliés, méprisés. Incapables d'arracher leurs fils aux griffes amoureuses de la mère. Résultat : les différents héros de ces romans

---

63. *Homme et femme SARL, op. cit.*
64. H. Burger, *La Mère artificielle, op. cit.,* p. 262 ; Saul Bellow, *Aujourd'hui le jour,* Gallimard, 1962, p. 109 : Pat Conroy, *Le Prince des marées,* Presses de la Renaissance, 1988, pp. 225-227 ; Knut Faldbakken, *La Séduction,* Presses de la Renaissance, 1988, pp. 84-86 et *Le Monarque,* Presses de la Renaissance, 1990, pp. 131 et 215.
65. Expression de Faldbakken, *Le Monarque, op. cit.,* p. 17. Voir aussi Dominique Fernandez, *L'Ecole du Sud,* Grasset, 1991 ; Vitaliano Brancati, *Les Années perdues,* Fayard, 1988 ; Philippe Sollers, *Femmes,* Gallimard, 1983 ; Roland Jaccard, *Les Chemins de la désillusion,* Grasset, 1979 et *Lou,* Grasset, 1982 ; Hervé Guibert, *Mes parents,* Gallimard, 1986.
66. Christian Giudicelli, *Stations balnéaires,* Gallimard, 1988 ; Ludovic Janvier, *Monstre, va !,* Gallimard, 1988 ; François Weyergans, *Le Pitre,* Gallimard, 1973, et l'ensemble de son œuvre ; Edgar Smadja, *Lubie,* B. Barrault, 1990 ; Alfredo Brice-Echenique, *L'Ultime déménagement de Felipe Carrillo,* Presses de la Renaissance, 1990.

LA DIFFÉRENCIATION MASCULINE

s'en sortent très mal. On a parlé de l'impuissance, de la dépression, d'épisodes homosexuels, de suicides ou de folie, mais l'agressivité de l'homme castré peut aussi se tourner vers l'extérieur. Il traite les femmes comme des objets jetables, devient sadique ou assassin. Le héros de *Fausse note*[67], envahi par l'amour symbiotique et sensuel de sa mère, devient tueur de femmes. Éphèbe blond au sexe incertain, enfantin et féminin, il finira tué par sa mère qui par ce geste marquera l'ultime protection (contre la justice) et possession maternelle « anthropophage ». Il y a aussi ceux qui rêvent de tuer leur mère[68] pour vider toute la haine accumulée et ceux qui la tuent effectivement[69]. Le fascinant fils meurtrier de Ludovic Janvier est une caricature du mâle avorté : sans courage, coléreux, doux, mou, gros, aimant ses excréments, il a toujours fait semblant d'exister. Il parle de lui au féminin et d'ailleurs il ressemble à une femme, avec des seins et des hanches. En tuant sa mère, il espérait se libérer de sa peur d'exister. Mais l'acte l'emprisonne. Il évoque « la glu d'amour », et joue avec l'idée de l'homme enceint qui offrirait une « ambiance virile » au bébé mâle.

En vérité, passé le moment opportun, la rupture avec la mère est impossible sans une aide thérapeutique. Et même ainsi, la symbiose prolongée laisse de lourdes séquelles. Les échecs de la séparation engendrent les pires désordres. De la transsexualité à la psychose (ni prohibition de l'inceste, ni castration paternelle) en passant par de multiples troubles identitaires et comporte-

67. Roland Clément, *Fausse note*, éd. Phébus, 1990.
68. René Belletto, *La Machine*, POL, 1990.
69. Ludovic Janvier, *Monstre, va!*, Gallimard, 1988.

mentaux : « masculinité hégémonique » [70], mépris des femmes, agressivité non canalisée, « faim du père [71] », etc.

Tout cela semble donner raison aux tribus de Nouvelle-Guinée qui redoutent l'influence mortelle des mères sur leurs fils. C'est parce qu'elles les empêchent de grandir et de devenir des hommes, que les mâles adultes doivent les leur arracher de la façon la plus cruelle.

Le besoin vital de différenciation

La différence des sexes est extrêmement variable d'une société à l'autre. Fortement accusée ou à peine perceptible à l'observateur étranger (dans nos sociétés, il est parfois difficile aujourd'hui de distinguer un jeune homme d'une jeune fille), tardive (Tahiti) ou précoce (les sociétés occidentales avant les années 1900 par exemple), la différenciation sexuelle est une donnée universelle. Il est vrai que la société évolue lentement et que les médias les plus populaires continuent de diffuser des stéréotypes masculins et féminins traditionnels. Mais il est temps de reconnaître que l'explication sociale n'est pas suffisante. Les résistances sont aussi psychologiques, et comme telles, non aléatoires. Le besoin de se différencier de l'autre sexe n'est pas l'effet de l'apprentissage mais une nécessité archaïque. « La plupart des sociétés utilisent le sexe et le genre comme principal schéma cognitif pour comprendre leur environnement. Les gens, les objets, les

70. R. Connell, « A Whole New World : Remaking Masculinity in the Context of the Environmental Movement », *Gender & Society*, vol. 4, nº 4, décembre 1990, p. 459.
71. *Father and Child*, Stanley H. Cath., Alan R. Gurwitt, John Munder Ross-Little, eds Brown and Company, Boston, 1982, p. 163.

idées sont communément classés comme mâles ou femelles [72]. » Les enfants l'utilisent non seulement pour comprendre le monde mais surtout pour se comprendre eux-mêmes. L'acte de connaître commence avec la distinction et la classification, et en tout premier lieu avec le dualisme. L'enfant apprend à classer gens et objets en deux groupes, l'un semblable à lui, l'autre opposé.

Une autre donnée propre à la petite enfance est la tendance à définir l'Etre par le Faire. A la question : qu'est-ce qu'un homme ou une femme ? L'enfant répond en énonçant des rôles et des fonctions, généralement stéréotypés et oppositionnels. C'est pourquoi la critique de la théorie des rôles sexuels aux Etats-Unis [73], légitime pour ce qui concerne l'homme et la femme adultes, doit être assouplie au regard des enfants. S'il est bien normal d'enseigner les mêmes choses aux enfants des deux sexes, il est tout aussi nécessaire de laisser à chacun la possibilité d'exprimer sa distinction et son opposition. Papa et maman peuvent être tous les deux employés ou médecins, partager les tâches ménagères et familiales, le petit enfant éprouvera toujours le besoin de trouver un critère (même imaginaire) de distinction entre eux qui l'aide à se différencier de l'un et à s'identifier à l'autre.

L'universelle ségrégation sexuelle des enfants

Dans toutes les sociétés humaines arrive toujours le moment où les enfants mâles et femelles se séparent pour former des groupes unisexes. Même à Tahiti, où

72. Holly Devor, *Gender Blending*, Indiana University Press, 1989, p. 46.
73. Cf. Joseph H. Pleck, *The Myth of Masculinity*, The MIT Press, Cambridge, Mass., 1981. Ainsi qu'un grand nombre d'articles.

la différenciation sexuelle est l'une des moins marquées du monde, garçons et filles cessent de jouer ensemble vers la préadolescence [74]. Ils commencent à se séparer à dix, douze ans, et jusqu'à quinze, seize ans, le groupe des garçons ne fréquente plus celui des filles. C'est l'âge des amitiés « homosexuelles » si importantes pour consolider l'identité sexuelle. Dans la société occidentale, la séparation des sexes intervient beaucoup plus tôt et dure bien plus longtemps.

Dans un article récent, E. Maccoby, forte de ses recherches et de la littérature actuelle sur le sujet, peut confirmer : « De la maternelle à la puberté, les enfants se regroupent essentiellement par sexe [75]. » Dans leur étude longitudinale, Maccoby et Jacklin (1987) constatent qu'à quatre ans et demi, les enfants à l'école maternelle passaient trois fois plus de temps de jeu avec les enfants du même sexe qu'avec des partenaires de sexe opposé. A l'âge de six ans et demi, ce même rapport était de onze à un.

La ségrégation est encore plus nette dans les situations non structurées par les adultes. D'ailleurs, si ces derniers vont trop loin dans leur tentative de rapprocher les deux sexes, les enfants leur opposent une résistance. Entre six et douze ans, garçons et filles évitent les groupes mixtes. B. Thorne a d'ailleurs souligné l'intensité des moqueries qu'infligent les autres enfants à celui qui manifeste un intérêt pour un enfant du sexe opposé. Selon Maccoby,

74. Robert Levy, *Tahitians, Mind and Experience in the Society Islands*, University of Chicago Press, 1973, pp. 189-190.
75. E. Maccoby, « Le sexe, catégorie sociale », in *Actes de la recherche en sciences sociales*, n° 83, juin 1990, p. 16. Maccoby utilise les travaux de Luria et Herzog (1985), de Barry Thorne, « Girls and Boys together, but mostly apart », 1986, republié dans *Men's Lives, op. cit.*, pp. 138 à 153. Ainsi que ses propres recherches avec Jacklin, *The Psychology of Sex Difference, op. cit.*, 1974 et « Gender segregation in childhood », in E.H. Reese (ed.), *Advances in Child Development and Behavior*, vol. 20, pp. 239 à 287, N.Y. Academic Press, 1987.

cette volonté d'éviter l'autre sexe ne saurait résulter de la pression des adultes. Quels que soient les efforts de l'école pour accroître les activités mixtes, celles-ci n'ont qu'un effet provisoire : les enfants reviennent toujours à un modèle de ségrégation.

La tendance à préférer des partenaires de jeu du même sexe commence très tôt. Maccoby fait état d'une étude dans une grande crèche canadienne (1984) sur des enfants de un à six ans. C'est aux alentours de deux ans que les filles commencent à se tourner vers d'autres filles, tandis que les garçons ne cherchent activement des partenaires du même sexe que vers trois ans. A l'âge de cinq ans, ils dépassent les filles dans leurs préférences pour des camarades de même sexe. Maccoby et Jacklin (1987) ont remarqué en outre que le niveau d'interaction était beaucoup plus élevé dans les paires non mixtes : les garçons sont plus actifs socialement lorsqu'ils jouent avec un autre garçon qu'avec une fille. Dès trente-trois mois, leur style de jeux est différent et les enfants s'accordent mieux avec le style d'enfants du même sexe. Les filles ne jouent pas de manière passive, mais elles n'ont pas cette façon physique et brutale de jouer des garçons [76].

Selon Maccoby et Jacklin, les bases de la ségrégation sexuelle préexistent à l'entrée des enfants à l'école. Elles apparaissent à partir du moment où ils sont au seuil de

---

76. B. Fagot rapporte, dans une étude sur les enfants d'école maternelle, que garçons et filles réagissent favorablement aux « renforcements » principalement lorsqu'ils émanent d'enfants du même sexe, mais ne réagissent guère lorsqu'ils viennent d'enfants du sexe opposé. Toutefois on note que les filles sont plus sensibles à l'influence des garçons que ceux-ci ne le sont à l'influence des filles. Garçons et filles forment des groupes aux cultures différentes : domination, hiérarchie, ordres, vantardises, menaces caractérisent les premiers, alors que les filles expriment plus souvent leur accord, laissent plus volontiers la parole à l'autre et sont moins sensibles à la hiérarchie. In « Beyond the Reinforcement Principle : Another Step Toward Understanding Sex Roles », in *Developmental Psychology*, 21, 1985, pp. 1097 à 1104.

pouvoir classer correctement, selon le sexe, tant les autres qu'eux-mêmes. Les différences constatées entre groupes de garçons et groupes de filles tiendraient à trois facteurs principaux : la *socialisation* de l'enfant selon son sexe dès la naissance (mais elle est très différente d'un parent à l'autre, d'une famille à l'autre) ; les *facteurs biologiques* [77] ; enfin les *facteurs cognitifs* encore mal connus : les enfants peuvent distinguer garçons et filles bien avant de connaître les différences génitales [78].

Ce phénomène observable en tout temps et en tout lieu devrait susciter la prudence chez les contempteurs du dualisme sexuel. S'il est vrai qu'il a été utilisé par le patriarcat comme une arme redoutable contre les femmes, il est non moins vrai que c'est une donnée élémentaire de la conscience identitaire de l'enfant. Le dénier serait courir le risque de la confusion sexuelle qui n'a jamais été propice à la paix entre hommes et femmes. Lui reconnaître le statut d'une étape nécessaire est peut-être le seul moyen de la reconnaissance ultérieure d'une commune bisexualité, autrement dit de la ressemblance des sexes.

Le mythe ravageur de l'instinct maternel

Nous avons déjà eu l'occasion de montrer que la théorie de l'instinct maternel était démentie par l'histoire des comportements [79]. Aliénant et culpabilisant pour les

---

77. Money et Ehrhardt citent un groupe de filles ayant subi une androgénisation prénatale et qui différaient des autres petites filles par leur préférence pour les garçons comme partenaires de jeux.

78. Les catégories « mâle » et « femelle » sont des catégories binaires fondamentales acquises bien avant celles de « masculin » et « féminin », ensembles flous et relatifs.

79. E. Badinter, *L'Amour en plus. Histoire de l'amour maternel du XVIIe au XXe siècle*, Flammarion, 1980.

femmes, le mythe de l'instinct maternel se révèle ravageur pour les enfants, et en particulier pour les fils.

La théorie de l'instinct maternel postule que la mère est *seule* capable de s'occuper du nourrisson et de l'enfant parce qu'elle y est biologiquement déterminée. Le couple mère/enfant formerait une unité idéale que nul ne peut ni ne doit perturber. En soutenant l'idée d'un attachement exclusif [80] de l'enfant pour la mère, et d'une prédisposition naturelle de celle-ci à s'occuper de celui-là, on légitime l'exclusion du père et on renforce d'autant la symbiose mère/fils. Autant dire que l'on prolonge la protoféminité du garçon au détriment d'une identification paternelle. Les psychanalystes anglais ont été de fervents tenants de cette théorie. Ils ont tracé le portrait d'une mère idéale, totalement dévouée à son petit et dont les intérêts seraient identiques à ceux de son enfant [81]. Alors que M. Mahler avait évoqué la phase « autiste » normale du nourrisson, Winnicott développait l'idée d'un état symétrique de la mère, « maladie normale » de la nouvelle accouchée consistant « en un état psychiatrique de repli, de dissociation, tel un épisode schizoïde » [82]. En fait, concède Winnicott, une mère adoptive ou toute autre femme peut être capable d'éprouver cette bonne « maladie » qu'est l'instinct maternel. Comme s'il suffisait d'être née femme pour être maternelle [83] !

80. John Bowlby, *L'Attachement,* PUF, 2 vol., 1978.
81. D. Winnicott, « La préoccupation maternelle primaire », 1956, in *De la Pédiatrie à la psychanalyse,* Payot, 1978, pp. 168 à 174. Ainsi que Alice Balint, « Love for the mother and mother love », in M. Balint (ed.), *Primary Love and Psycho-Analytic Technique,* N.Y. Liveright Publishing, 1965, pp. 91 à 108.
82. *Idem,* p. 170.
83. H. Deutsch définit la femme normale, « féminine » ainsi : celle qui est constituée par l'interaction harmonieuse des tendances narcissiques et de l'aptitude masochiste à supporter la souffrance. Le souhait narcissique d'être aimée se métamorphose chez la femme maternelle par un transfert du moi sur l'enfant qui n'est que le substitut du moi, *Psychologie des femmes,* PUF, 1949, II, p. 45.

En fait, une seule catégorie d'êtres humains est jugée inapte au sentiment maternel primaire : les hommes, et en particulier, les pères. Non seulement Winnicott accepte l'idée que « certains pères ne s'intéressent jamais à leur bébé » [84], mais il pousse si loin la contingence de l'amour paternel, qu'il ajoute sans sourciller : « Si le père est présent et désire connaître son enfant, l'enfant a de la chance [85]. » En général, pour la plupart des psychanalystes classiques, le père ne peut ni ne doit se substituer à la mère. Pas même partager le maternage. Il doit rester le déversoir possible de la haine de l'enfant [86], incarnation du principe de réalité [87], et laisser à la mère le privilège et la charge d'incarner le principe de plaisir. Représentant de la loi, le père doit savoir tenir ses distances. Il n'y a pas si longtemps encore, on pouvait entendre sur les ondes Françoise Dolto lancer cet avertissement solennel : « Surtout que les pères sachent bien que ce n'est pas par le contact physique, mais par la parole qu'ils peuvent se faire aimer d'affection et respecter de leurs enfants [88]. » Comment mieux dire que maternage et mignotage du tout-petit sont déconseillés au père, sous peine de perdre son statut équilibrant pour l'enfant ? L'amour paternel aurait ceci de particulier qu'il ne s'exprime qu'à distance. Entre lui et son enfant, la raison est l'intermédiaire nécessaire qui justement permet de garder ses distances [89]. Avant un an, le père n'aurait qu'un rôle très réduit à jouer auprès de son enfant. Cette conception de la paternité en tout point

---

84. D. Winnicott, *L'Enfant et sa famille*, Payot, 1973, pp. 117-118.
85. *Ibidem*, p. 120.
86. *Ibidem*, p. 120. « L'avantage d'avoir deux parents : l'un peut continuer à être ressenti comme aimant, pendant que l'autre est détesté. »
87. Alice Balint, *op. cit.*, pp. 98-100.
88. F. Dolto, *Lorsque l'enfant paraît*, t. II, Le Seuil, 1978, pp. 71-72.
89. E. Badinter, *L'Amour en plus, op. cit.*, pp. 321-323.

conforme à la tradition patriarcale aboutit à renforcer la dyade mère/enfant, et en particulier mère/fils. Ayant toujours postulé que la mère était dotée d'un admirable instinct, on pensait qu'elle savait le moduler pour donner à chaque étape du développement de l'enfant « la dose » d'amour nécessaire. Le moment venu, elle devait encourager son petit garçon à sortir de la symbiose et à se détacher d'elle. En fait, on croyait volontiers que l'amour maternel était comme le lait du même nom : qu'il s'adaptait tout naturellement aux besoins évolutifs de l'enfant.

La vérité est tout autre. L'amour maternel est infiniment complexe et imparfait. Loin d'être un instinct, il est conditionné par tant de facteurs indépendants de la « bonne nature » ou de la « bonne volonté » de la mère qu'il faut plutôt un petit miracle pour que cet amour soit tel qu'on nous le décrit. Il dépend non seulement de l'histoire personnelle de chaque femme (on peut être mauvaise ou médiocre mère de génération en génération), de l'opportunité de la grossesse, de son désir d'enfant, de son rapport avec le père, mais aussi de bien d'autres facteurs sociaux, culturels, professionnels, etc.

Certes, il existe ici ou là des mères admirables qui donnent à leur enfant ce dont il a besoin pour être heureux sans être prisonnier d'elle, qui lui évitent l'excès de frustration ou de culpabilité, freins à son développement. Mais il en est de ces femmes « douées » comme des grands artistes : ce sont des exceptions miraculeuses qui confirment la règle d'une réalité difficile, tâtonnante, et le plus souvent insatisfaisante. Si l'on interroge hommes et femmes sur leur mère, ils la définissent presque toujours par le « trop », ou le « pas assez ». *Trop* présente ou *trop* absente ; *trop* chaleureuse ou *trop* froide ; *trop* aimante ou *trop* indifférente ; *trop* dévouée ou *trop* égoïste, etc. ; *trop* de mère pour de nombreux fils ou *pas assez* de mère pour les filles qui s'en plaignent (remarquait Freud) sur le divan de la psychanalyse. La bonne maternité est une mission presque impossible qui prouve – s'il en était encore besoin – qu'il n'y a pas d'instinct en ces matières. Le secret qui ne s'apprend pas est la « bonne distance » évoquée par Lévi-Strauss pour éviter le racisme et la guerre. Ni trop proche, ni trop lointaine, la bonne mère préserve la paix intérieure de ses enfants et en particulier de son fils. Pour celui-ci, « la bonne distance » avec sa mère conditionne son sentiment d'identité masculine et ses rapports ultérieurs avec les femmes.

Plus les mères pèsent sur leurs fils, plus ceux-ci redoutent les femmes, les fuient ou les oppriment. Mais plutôt que d'accuser les mères « castratrices » d'engendrer des fils sexistes (sous-entendu ce sont les femmes qui sont responsables du malheur des femmes) [90], il est temps de mettre un terme au maternage exclusif de la mère pour briser le cercle vicieux.

Nous savons aujourd'hui que les hommes maternent aussi bien que les femmes quand les circonstances le commandent [91]. Le père est aussi sensible, affectueux et compétent que la mère, quand il mobilise sa féminité [92]. Il faut seulement que la mère, soulagée d'un instinct mythique, accepte de partager sa condition avec le père [93], et que celui-ci ne redoute plus sa féminité maternelle. On verra plus loin que l'absence du père est plus lourde de conséquences pour son fils lorsqu'il a moins de cinq ans que par la suite. Démenti, parmi d'autres, à nos croyances.

---

90. William Ryan, *Blaming the Victime*, N.Y. Pantheon, 1970.
91. Voir II, chapitre 2.
92. Barbara J. Risman, « Intimate Relationships from a Microstructural Perspective : Men who Mother », in *Gender & Society*, vol. I, n° 1, March 1987, pp. 6 à 32.
93. Ou tout homme qui incarne l'image du père.

CHAPITRE III

« C'est l'homme qui engendre l'homme [1] »

Ce propos d'Aristote concernait la reproduction de l'espèce humaine. Il signifiait que c'est l'homme, le mâle, qui transmet à l'enfant le principe de l'humanité. On peut l'étendre aujourd'hui à la formation du genre masculin.

Nous savons à présent que le sexe masculin, caractérisé par le chromosome Y, est transmis par le père. C'est lui, le géniteur ou tout autre homme (voire un groupe d'hommes) incarnant l'image du père, qui doit achever le processus de différenciation masculine. Il s'agit toujours d'aider l'enfant à changer son identité féminine primaire en une identité masculine secondaire. Dans le système patriarcal, les hommes ont utilisé différentes méthodes pour parvenir à faire du jeune garçon un homme à son tour, « un vrai ». Qu'il s'agisse des rites d'initiation, de la pédagogie homosexuelle, ou de la confrontation avec ses pairs, toutes ces institutions prouvent que l'identité masculine est *acquise* au prix de

---

1. Aristote, *Métaphysique*, Z, 7, 1032a, 25.

grandes difficultés. Elles ont d'ailleurs trois points communs.

Le premier est l'idée d'un seuil critique à passer. Aux alentours de la préadolescence, le garçon a le devoir de sortir de l'enfance indifférenciée. Au regard de la plupart des sociétés, devenir un homme adulte est problématique. Par opposition à « la femme qui *est,* l'homme, lui, doit être *fait.* En d'autres mots, les menstruations, qui ouvrent à l'adolescente la possibilité d'avoir des enfants, fondent son identité féminine ; il s'agit d'une initiation *naturelle* qui la fait passer de l'état de fille à l'état de femme ; par contre, chez l'homme un processus *éducatif* doit prendre la relève de la nature » [2]. Autrement dit, le devenir-homme est une fabrication volontariste, et on peut se demander avec G. Corneau si la masculinité des fils s'éveillerait jamais si elle n'y était pas forcée à un moment déterminé de son développement.

Le second point commun aux différentes pédagogies de la virilité est la nécessité des épreuves. La masculinité se gagne au terme d'un combat (contre soi-même) qui implique souvent une douleur physique et psychique. Comme le remarque Nicole Loraux à propos des débuts de la République romaine, « la virilité se lit à corps ouvert » [3]. Les cicatrices du guerrier témoignent des blessures et du sang versé qui prouvent la valeur de l'homme et celle du citoyen. « La douleur est d'abord affaire de femmes... l'homme se doit de la mépriser sous peine de se trouver dévirilisé, et d'être rabaissé au niveau de la condition féminine [4]. » Le stoïcisme moral et phy-

---

2. Guy Corneau, *Père manquant, fils manqué. Que sont les hommes devenus ?* Les éditions de l'Homme, Montréal, 1989, p. 21. Souligné par nous.
3. N. Loraux, « Blessures de virilité », in *Le Genre humain,* n° 10, *op. cit.,* p. 39.
4. Georges Duby, *Mâle Moyen Age,* Champs/Flammarion 1990, pp. 205-206.

sique s'apprend au fil du temps et des épreuves. Pour ce faire, le jeune garçon est souvent confronté à des situations d'une extrême cruauté. Même si nous avons tendance aujourd'hui à n'en percevoir que l'aspect sadique et négatif, il faut souligner que ces épreuves ont toujours pour objet de renforcer une masculinité qui, sans elles, risquerait d'être défaillante, et même de ne jamais voir le jour.

Le troisième point commun aux formations viriles traditionnelles est le rôle nul ou effacé des pères. Ce sont principalement les garçons plus âgés ou les hommes adultes qui s'occupent de la masculinisation des plus jeunes. Initié par un mentor ou par le groupe des anciens, le jeune garçon rentre dans le monde des hommes par la grâce d'autres que son géniteur. Comme si le père redoutait d'infliger la souffrance ou de donner du plaisir à son fils. Coincé entre la peur du talion et la crainte de l'inceste homosexuel, il a depuis longtemps choisi de s'abstenir et de garder ses distances. S'appuyant sur un matériel anthropologique considérable, Th. Reik soutient l'idée que, dans ses sentiments pour son fils, un père ranime son sentiment ambivalent pour son propre père. De là vient la peur du talion si bien saisie par Otto Rank : « Le fils qui ressent des pulsions hostiles à l'égard de son père et qui doit les refouler craindra, dès qu'il deviendra père lui-même, la même attitude de la part de son fils, en raison du même complexe inconscient [5]. » Ce que l'on pourrait appeler le complexe d'Isaac. Par ailleurs, J. Pleck souligne le contraste entre le rôle masculin traditionnel, qui implique de forts liens émotionnels entre hommes (dont les formes ritualisées limitent l'in-

---

5. Cité par Herman Numberg, « Tentatives de rejet de la circoncision », in *Nouvelle revue de la psychanalyse*, n° 7, 1973, *op. cit.*, p. 208.

timité), et le rôle masculin moderne, où les relations affectives entre hommes sont faibles et souvent absentes [6]. L'une des raisons de ces différences d'attitudes réside probablement dans le fait que le jeune garçon des temps modernes n'a plus d'initiateur et que son père n'a pas pu remplir cet office. Les pères, homophobes, redoutent les contacts trop étroits avec leur fils.

Les rites d'initiation

Leur objectif commun est de changer le statut et l'identité du garçon pour qu'il renaisse homme. Dans certaines sociétés – comme la tribu Fox, d'Iowa – être un homme authentique est considéré comme « *The Big Impossible* » [7]. Seuls, quelques êtres d'élite y parviennent. Mais dans la plupart des sociétés rituelles, la masculinité est un défi que relèvent tous les garçons par la force de leurs aînés. Bon an mal an, les épreuves passées, la transmutation s'est opérée : les garçons se sentent hommes. Mais à quel prix ! Véritable inversion de l'état femelle primaire, on a parlé d'« une chirurgie radicale de resocialisation » [8]. Celle-ci comporte trois étapes plus douloureuses les unes que les autres : la séparation d'avec la mère et le monde féminin ; le transfert dans un monde inconnu ; et le passage d'épreuves dramatiques et publiques.

6. J.H. Pleck, « Man to Man. Is Brotherhood Possible ? » in N. Glazer-Malbin (ed.), *Old Family/New Family : Interpersonal Relationships*, N.Y., Van Ostrand Reinhold, 1975.
7. David Gilmore, *op. cit.*, p. 15.
8. G. Herdt, *op. cit.*, p. 319.

Les trois étapes

« *The son of the female is the shadow of the male* [9]. »
Le propos de Shakespeare est vivement ressenti par la
plupart des sociétés rituelles patriarcales. La contamination des mâles par les femelles, et en particulier des
fils par les mères, est une vieille obsession que l'on
retrouve dans les cultures aussi différentes que le
XVIIIe siècle rousseauiste, les *Marines* américains ou les
tribus de Nouvelle-Guinée : partout règne l'idée que si
on n'enlève pas les fils aux mères, ils ne pourront jamais
devenir des hommes adultes. Qu'il s'agisse des Samburu
ou des Kikuyu d'Afrique de l'Est comme des Baruya ou
des Sambia de Nouvelle-Guinée, parmi beaucoup
d'autres, le premier acte de l'initiation masculine est
l'arrachement des garçons à leur mère, généralement
entre sept et dix ans.

Chez les Sambia de Nouvelle-Guinée, c'est le son des
flûtes qui annonce le début de l'initiation des garçons.
Arrachés à leur mère par surprise, ils sont emmenés
dans la forêt. Là, pendant trois jours, ils sont fouettés
au sang pour ouvrir la peau et stimuler la croissance.
On les bat avec des orties et on les fait saigner du nez
pour les débarrasser des liquides féminins qui les empêchent de se développer. Au troisième jour, on leur révèle
le secret des flûtes qu'ils ne devront jamais révéler aux
femmes sous peine de mort. Les jeunes initiés interrogés
par la suite par Gilbert Herdt [10] lui ont dit le traumatisme
ressenti de la séparation de leur mère, leur sentiment

---

9. Shakespeare, *Henri IV*, acte II.
10. G. Herdt, *op. cit.*, pp. 58-59.

111

d'abandon et de désespoir. C'est justement l'un des buts de l'initiation masculine que de couper de façon brutale et radicale l'étreinte aimante des mères.

A partir de la séparation, les garçons, sous la menace des pires sanctions, ne parleront plus à leur mère, ni ne la toucheront, ni ne la regarderont jusqu'à ce qu'ils aient atteint leur plein état d'homme, c'est-à-dire quand ils seront pères à leur tour. Alors seulement, ils pourront lever le tabou maternel, lui offrir du gibier, lui parler et manger en sa présence. « La mère est la première femme qu'un Baruya quitte dans sa vie, et la dernière qu'il retrouve [11]. »

La seconde étape marque la transition entre le monde féminin qu'il faut se résoudre à abandonner et le monde des hommes qu'il faut adopter sous peine d'être inexistant. Ce changement d'identité sociale et psychologique ressemble à l'immigration d'un pays à l'autre. La patrie adoptée ayant une langue, des mœurs, et une politique en tout point opposées à ceux de la patrie d'origine. Pour opérer le transfert de l'une à l'autre, un long détour est nécessaire. Il peut durer cinq, dix ou quinze ans, ponctué par des grandes cérémonies qui marquent les étapes. Chez les Baruya, il faut dix ans de ségrégation sexuelle, quatre grandes cérémonies séparées par plusieurs années, pour séparer un garçon de sa mère, le disjoindre du monde féminin et le préparer à affronter de nouveau les femmes lors du mariage.

Avant même de procéder à la première cérémonie, les novices tout juste arrachés à leur mère sont d'abord isolés dans un lieu inconnu pendant quelques jours (les Baruya) ou quelques semaines (les Hopi). Laissés dans un total dénuement, sans boire ni manger, souvent dépouillés de

---

11. M. Godelier, *La Production des grands hommes*, Fayard, 1982, p. 72.

leurs vêtements, les jeunes garçons en état de choc traversent la phase liminale nécessaire où ils ne sont plus rien. Ni enfants de leur mère, ni ceux de leur père, ces garçons sont *betwixt-and-between* [12], littéralement entre les deux : un état conjoncturel et nécessaire de non-identité [13] qui montre que l'enfant féminin de la mère doit d'abord mourir pour que puisse naître l'enfant mâle.

La troisième caractéristique des rites d'initiation masculine est le passage d'épreuves cruelles, souvent dramatiques, et toujours publiques. Scarification, circoncision du préadolescent, subincision du pénis [14] surtout chez les aborigènes australiens, flagellation jusqu'au sang, blessures des différentes parties du corps. Même les doux Tahitiens androgynes pratiquent une sorte de circoncision en guise de rite de passage pour les jeunes garçons. Contrairement à la plupart des rituels, l'opération a lieu en privé, de façon dédramatisée. Reste que pour devenir un homme adulte, là aussi il faut que le sang coule... Les psychanalystes ont souvent analysé ces « blessures symboliques » comme étant la représentation de l'envie des hommes du pouvoir de procréation détenu par les femmes. Mais ce qui nous intéresse ici est moins le sang versé que l'aspect dramatique de l'épreuve et la cicatrice

---

12. Titre du livre édité par Louise Carus Mahdi, Steven Foster & Meredith Littel, *Patterns of Masculine and Feminine Initiations,* Illinois, Open Court, 1987.
13. Selon Victor Turner qui a repris les analyses de Van Gennep, les symboles de l'initiation sont tirés de la biologie, de la mort, de la décomposition, ou modelés sur les processus de gestation. Victor Turner, *The Forest of Symbols : Aspects of Ndembu Ritual,* Ithaca and London, Cornell University Press, 1967, p. 95... cité par Jan O. Stein & Murray Stein, in *Betwixt-and-Between, op. cit.,* pp. 291-292.
14. Cela consiste à inciser profondément le pénis sur sa face ventrale, jusqu'à atteindre l'urètre et sur une longueur qui peut aller de quelques centimètres à tout le pénis, du gland au scrotum. Les personnes subincisées urinent accroupies comme les femmes, ont une diminution des capacités de reproduction et une déformation radicale du pénis. Souvent la cicatrice est rouverte pour des saignées rituelles.

113

qui en résulte. L'anthropologue D. Gilmore, qui a recensé les différentes épreuves de virilité chez les peuples guerriers (par exemple les Samburu d'Afrique de l'Est ou les tribus de Nouvelle-Guinée) ou pacifiques (Masaï ou Boshiman d'Afrique) note que ces épreuves sont comme des « confrontations jouées sur la scène publique » [15]. Elles sont l'occasion pour le jeune garçon de montrer à tous son courage, parfois son impassibilité devant la douleur [16] et toujours son mépris de la mort. La confrontation avec la mort, représentée par la douleur physique et le sentiment de solitude, marque la fin de l'état d'enfance ou de l'appartenance maternelle et l'entrée dans le monde antithétique des hommes. Les cicatrices laissées sur le corps sont les preuves intangibles de ce changement d'état opéré une fois pour toutes, au su et au vu des hommes de la tribu.

Les rites d'initiation continuent d'exister dans de nombreuses sociétés humaines, avec plus ou moins de cruauté ou de dramatisation. Ceux qui existent chez les tribus guerrières de Nouvelle-Guinée sont certainement parmi les plus longs et les plus traumatisants qu'un garçon puisse connaître. Mais ils sont à la mesure des exigences de survie de la société et surtout à la mesure du lien exceptionnel qui unit le garçon à sa mère. Que ce soient les tribus Baruya, Sambia, Busama, etc., il s'agit toujours de transformer de gentils petits garçons en terribles guerriers, et de purger l'enfant de tous les fluides, essences et pouvoirs des femmes qui l'empêchent de grandir. Mais les rites des Bimin-Kuskusmin sont parmi les plus terribles et les plus exemplaires [17].

---

15. D. Gilmore, *op. cit.*, pp. 12-14.
16. Lors de sa circoncision, le jeune Masaï n'a même pas le droit de tressaillir ou de cligner des paupières sous peine de faire honte à sa famille.
17. Nous empruntons la description qui suit à Fitz John Porter Pode, « The

Les Bimin-Kuskusmin consacrent un temps et une énergie extraordinaires aux activités rituelles masculines. Elles ne comportent pas moins de dix étapes qui durent dix à quinze ans. Une fois enlevés à leur mère, les garçons (de sept à dix ans) écoutent le chant des initiateurs qui les désigne comme des êtres souillés, pollués par les substances féminines [18]. Les garçons, terrorisés, sont déshabillés, leurs vêtements brûlés, et ils sont lavés par des initiateurs femelles qui enduisent leur corps d'une boue jaune funéraire, tout en faisant des remarques désobligeantes sur leur sexe. Cette expérience humiliante est suivie d'un discours des initiateurs qui leur annonce qu'on va les tuer parce qu'ils sont affaiblis et pollués par leur mère. Les enfants extrêmement nerveux commencent à pleurer et leurs cris redoublent lorsqu'on fait couler le sang de leur tête. On les montre une dernière fois à leurs mères qui pleurent, elles aussi, et prennent le deuil.

Les garçons sont emmenés plus loin dans la forêt et battus par surprise avec des baguettes jusqu'à ce que leur corps soit couvert de zébrures. Pendant les quatre jours suivants, ils sont humiliés et maltraités de façon presque ininterrompue. Les traitant constamment de « pollués » et d'avortons, les initiateurs alternent la flagellation aux orties brûlantes qui fait saigner le corps et les nourritures vomitives, afin de les purger de tout le féminin accumulé depuis la naissance. Pour les forcer à vomir, on leur ingurgite de force du sang et de l'urine de porc. Le traumatisme de la douleur, et la puanteur des vomissements incessants, la saleté, les cris et la terreur ressentie, mettent les enfants dans un état phy-

---

Ritual Forging of Identity : Aspects of Person and Self in Bimin Kuskusmin Male Initiation », in *Rituals of Manhood, op. cit.*, pp. 100 à 151.
18. Les mères sont dites des « souilleuses diaboliques ».

sique et psychique d'extrême misère. A peine cette première épreuve terminée, on les force à manger des nourritures « femelles » interdites qui accentuent leur panique, et provoquent de nouveaux vomissements. Après un répit de quelques heures, les initiateurs les incisent au nombril (pour détruire les résidus menstruels), au lobe de l'oreille et brûlent leur avant-bras. Le sang récupéré est ensuite appliqué sur leur pénis. On leur dit que ce sang (féminin) va dissoudre leur pénis et on les humilie quand celui-ci se rétracte au contact du sang.

Aux yeux de l'anthropologue qui a observé ces cérémonies, les enfants sont alors dans un état de choc indescriptible. Beaucoup, le corps en sang, s'évanouissent ou deviennent totalement hystériques. C'est le moment choisi par les initiateurs pour leur annoncer qu'ils sont en train de mourir... Puis on les soigne, on leur donne un nom masculin, tout en continuant à leur faire régulièrement des incisions sur les tempes. En dépit des premiers soins des aînés, les novices restent prostrés en état de détresse et de peur. Tels sont les événements principaux qui ponctuent la toute première étape des rites d'initiation, qui en comportent encore beaucoup d'autres.

F. J. Porter Pode a interrogé novices et initiateurs sur leurs sentiments personnels durant ces épreuves. Ayant constaté le traumatisme extrême des enfants qui sombrent dans l'hystérie ou l'inconscience, il a demandé aux anciens si tant de tortures ne les touchaient pas. Beaucoup lui ont dit leurs regrets de ces souffrances. Mais ils les jugeaient nécessaires pour les garçons. A leurs yeux, il n'y a pas d'alternative à ces souffrances. Tel est le prix à payer pour passer d'un état de vulnérabilité femelle à celui de mâle puissant. Interrogés après ces premières épreuves, les novices lui ont confié leur profond désespoir, fait de rage, du sentiment d'avoir été trahis par leur mère qui ne les a pas protégés, et d'hostilité pour leur père complice de leurs tortionnaires. Mais la plupart des novices ont également dit leur orgueil d'être passés par là et d'avoir survécu. Les plus dorlotés par leur mère, les plus féminins, sont ceux qui supportent le plus mal ces épreuves. Ils disent que quelque chose s'est cassé en eux. Ils ont coupé le cordon ombilical et ressentent une nouvelle solidarité masculine. Celle-ci est constituée par un pouvoir non contesté et par la séparation du danger féminin.

Les leçons de ces rites

La première est que la masculinité n'est obtenue que par un détour d'autant plus long et douloureux que la symbiose mère/fils s'est prolongée. Pour opérer la radicale resocialisation évoquée par G. Herdt, le petit garçon doit « ébranler les portes mêmes de la vie et de la mort [19] ». Les novices Sambia, comme tous ceux des Hautes-Terres orientales de Nouvelle-Guinée, disent clairement qu'ils craignent d'être tués lors des saignées.

Il faut prendre acte que ces rites ne concernent que les garçons. Les filles n'ont droit qu'à des cérémonies beaucoup plus courtes et infiniment moins pénibles. Au point que Maurice Godelier se demande même si on peut parler d'« une véritable initiation » [20] pour les femmes. Comment comparer les dix années de ségrégation sexuelle et les quatre grandes cérémonies pour séparer le garçon de sa mère et les deux semaines

19. G. Herdt, *op. cit.,* pp. 31-32.
20. M. Godelier, *op. cit.,* p. 84.

(nécessaires pour faire d'une adolescente une jeune fille prête à se marier ? Les adolescentes ne passent que quelques jours dans un monde exclusivement féminin, avant de retrouver la même vie familiale et quotidienne. Simplement, elles commencent à multiplier les visites et services à la famille de leurs futurs beaux-parents.

Ces rites qui peuvent apparaître aussi étranges que barbares au lecteur des sociétés industrielles sont une des réponses possibles à un besoin universellement ressenti par l'enfant mâle : être reconnu comme un homme ; être de ceux qui ont rompu avec la faiblesse et la dépendance de l'enfance. Aujourd'hui, dans nos sociétés où les rites ont perdu de leur sens, le passage est plus problématique, car non sanctionné par des preuves éclatantes. Aux Etats-Unis, on se préoccupe beaucoup de ces jeunes gens qui refusent de grandir et de devenir des hommes responsables. Les uns parlent du complexe de Peter Pan [21], d'autres de la culture du play-boy [22] qui refuse tout lien émotionnel avec les femmes, à l'instar de l'adolescent. Raison pour laquelle beaucoup d'hommes américains se disent nostalgiques des rites anciens d'initiation.

Nos sociétés pré-industrielles les pratiquaient également, comme en témoigne l'éducation du fils d'un chevalier au Moyen Age, décrite par G. Duby [23]. Cette

---

21. Titre d'un livre à succès de Dan Kiley publié à N.Y., Dodel, Mead & Co, 1983.
22. Barbara Ehrenreich, *The Hearts of Men : American Dreams and the Flight from Committement,* N.Y., Doubleday, 1983.
23. *Guillaume le Maréchal ou le meilleur chevalier du monde,* Fayard, 1984, p. 82 : « Les fils de chevalier quittaient tôt, à cette époque (XIIᵉ siècle), la maison paternelle ; ils allaient accomplir ailleurs l'apprentissage de la vie et ceux qui n'étaient pas les aînés quittaient cette maison, sauf hasard heureux, pour toujours. Passé huit ans, dix ans, ils étaient ainsi séparés de leur mère, de leurs sœurs, des femmes de leur sang au milieu desquelles ils avaient jusqu'alors vécu et qui leur tenaient à cœur... Double rupture avec la maison natale, avec l'univers féminin de la chambre aux jeunes enfants. Et transfert très brusque dans un autre monde, celui des cavalcades, des écuries, des magasins d'armes, des chasses, des embuscades et des ébats virils. »

initiation masculine hors de la maison paternelle a perduré en France sous d'autres formes. A partir du XVIIᵉ siècle, les internats des écoles prennent le relais des parents qui en ont les moyens, et ce jusqu'au XIXᵉ siècle qui instaure la mode de l'éducation parentale. Dans les pays anglo-américains, plus obsédés par la virilité, les rites de masculinisation ont subsisté plus longtemps. Dans l'Angleterre moderne, les enfants de la *gentry,* comme les garçons de l'Afrique de l'Est ou de Nouvelle-Guinée, ont continué d'être arrachés à leur mère et au foyer dès l'âge tendre. Envoyés dans les célèbres *public boarding schools,* ils subissaient, de la part des aînés, un bizutage extrêmement cruel qui comprenait violences physiques, terreurs et humiliations. Aux yeux de leurs parents, c'était le seul moyen d'en faire des hommes dignes de diriger l'Empire britannique. Le régime des écoles anglaises était réputé pour son extrême sévérité, les jeux d'équipe obligatoires, une discipline et un entraînement tout militaires, peu de nourriture, bref des conditions spartiates. Selon Christine Heward, « la dureté de ces écoles atteignit son pic avant la Première Guerre mondiale et commença à décliner après 1920 » [24]. Les autobiographies masculines de l'époque laissent entrevoir les sentiments de douleur et de destruction [25] qui subsistaient encore chez les adultes. L'écrivain anglais Gerald Brennan confiait que dans les pires moments de la Première Guerre mondiale, il se réconfortait en pensant qu'au moins il n'était plus à l'école de Radley. La guerre plus douce que l'école !... Même dans l'Angleterre victorienne, civilisation qui ne se caractérisait pas par l'excès,

---

24. Christine Heward, *Making a Man of Him,* London, Routledge, 1988, p. 55. Et Lynne Segal, *Slow Motion, op. cit.,* p. 108.
25. Lynne Segal, *idem,* pp. 108-109.

la masculinité « était une production artificielle obtenue par un entraînement austère et de terribles épreuves » [26].

Aujourd'hui encore subsistent des reliquats de ces rites d'initiation masculine dans certaines unités militaires. En France, l'entraînement de la légion étrangère a la réputation d'être un des plus durs. Aux Etats-Unis, ce sont les *Marines* qui se veulent les plus « virils ». Les recrues subissent un régime que beaucoup, de nos jours, jugent inhumain : discipline de fer, conformisme extrême, entraînement physique épuisant, moqueries et humiliations des nouvelles recrues qui peuvent à peine dormir et manger. Perpétuellement traités de « gonzesses », d'« enculés », ils doivent subir de nombreux bizutages sans broncher. Telles sont les conditions de la naissance d'un nouvel homme, un vrai, débarrassé de toute contamination féminine [27]. Homophobie et misogynie sont incluses dans la philosophie des *Marines* américains, qui disent volontiers : « Quand vous voulez créer un groupe de tueurs, tuez la femme en eux [28]. » Pat Conroy, dans *Le Grand Santini* [29], a décrit dans le détail l'éducation terrifiante d'un jeune garçon par son père, un *Marine* tyrannique, qui traite son fils comme une de ses recrues. Entre les violences physiques et verbales, on perçoit l'obsession du père que son fils ne soit pas conforme au modèle viril du soldat. Il lui apprend le mépris des femmes (bonnes à baiser), l'exaltation du bas-ventre, l'horreur de tout ce qui ressemble de près ou de loin à la féminité, la tendresse ou le respect de l'autre. Pour les dix-huit ans du garçon, le père le fait boire et fumer

---

26. David Gilmore, *op. cit.*, p. 18.
27. Ray Raphaël, *The Men from the Boys, op. cit.*, p. 29.
28. Cooper Thompson, « A new vision of masculinity », in *Men's Lives, op. cit.*, p. 587. Voir aussi W. Arkin et Lynne R. Dobrofsky, « Military Socialization and Masculinity », in *Journal of Social Issues*, vol. 34, n° 1, 1978, pp. 151 à 168.
29. Publié en 1976 aux Etats-Unis et en 1989 aux Presses de la Renaissance.

(signes de virilité) jusqu'à ce qu'il soit malade. Constamment, il lui reproche son absence de virilité : il est trop le fils de sa mère et pas assez celui de son père...

La pédagogie homosexuelle

L'expression « pédagogie homosexuelle » peut prêter à confusion. Elle ne signifie pas ici un quelconque prosélytisme visant à faire de jeunes gens des homosexuels exclusifs, encore moins a-t-elle pour but la transmission d'un art érotique. La pédagogie homosexuelle telle qu'elle fut pratiquée en d'autres temps et aujourd'hui, dans d'autres cultures, est l'apprentissage de la virilité par le biais de l'homosexualité. Idée étrange pour bon nombre d'entre nous, qui recèle pourtant une vérité cachée.

La pédagogie homosexuelle, beaucoup plus ancienne qu'on ne le croit souvent [30], apparaît dans des sociétés où la virilité a statut de valeur morale absolue. Comme le note John Boswell, chez les peuples anciens, il était souvent entendu que les hommes qui aimaient d'autres hommes étaient plus masculins que leurs homologues hétérosexuels. Et ce, au nom de l'argument logique (qui peut laisser sceptique) que les hommes qui ont aimé des hommes essaieront de les égaler et d'être comme eux, alors que les hommes qui ont aimé des femmes deviendront comme elles, c'est-à-dire « efféminés » [31].

---

30. Bernard Sergent, *L'Homosexualité initiatique dans l'Europe ancienne*, Payot, 1986.
31. Dans *Le Banquet* de Platon, Aristophane ne dit pas autre chose quand il évoque, dans son discours, les androgynes mâles : « Ceux qui sont une moitié de mâle... aiment les hommes et prennent plaisir à coucher avec eux et à être dans leurs bras... sont parmi les meilleurs parce qu'ils sont les plus mâles de la nature. Certains disent qu'ils sont sans pudeur, c'est une erreur : ce n'est point par

De fait, de nombreux empereurs romains ont officiellement pratiqué l'homosexualité. Antinoüs, favori du sage empereur Hadrien, fut même l'objet d'un culte officiel après sa mort précoce [32]. Déjà, sept siècles auparavant, l'homosexualité était considérée comme une activité si noble que Solon en interdit la pratique aux esclaves. Comme l'écrit Michel Foucault : « Aimer les garçons était une pratique libre... non seulement permise par les lois, mais admise par l'opinion... Mieux, elle trouvait de solides supports dans différentes institutions (militaires ou pédagogiques)... c'était une pratique culturellement valorisée [33]. »

Dans d'autres sociétés bien différentes où la virilité a sinon une valeur morale du moins une signification vitale, la pédagogie homosexuelle est le secret de la transformation des garçons en hommes. C'est le cas des tribus guerrières Sambia et Baruya, obsédées par la masculinité considérée comme la condition de leur survie. Vivant dans un environnement géographique et humain très difficile, ces petites sociétés d'un ou deux milliers de personnes, jadis perpétuellement en état de guerre, n'ont survécu que grâce à la dureté des hommes. Autant dire qu'homosexualité ne rime pas pour eux avec féminité. Au contraire, elle est une étape incontournable vers la masculinité hétérosexuelle.

---

impudence, mais par hardiesse, courage et virilité qu'ils agissent ainsi... et en voici une preuve convaincante, c'est que, quand ils ont atteint leur complet développement, les garçons de cette nature sont les seuls qui se consacrent au gouvernement des Etats », Garnier-Flammarion, n° 4, 1964, 192a, p. 51. Souligné par nous.

32. Paul Veyne, « L'homosexualité à Rome », in *Sexualités occidentales,* Communication, 35, Seuil Points, 1984, p. 43. Antinoüs s'est noyé en 122.

33. Michel Foucault, *L'Usage des plaisirs,* Gallimard, 1984, p. 211.

La virilité : un savoir transmis par des contacts intimes

On a déjà souligné l'avantage de la petite fille quant à l'acquisition de son sentiment d'identité féminine au contact répété du corps de sa mère. Le contact n'est pas neutre, comme le pensait Rousseau. Ce qui est bon pour la petite fille doit l'être aussi pour le garçon. Une relation étroite avec un homme adulte doit renforcer son identité et annuler les mauvaises habitudes du corps-à-corps maternel. Comme le remarque le psychanalyste jungien Guy Corneau, « voir d'autres hommes... les toucher, leur parler, confirme chacun dans son identité masculine » [34].

Mais la virilité n'est pas seulement un sentiment identitaire, c'est aussi un savoir transmis par une relation initiatique (Antiquité grecque) et intime ; c'est encore une réalité biologique. Pour les Sambia, le corps des jeunes mâles ne produit pas naturellement du sperme comme les règles viennent aux adolescentes. Seule la fellation de jeunes hommes peut activer la production spermatique des garçons. Des Grecs aux Sambia, des Romains aux Scandinaves du Moyen Age, des samouraïs japonais aux Baruya, tous ont pensé que la vraie virilité passait par une relation étroite entre deux hommes.

Selon M. Foucault, c'est par le sexe que l'on a accès à sa propre intelligibilité. Or, « en Grèce, la vérité et le sexe se liaient dans la forme de la pédagogie, par la transmission corps à corps, d'un savoir précieux ; le sexe servait de support aux initiations de la connaissance » [35]. De la formation du guerrier pour le bataillon sacré de

---

34. Guy Corneau, *op. cit.*, p. 74.
35. Michel Foucault, *La Volonté de savoir*, Gallimard, 1976, p. 82.

123

l'ancienne Thèbes [36] à celle de l'honnête homme athénien, toute éducation masculine fait une large part à l'homosexualité initiatique et pédagogique qui a valeur d'institution [37]. « A Sparte, les garçons, dès sept ans, étaient exercés à la bagarre par leurs aînés. A douze ans, ceux qui avaient bonne renommée trouvaient des amants qui s'attachaient à eux ; les aînés, de leur côté, les surveillaient davantage, se rendaient souvent dans les gymnases et assistaient à leurs luttes et aux échanges de railleries qu'ils s'adressaient entre eux. Et, loin de n'exercer qu'un contrôle superficiel, ils se regardaient tous en quelque manière comme les pères, les surveillants et les chefs de tous les jeunes [38]. »

C'est donc dans le cadre d'un processus pédagogique que les garçons prennent un amant. Le but de la liaison est explicite : « rendre l'enfant aussi bon que possible ». Telle est la tâche de l'amant, l'éraste, qui est le maître de l'éromène. A Athènes, où la pédérastie s'est généralisée et où la guerre n'en est plus la raison, le caractère pédagogique de l'homosexualité subsiste. Faute d'éducateurs spécialisés, « dès que la fonction éducative passe d'un membre de la famille consanguine à un étranger ou à un membre de la famille par alliance, elle se complète d'une dimension érotique, assumée sexuellement ou non » [39]. Même Aristophane, le conservateur, qui célèbre les mœurs pudiques de l'ancienne Athènes,

---

36. C'est Plutarque, dans la *Vie de Pélopidas*, qui donne le plus de détails sur le bataillon sacré de Thèbes, unité militaire formée de trois cents hommes d'élite, des érastes (initiateurs) avec leur éromène novice. Cette troupe formée de gens qui s'aimaient d'amour possédait une cohésion impossible à briser.

37. Platon rappelle qu'en Élide, en Béotie et à Sparte, la relation entre un adulte et un jeune homme a un caractère sexuel obligatoire, alors qu'à Athènes « cette règle comporte des nuances », *Le Banquet*, 182b.

38. Plutarque, *Vie de Lycurgue*, XVI à XIX, cité par B. Sergent, *op. cit.*, pp. 75-76.

39. B. Sergent, *op. cit.*, p. 120.

s'émeut de cette atmosphère érotique : « Chez le maître de gymnastique, quand ils étaient en repos, les enfants devaient allonger la jambe en avant pour ne rien montrer de choquant aux étrangers. Jamais un garçon, en ce temps-là, ne se serait frotté d'huile plus bas que le nombril : aussi quel frais duvet sur leurs organes – un velours, une buée, comme sur les pêches [40] ! »

Selon B. Sergent, le grand principe de l'éducation est qu'un homme adulte, citoyen digne de sa qualité, transmette à un élève, proche de la maturité civique, son *arétè,* c'est-à-dire à la fois sa vertu, son mérite, son courage, son intelligence et son honneur. Et cette transmission des qualités de l'éraste au jeune éromène s'est longtemps opérée par le contact charnel. Même si Socrate prône l'amour de l'âme plutôt que celui du corps, la relation amoureuse entre hommes restera en Grèce la clé de la pédagogie masculine.

Dans les tribus Baruya et Sambia le grand secret de la masculinité – qu'aucune femme ne doit savoir – c'est que « le sperme donne aux hommes le pouvoir de faire renaître les garçons hors du ventre de leur mère, dans le monde des hommes et par eux seuls. Ce secret, le plus sacré, c'est que les jeunes initiés sont nourris du sperme de leurs aînés et que cette ingestion est répétée pendant de nombreuses années dans le but de les faire croître plus grands que les femmes, et aptes à les dominer [41] ». En vertu de l'analogie entre le sang et le sperme, il est probable que le rituel des Kikuyu d'Afrique ait une fonction similaire. Les aînés de la tribu assurent le rôle

---

40. Aristophane, *Nuées,* 973-983. Cité par B. Sergent, *op. cit.,* p. 121.
41. M. Godelier, *op. cit.,* pp. 91-92. Cette coutume qui a disparu chez les Baruya avec l'arrivée des Européens en 1960 subsisterait encore dans 20 autres tribus qui vivent dans des montagnes et des forêts moins accessibles. Elle existe encore chez les Sambia et l'anthropologue américain G. Herdt l'a observée dans tous ses détails.

de « mâles nourriciers ». Chacun à leur tour, avec le même couteau effilé, ils s'entaillent le bras et donnent leur sang à boire aux adolescents. C'est ainsi qu'ils deviennent des hommes [42]. Dans les deux rituels, il est entendu qu'en suçant le lait de la mère, on se féminise et en buvant les liquides masculins, on se virilise. Idée fort proche d'un préjugé encore vivace dans la France du XVIIIe siècle, à propos du choix de la nourrice. On était si convaincu que le nourrisson prenait le caractère de celle qu'il tétait, qu'on choisissait la nourrice également en fonction de son tempérament, et qu'on montrait les plus grandes réticences à l'égard du lait de vache et de chèvre.

Chez les Sambia, l'identité transmise par le sperme donne lieu à une fellation homosexuelle ritualisée. Les hommes considèrent l'insémination constante comme le seul moyen pour que les garçons grandissent et acquièrent la compétence virile. Dès le troisième jour de l'initiation, on leur tend des flûtes avec des plaisanteries obscènes pour qu'ils les mettent dans la bouche. Si un enfant refuse, l'initiateur utilise la force. Par la suite fellation et copulation sont obligatoires dans un cadre ritualisé. Les garçons ne pratiquent la fellation qu'avec de jeunes célibataires qui n'ont pas eu de rapports sexuels avec des femmes, et donc n'ont pu être contaminés par elles. Mais la fellation n'est pas réciproque. Les pourvoyeurs de sperme n'en reçoivent pas. Désirer sucer le pénis d'un garçon prépubère serait une perversion... D'autre part, l'homosexualité ritualisée est rigoureusement structurée par la prohibition de l'inceste qui empêche de tels contacts entre hommes apparentés. Au troisième

---

42. Robert Bly, « Initiations masculines contemporaines », in *Guides-ressources*, vol. 4, n° 2, Montréal, novembre-décembre 1988.

stade de l'initiation, qui correspond à la puberté, les jeunes adolescents deviennent à leur tour des donneurs de sperme pour un nouveau groupe d'initiés. Pendant cette période, tous contacts avec des femmes sont interdits, et les pressions sociales les plus fortes sont exercées sur les garçons pour qu'ils se conforment à leur rôle fellateur.

Le rite des flûtes permet le transfert de l'attachement des garçons de la mère aux célibataires. La flûte est aussi un substitut du sein et du phallus, le secret qui unit les pères et les fils contre la mère. Pour G. Herdt, le rituel de la flûte confirme qu'un isomorphisme imaginaire est créé entre le joueur de flûte et la figure maternelle, et également entre le suceur de flûte et l'image de l'enfant. Dans ce système fantasmatique, une association se fait entre l'expérience du sein de la mère et celle du pénis de l'initiateur [43]. La flûte est considérée comme un moyen de défense contre l'angoisse de perte maternelle.

Convertir les petits garçons, trop attachés à leur mère, en guerriers virils et agressifs n'est pas une petite tâche. Mais créer une identité masculine qui fait des hommes d'abord excités érotiquement par des garçons, des hétérosexuels, amants des femmes, est un défi encore plus monumental.

---

43. « Psychologiquement, dans le contexte traumatique de la séparation maternelle, le rituel sambia utilise la flûte comme un moyen de soulager les sentiments d'impuissance et de peur et de supplanter la mère comme objet d'attachement préféré en offrant au novice le pénis culturellement valorisé et les relations homosexuelles comme des substituts sensuels à la poitrine de la mère et à la mère tout entière », G. Herdt, *op. cit.*, p. 79.

Les conditions de la pédagogie homosexuelle

Elle est très strictement réglementée. L'âge et le statut de l'initié, les pratiques et les objectifs de cette initiation font l'objet de multiples recommandations.

Cette relation privilégiée implique d'abord une différence d'âge entre les partenaires, et avec elle une distinction de statut. L'un, encore tout jeune, n'a pas achevé sa formation ; l'autre est considéré comme un adulte. Les indications quant à l'âge réel des partenaires sont souvent flottantes [44] dans les textes de l'ancienne Grèce. Mais le moment décisif, variable d'un adolescent à l'autre, est l'apparition de la barbe. La tradition antique lui confère la signification de l'émergence de la virilité. D'autre part l'éraste – comme le célibataire sambia ou baruya – est lui-même un homme jeune. Aux yeux du législateur, l'Athénien « normal » n'a plus le désir des jeunes garçons passé quarante ans [45]. De façon générale, l'éraste n'est pas beaucoup plus âgé que son éromène.

La sexualité, dit M. Foucault, est un « point de passage particulièrement dense pour les relations de pouvoir » [46]. Elle l'est plus encore quand elle se donne une finalité pédagogique. La relation entre l'éraste et son éromène n'est pas celle d'égal à égal. Pas plus que celle du célibataire sambia avec le jeune novice. Si le secret des flûtes annonce l'hégémonie masculine, il est d'abord le symbole de la hiérarchie entre les hommes. Cette subordination sexuelle et psychologique est une étape néces-

44. F. Buffière, *Eros adolescent. La pédérastie dans la Grèce antique*, Paris, Belles Lettres, 1980, pp. 605-607.
45. B. Sergent, *op. cit.*, p. 113.
46. M. Foucault, *La Volonté de savoir, op. cit.*, p. 136.

saire pour parvenir au statut de dominant qui est l'essence du sentiment d'identité masculine. On attend du préadolescent grec la timidité et la discrétion qui vont de pair avec le statut d'enfant *(païs)*. L'inégalité d'âge va de pair avec l'inégalité des sentiments. Si l'éraste a de vrais désirs, l'éromène, en revanche, n'éprouve qu'une amitié *(philia)* dénuée de connotation sexuelle [47]. Et s'il trouve goût à la relation sexuelle, il est un perverti. A l'attirance sexuelle de l'éraste, l'éromène répond par un sentiment d'admiration et de gratitude pour son aîné.

Les rôles des deux partenaires sont fixés par les pratiques. L'éraste est en position d'initiative, ce qui lui donne droits et obligations [48]. Contrairement à la fellation forcée des garçons de Nouvelle-Guinée, l'usage voulait, à Athènes, que l'on respecte la liberté du jeune homme. On ne pouvait exercer sur lui – du moment qu'il n'était pas de naissance servile – aucun pouvoir statutaire. Il fallait savoir le convaincre. En revanche, dans les temps plus anciens, les garçons faisaient l'objet de rapts et les érastes, comparés aux chasseurs, considéraient leur éromène comme leur proie. Mais volontaire ou non, la pédagogie homosexuelle poursuit toujours le même but : l'apprentissage du rôle masculin. Que ce soit de gré ou de force, l'homme adulte enseigne au plus jeune la maîtrise de soi qui définit la virilité. Il est un

---

47. « Un garçon en commerce avec un homme ne partage pas comme la femme les jouissances de l'amour, il regarde avec la froideur d'un homme à jeun un homme enivré d'amour. » Cf. Xénophon, *Le Banquet,* VIII, 21.

48. « Il a à montrer son ardeur, il a aussi à la modérer ; il a des cadeaux à faire, des services à rendre ; il a des fonctions à exercer vis-à-vis de l'aimé ; et tout cela le fonde à attendre la juste récompense. L'éromène, celui qui est aimé et courtisé, doit se garder de céder trop facilement... manifester sa reconnaissance pour ce que l'amant a fait pour lui... La relation sexuelle n'allait pas de soi ; elle devait s'accompagner de conventions, de règles, de comportements, de manières de faire, de tout un jeu de délais et de chicanes destinés à retarder l'échéance », M. Foucault, *L'Usage des plaisirs, op. cit.,* p. 217.

substitut de père (les pères naturels ont autre chose à faire [49]) ou un frère aîné, voire un beau-père. Mais il a l'avantage – contrairement à ces trois figures familiales – d'avoir accès au corps du garçon et de procéder à la transmission du savoir par cette voie, pour nous mystérieuse.

Ultime condition de l'homosexualité pédagogique et initiatique : elle ne peut être que temporaire. Quelle que soit la passion de l'éraste, elle doit se muer en amitié à l'apparition des premiers poils de barbe de l'éromène. Les textes grecs sont nombreux à critiquer les mauvais érastes, qui font perdurer la liaison érotique au-delà du nécessaire et du permis. L'amour entre deux adultes n'a plus rien à voir avec l'initiation et sera facilement objet de critique ou d'ironie. La raison en est le soupçon d'une passivité toujours mal vue chez un homme libre et particulièrement grave quand il s'agit d'un adulte. Les tribus de Nouvelle-Guinée, beaucoup plus strictes que l'ancienne Grèce, interdisent radicalement l'homosexualité adulte qu'ils considèrent comme une aberration.

L'homosexualité, une étape vers l'hétérosexualité

L'homosexualité est une pratique transitoire mais nécessaire pour gagner sa masculinité hétérosexuelle. Ce qui, pour nous, peut sembler un paradoxe, ne l'est pas dans d'autres civilisations. Les textes grecs sont formels : il n'y a pas deux sortes de désirs différents, homosexuel et hétérosexuel, mais un seul qui peut s'attacher à un

---

49. Début du *Lachès* de Platon, 179c-d, cité par B. Sergent, *op. cit.*, p. 120.

bel objet [50]. Le même homme peut s'éprendre, à son gré, d'une courtisane ou d'un adolescent [51]. Il n'y a pas d'opposition entre deux choix exclusifs. Michel Foucault y voit la preuve d'une certaine bisexualité des Grecs qui n'impliquait pas pour eux « une structure double, ambivalente et bisexuelle du désir » [52]. La préférence pour les garçons ou les filles était « affaire de goût »... non pas affaire de typologie engageant la nature même de l'individu... on voyait plutôt deux manières de prendre « son plaisir ». Soit une bisexualité sans implications identitaires. D'ailleurs Zénon, fondateur du stoïcisme, recommandait qu'on ne choisisse pas ses partenaires sexuels en fonction de leur genre [53], mais de leurs qualités personnelles.

R. Stoller et G. Herdt, qui ont travaillé de concert sur la signification des rites sambia, pensent que ces pratiques homosexuelles ont valeur d'introduction à l'érotisme. Observant la cérémonie des flûtes lors de deux initiations différentes, G. Herdt avoue avoir été frappé intuitivement par quelque chose de non-dit : les initiateurs révélaient « les composants érotiques de la bouche et du pénis, à savoir l'érection pénienne, les pulsions sexuelles, la semence, les activités homosexuelles en particulier et plus généralement l'érotisme génital » [54]. La structure rigide de la masculinité ritualisée permet « aux mâles sambia d'être excités d'abord par les garçons comme objets sexuels et, ultérieurement, par les femmes dont la bouche, le vagin et le corps sont excitants,

---

50. K.J. Dover, *Homosexualité grecque*, La Pensée Sauvage, 1982, p. 86 : « Les allusions aux désirs qu'on éprouve pour les gens beaux sont nécessairement ambiguës, puisque le génitif pluriel a la même forme au masculin et au féminin. »
51. Diogène Laërce, *Vie des philosophes*, IV, 7, 49.
52. M. Foucault, *L'Usage des plaisirs, op. cit.*, pp. 208-209.
53. J. Boswell, *op. cit.*, p. 130.
54. G. Herdt, *op. cit.*, p. 69.

dangereux, fétichisés » [55]. Même si le culte rituel met un frein momentané au développement de l'hétérosexualité par trois mécanismes (fellation institutionnalisée, tabou d'évitement des femmes, et crainte de la réduction du sperme), il a pour fonction de créer des guerriers féroces pour défendre la communauté, mais aussi des hommes hétérosexuels pour assurer la reproduction de celle-ci. L'un ne va pas sans l'autre, comme l'homosexualité et l'hétérosexualité. Cette constatation tirée de l'observation de sociétés étrangères à la nôtre commence à être prise en compte par certains spécialistes. E. James Anthony constate : « Une longue pratique de l'homosexualité dans l'enfance et l'adolescence n'affecte pas de façon significative l'adaptation à l'hétérosexualité adulte [56]. »

Cette introduction de l'homosexualité dans la formation du garçon est peut-être l'une des raisons du rôle effacé du père. Au-delà des rationalisations que l'on trouve dans le *Lachès* de Platon, ou chez les pères actuels, qui s'avouent trop occupés pour élever leurs fils, se cache la peur de l'homosexualité paternelle renforcée par l'horreur de l'inceste. Alors que la mère ne redoute rien de tel avec sa fille [57], le père pédophile appartient au registre des grands pervers. Peut-être est-ce aussi pour éviter toute tentation que certaines sociétés s'en sont remises à des initiateurs étrangers à la famille. Ceux-ci prennent le relais de la mère et se substituent à l'impensable père pédophile. Souvent, l'initiateur est une personne plurielle. Les novices baruya et sambia ont des relations homosexuelles avec plusieurs célibataires sans « appartenir »

55. R. Stoller, *Masculin ou féminin, op. cit.,* p. 321.
56. E. James Anthony, « Afterword », in *Father and Child* (eds S. Cath, A. Gurwitt & J. Munder Ross), Little, Brown & Company, Boston, 1982, p. 575.
57. M. Johnson, *op. cit.,* pp. 108-109, sur l'érotisme et la sensualité maternelle à l'égard de son enfant mâle et femelle.

à aucun. D'autres sociétés, qui ne pratiquent pas ces rites d'initiation, pensent également qu'un seul père est insuffisant pour le fils. Suzanne Lallemand, ethnologue africaniste, qui a travaillé chez les Mossi ruraux de Haute-Volta observe que chaque enfant a une dizaine de pères disponibles dans son environnement familial. Dans la famille élargie qui vit dans la grande demeure Mossi, tous les hommes, proches ou moins proches, servent de pères aux enfants et très souvent ce n'est pas le géniteur qui est le père préféré d'un garçon [58].

Si nos sociétés industrielles s'éloignent de plus en plus des solutions africaines ou rituelles – comme en témoignent l'augmentation très forte des familles mono-parentales et l'échec des tentatives communautaires – certains psychanalystes américains en appellent au retour de l'ancienne institution du mentor [59] masculin, le sage conseiller qui guide le jeune garçon et le fait bénéficier de son expérience. Robert Bly, auteur d'un *best-seller* [60] aux Etats-Unis sur la formation de l'identité masculine, y voit la seule solution aux nombreux problèmes que connaissent les jeunes mâles américains aujourd'hui. Moins mystique et mythique que le très jungien R. Bly, Samuel Osherson aboutit aux mêmes conclusions. Il fait état de plusieurs études qui prouvent que les jeunes gens qui ont été pris en charge par un aîné, un professeur à l'Université ou un homme plus expérimenté sur le lieu

---

58. A leurs yeux, « les foyers occidentaux sont strictement squelettiques... Comment devenir homme en des lieux où ne vous est assigné qu'un seul père ? Et que faire si ce dernier ne vous convient pas ? » S. Lallemand, « le b.a.ba africain », in *Autrement,* n° 61, juin 1984 ; *Pères et Fils,* p. 180.
59. Nom d'un personnage de l'Odyssée, popularisée par le *Télémaque* de Fénelon.
60. *Iron John, a Book about Men,* Addison-Wesley, 1990, le livre est resté plusieurs dizaines de semaines sur la liste des best-sellers du *New York Times book review.*

de travail, réussissent mieux leur vie et sont plus mûrs que ceux qui n'ont pas connu de mentor [61].

Les sociétés industrielles : les pairs plus que les pères

Ironie de l'histoire : la théorie freudienne de l'identification du fils au père dans la relation œdipienne apparaît au moment même où les pères des villes quittent massivement le toit familial pour travailler à l'extérieur, et alors que les rites de séparation d'avec la mère s'éteignent un peu partout. Le fils du chevalier reste à la maison sous l'autorité maternelle. La famille nucléaire se réduit souvent à un duo mère/enfants.

Le mal de père

La société industrielle imprime à la famille, dès le milieu du XIXᵉ siècle, de nouvelles caractéristiques. Elle contraint les hommes à travailler toute la journée hors de chez eux, dans des manufactures, à la mine, dans des bureaux, etc. Les contacts entre les pères de famille urbains et leurs enfants sont considérablement réduits et le père devient un personnage lointain, aux occupations souvent mystérieuses aux yeux de sa progéniture. Cette nouvelle organisation du travail engendre *de facto* une radicale séparation des sexes et des rôles. Alors qu'au XVIIIᵉ siècle mari et femme travaillaient côte à côte à la ferme, au marché ou dans la boutique, aidés par leurs

---

61. Samuel Osherson, *Finding our Fathers,* The Free Press, 1986, pp. 44-45.

enfants, cinquante ans plus tard le monde se divise en deux sphères hétérogènes qui ne communiquent guère : la sphère privée du foyer familial régie par la mère ; la sphère publique et professionnelle, royaume exclusif des hommes. D'un côté, la femme mère et ménagère ; de l'autre, l'homme travailleur et nourricier *(breadwinner)*. Selon les vœux de J.-J. Rousseau, à elle d'incarner la loi morale et l'affectif ; à lui, la loi politique et économique.

Plus on avance dans le siècle, moins les manuels familiaux [62] citent les devoirs paternels et plus, au contraire, ils font comme si les mères étaient providentiellement dotées de toutes les qualités nécessaires pour élever les enfants des deux sexes. En Europe, comme aux Etats-Unis, la mode est à la bonne mère dévouée corps et âme à ses enfants. S'il est vrai que l'on insiste davantage en France sur le sacro-saint instinct maternel alors que l'Amérique puritaine exalte la pureté morale de la mère, partout on assiste à l'élargissement des responsabilités maternelles. A la fonction nourricière, on ajouta l'éducation et souvent l'instruction » [63]. La société industrielle, en éloignant le père du fils, a entamé le pouvoir patriarcal. C'est la fin du patriarche tout-puissant qui fait la loi à sa femme et à ses enfants [64].

---

62. Littérature à la mode au XIXᵉ tant en Europe qu'aux Etats-Unis. Cf. Peter N. Stearns, *Be a Man ! Males in Modern Society,* 2ᵉ éd., Holmes & Meier, 1990, p. 57 : il signale que les pères étaient encore abondamment mentionnés en 1830-1840, puis de moins en moins.

63. A l'inverse, l'image du père s'obscurcit. Son importance et son autorité, si grandes encore au XVIIIᵉ siècle, sont en déclin. Au mieux, on le définit par sa fonction de pourvoyeur et on lui accorde l'autorité d'ultime arbitre disciplinaire (« Je le dirai à ton père quand il rentrera »). Au pire, s'il ne travaille pas, comme le rentier français, on déclare sans la moindre gêne qu'il a mieux à faire et que de toute façon : « Il serait parfaitement incapable de ce travail (l'éducation morale et physique de son enfant) délicat. » Cf. E. Badinter, *L'Amour en plus,* op. cit., pp. 252 à 280.

64. En France, l'État tend de plus en plus à se substituer à lui. L'école transmet au fils un savoir souvent ignoré des parents et de nouvelles institutions, protectrices de l'enfance, s'attribuent peu à peu ses anciennes fonctions et

Si l'image du père aimant [65] tend à se substituer à celle du père fouettard dans la bourgeoisie d'avant-garde, beaucoup d'hommes sont empêchés de paternité, et beaucoup d'autres n'en ont cure. Peter Stearns fait remarquer que tout cela va de pair avec une redéfinition de la masculinité traditionnelle. La force physique et l'honneur sont remplacés par le succès, l'argent et un travail valorisant qui justifient l'éloignement du père. Il soutient que la fin du XIXᵉ siècle a été plus traumatisante pour les hommes que le XXᵉ siècle [66]. Aux Etats-Unis, la crise de 1929 acheva l'humiliation des pères. Les chômeurs obligés de rester à la maison pendant de longues périodes perdirent confiance en eux et se sentirent atteints dans leur virilité. D'autant plus que les films américains des années 1930 commençaient à diffuser l'image de la *career woman*.

Finalement, deux images de père l'emportent aux Etats-Unis, et à un moindre degré en Europe : le père distant, inaccessible ou le père dévirilisé et méprisé. En effet, depuis la fin du XIXᵉ siècle, la littérature anglo-saxonne est une longue plainte adressée au père. L'enquête récente de Shere Hite confirme qu'il n'y a presque pas d'hommes (sur les 7 000 interrogés) qui disent avoir été ou être proches de leur père... Très peu se rappellent avoir été tenus dans les bras ou câlinés par lui, alors qu'ils se rappellent très bien avoir été fessés ou punis [67]...

---

prérogatives. Enquêtes sociales, juges, « infirmières visiteuses » surveillent de près le père démuni et « indigne ». Les lois de 1889 et 1898 sur la déchéance paternelle ainsi que la généralisation de l'enquête sociale en 1912 achèvent de lui rogner ses pouvoirs millénaires.

65. Gustave Droz, *Monsieur, Madame et Bébé*, 1866. Immense succès de librairie qui connut une vingtaine de rééditions.

66. P. Stearns, *op. cit.*, p. 156. « Rien d'aussi dramatique n'est jamais arrivé que la séparation du travail masculin et du foyer ainsi que l'érosion du patriarcat qui s'ensuivit. »

67. Shere Hite, *Le Rapport Hite sur les hommes*, 1981, trad. française,

Du XIXᵉ au XXᵉ siècle, le procès des pères américains est engagé par des hommes de sensibilité et de culture différentes. Au début du XIXᵉ siècle, le père de Henry et William James, Henry James (Senior), se plaint amèrement de l'éducation puritaine dispensée par un père sévère et distant. Celui-ci, plus préoccupé d'élargir son empire commercial que de toute autre chose, consacrait peu de temps à sa nombreuse progéniture hormis l'enseignement des règles presbytériennes de bonne conduite. Le fils se souviendra toute sa vie des dimanches où l'on apprenait aux enfants « à ne pas jouer, à ne pas danser, à ne pas lire des livres de contes, et même à ne pas réviser les leçons pour la classe du lundi » [68]. Le père fait figure pour son fils de Dieu intransigeant, inaccessible. Un homme terrible dont le fils dira plus tard : « Je ne me souviens pas qu'il m'ait jamais questionné sur ce que je faisais hors de la maison, sur mes compagnons, ou qu'il se soit jamais vraiment soucié de mes résultats scolaires [69]. » Cet enfant douloureux d'un patriarche autoritaire et d'une mère distante devint un père « exceptionnellement affectueux » [70]. Pourtant ses enfants le jugèrent sévèrement à cause de son entière soumission à son épouse. Selon le biographe de H. James (Junior), la mère enveloppait toute la famille, y compris le père qui n'existait que pour elle et par elle. Rétrospectivement,

---

R. Laffont, 1983, pp. 41 à 45. Faute d'études similaires dans notre pays, il n'est pas possible d'extrapoler les résultats de Hite au cas des Français. Si l'on connaît mal encore leur relation au père, on sait en revanche que le rapport homme/femme n'est pas le même ici qu'aux USA. L'image de la mère française n'évoque pas la toute-puissante mère américaine qui émerge au XIXᵉ siècle. Enfin l'angoisse bien connue du jeune garçon américain d'être un « *mama's boy* » n'a pas vraiment d'équivalent en français. Ici on parle plus volontiers de « fils à papa » que de « fils à maman », et cette expression désigne davantage une situation sociale qu'un lien psychologique.

68. Léon Edel, *Henry James. Une vie*, Seuil, 1990, p. 14.
69. *Ibidem*.
70. *Ibidem*, p. 21.

Henry James se souvient de son « giron largement ouvert et cependant insidieusement enveloppant... Elle était lui (Henry James père), elle était chacun d'entre nous [71] ». Il voyait ses parents dans une relation ambiguë et inversée : « Un père fort, viril et pourtant faible, féminin par son côté tendre et accommodant, qui cédait sans coup férir à ses enfants ; et une mère forte, résolue, mais déraisonnable et inconséquente. » Le futur romancier acceptait la souveraineté et l'autorité de sa mère, mais non la dépendance de son père [72]. Celle-ci engendra un fils paniqué par les femmes qui s'abstiendra toute sa vie de relations sexuelles. Est-ce à dire qu'un père tendre est encore plus nocif que le père distant et autoritaire ?

A lire la biographie d'Ernest Hemingway [73], ou celle d'autres Américains célèbres, une mère toute-puissante qui n'a de cesse de castrer son entourage et un père obsédé par un sentiment d'incapacité engendrent des garçons fort mal en point. Contrairement à H. James, qui mesura ses propos, Hemingway ne cachera ni le mépris de son père, ni la haine de sa mère. Il est vrai que son père maniaco-dépressif pouvait être d'une grande dureté avec son garçon. Tout autre est le père décrit par Philip Roth au fil de son œuvre : un homme dévoué aux siens, insatisfait, peureux, « ignorant, exploité, anonyme ». Portnoy ne se gêne pas pour évoquer un père éternellement constipé, au physique minable qui ne fait pas le poids devant sa femme « audacieuse, énergique, peut-être trop parfaite ». Décrit à son psychanalyste comme un « corniaud, un minus, un philistin... pas King

---

71. *Ibidem*, p. 26.
72. « Il crut même, un moment, que les hommes tirent leur force de la femme qu'ils épousent, et que de leur côté les femmes peuvent priver les hommes à la fois de leurs forces et de leur vie... Et il croyait qu'il n'en avait pas été autrement de son père », *ibidem*, pp. 28-29.
73. Henry James vécut de 1843 à 1916 et E. Hemingway de 1899 à 1961.

Kong », le père fait figure de misérable aux yeux du fils qui en pleure de rage[74]. Même si la charge est moins forte dans d'autres romans de Ph. Roth, le père est toujours décrit comme un homme doux, effacé, sans prestige ni autorité.

Trop distant ou trop familier, trop dur ou trop tendre, trop autoritaire ou pas assez, le père, lui aussi, semble avoir du mal à trouver la bonne distance avec son fils. On a peut-être trop vite accusé la mère castratrice et « vorace »[75], comme le fit l'antipsychiatrie anglaise dans les années 1960-1970, de tous les péchés paternels. L'attaque en règle des femmes, et en particulier la condamnation sans appel des mères, par R. D. Laing et D. Cooper, relève plus du règlement de comptes que de l'explication de l'empêchement paternel. Mais que l'on fasse son procès ou que l'on pleure le père perdu et blessé[76], nombre de garçons ne trouvent plus en lui, dans la société industrielle, leur modèle d'identification. Ils le cherchent dans la fiction littéraire et plus encore cinématographique. L'image légendaire du cow-boy, les figures d'aventuriers, les Rambo et autres Terminator ainsi que les acteurs qui les incarnent sont devenus des pères de substitution pour nos fils. Mais plus encore que ces héros irréels survirils, les meilleurs modèles d'identification des garçons sont leurs pairs.

---

74. Sans argent, sans instruction, sans culture, sans sagesse, ce père pourtant affectueux et sensible « n'avait aucun pouvoir de diriger, commander et d'opprimer. C'était lui l'opprimé... Il n'avait ni la bite, ni les couilles... Si seulement mon père avait été ma mère ! Et ma mère mon père ! », in *Le complexe de Portnoy, op. cit.,* pp. 12 à 24, 42, 59 à 62.

75. David Cooper, *Mort de la famille,* Seuil, 1972, p. 110.

76. Thème de plus en plus répandu en Amérique du Nord, comme en témoignent les essais du Québécois Guy Corneau, et des Américains R. Bly, Franklin Abbott, S. Osherson ou John Lee. Voir aussi l'enquête de Helga Dierichs et Margarete Mitscherlich sur les hommes faite en Allemagne en 1980.

L'importance des pairs

On a vu que dès la maternelle, garçons et filles étaient enclins à jouer avec des enfants de même sexe. Cette tendance au regroupement sexuel s'accentue vers six-sept ans jusqu'à l'adolescence et crée des sous-cultures bien différentes. L'Américain Gary Alan Fine s'est interrogé sur le goût des petits garçons pour le *dirty play* [77], autrement dit des activités répréhensibles aux yeux des adultes, qui vont du jet de pierre aux grenouilles, comme Plutarque l'avait déjà noté, aux blagues agressives, en passant par les conversations sans fin sur le sexe. Pour Fine, tout cela relève moins d'une agressivité naturelle que d'un désir social d'affirmer son identité masculine. Le *dirty play* extériorise un statut, et son but est moins de blesser que d'obtenir une reconnaissance par son audace. Le goût des préadolescents mâles pour les activités bruyantes, les jeux sales et l'obscénité est une autre façon d'affirmer sa virilité contre l'univers féminin maternel où tout cela est interdit. Attitudes qui persistent chez de nombreux hommes adultes dès qu'ils se retrouvent entre eux, comme en témoignent les vestiaires sportifs [78].

La compagnie des pairs est plus importante pour les garçons que pour les filles, lesquels recherchent volontiers la vie de groupe, activités et sports collectifs. Les enquêtes de Régine Boyer sur les activités des lycéens et lycéennes de quinze à dix-neuf ans montrent que, toutes classes confondues, les garçons passent plus de temps avec leurs

---

77. Gary Alan Fine, « The Dirty Play of Little Boys », in *Men's Lives,* pp. 171 à 179.
78. Cf. Pat Conroy, *Le Grand Santini, op. cit.,* p. 261.

pairs que les filles [79] : en moyenne une heure de plus par jour. Selon leur origine sociale, les garçons aiment à se retrouver au café, sur les terrains de sport, ou lors de soirées distractives alors que les filles pratiquent plus largement la lecture, les longues conversations téléphoniques [80] et passent davantage de temps auprès de membres de la famille.

Bandes, gangs, équipes et groupes de garçons en tout genre sont moins l'expression d'un instinct grégaire propre à leur sexe que celle du besoin de rompre avec une culture familiale féminine pour pouvoir en créer une autre masculine. Faute de la présence effective d'un père modèle de virilité, les jeunes mâles s'unissent sous la férule d'un autre, un peu plus âgé, un peu plus fort ou un peu plus débrouillé, sorte de frère aîné, *leader,* que l'on admire, que l'on copie et dont on reconnaît l'autorité.

A la fin du siècle dernier, en pleine expansion industrielle, de plus en plus d'hommes américains s'inquiétèrent ouvertement de la virilité de leurs fils. Terrorisés par les discours féministes, inquiets de la féminisation de l'éducation familiale et scolaire ainsi que de l'emprise de la loi maternelle, ils craignaient que les jeunes garçons n'aient plus l'occasion d'apprendre à être des hommes. Peu à peu ils proposèrent un nouvel idéal masculin qui mettrait en valeur l'affirmation de soi morale et physique. « A l'idéal viril précédent qui exaltait certains traits passifs telles la piété, l'économie et l'assiduité, on préfère à présent l'énergie, la force et la maîtrise. Théodore Roosevelt devient le modèle de " l'homme suprêmement viril " : séduisant, individualiste, athlétique, maître de

---

79. Régine Boyer « Identité masculine, identité féminine parmi les lycéens », in *Revue française de pédagogie,* n° 94, janvier/mars 1991, p. 16.
80. Michel Bozon, « Les loisirs forment la jeunesse », in *Données sociales,* 1990, pp. 217 à 222.

lui et agressif si besoin est [81]. » En outre, on accuse et rigidifie la distinction des rôles sexuels comme rarement auparavant.

Toutes ces préoccupations sont à l'origine de l'implantation de l'institution des boy-scouts en 1910. Le président des États-Unis en était aussi le président honoraire. Son objectif affiché : « Faire de petits garçons de grands hommes et lutter contre les forces de féminisation. » Pour ce faire, les garçons de même âge étaient réunis en patrouille sous la responsabilité d'un homme adulte qui devait encourager l'esprit d'équipe et la virilité sous toutes ses formes, et ne rien tolérer d'« efféminé ». Épreuves, défis, discipline, rigueur morale, et surtout vie en commun hors de toute présence féminine, forment la trame du scoutisme.

Pour les mêmes raisons, les sports collectifs ont connu un développement exceptionnel qui n'a pas faibli jusqu'à ce jour [82]. Les sports qui mettent en jeu la compétition, l'agression et la violence étaient – et sont toujours aux Etats-Unis – considérés comme la meilleure initiation à la virilité. C'est sur le terrain de sport que le préadolescent américain gagne ses galons de mâle. Il y montre publiquement son mépris de la douleur, la maîtrise de son corps, sa dureté aux coups, sa volonté de gagner et d'écraser les autres. Bref, qu'il n'est pas un bébé, une fille, ou un homosexuel [83], mais un « vrai mec ». Les terrains de sport et les vestiaires sont encore des lieux où la mixité est impensable, des microcosmes du plus

81. Jeffrey P. Hantover, « The Boy Scouts and the Validation of Masculinity », in *Journal of Social Issues*, vol. 34, n° 1, 1978.
82. L'historien américain Rotundo note que dès les années 1860, les collèges de garçons et la plupart des villes organisaient des compétitions de base-ball et de football pour les jeunes de toute origine, in « Boy Culture... », *op. cit.*, p. 34.
83. Gary Alan Fine, « Little League Base-Ball and Growing up male », in *Men in Difficult Times*, ed, Robert A. Lewis, 1981, p. 67.

pur machisme sans réels équivalents dans la vie ordinaire [84].

L'apprentissage des sports collectifs aux USA n'est pas
sans points communs avec les rites d'initiation évoqués
plus haut. Le sociologue Mike Messner, qui a consacré
de nombreux articles sur ce sujet, a mis en lumière la
relation entre l'apprentissage sportif et la *construction
de la masculinité*. Il raconte comment lui-même, petit
garçon de huit ans, pour la première fois sur un terrain
de base-ball, se fit rappeler à l'ordre par son père-
entraîneur parce qu'il lançait le ballon « comme une
fille » [85]. Réfléchissant plus tard à l'angoisse suscitée par
le constat paternel et au mal qu'il s'était donné pour
trouver le geste adéquatement viril, Messner fit deux
constats intéressants. D'abord, ce fut la peur affreuse
d'être une fille qui servit de moteur à son apprentissage
du base-ball. Ensuite, il observa que la façon « féminine »
de lancer le ballon était anatomiquement un mouvement
naturel pour le bras, alors que la façon « masculine » ne
l'était pas et engendrait à la longue des dégâts aux bras
et aux épaules. Cette observation conduisit les ligues de
base-ball pour enfants à proscrire ces gestes. Malgré
cela, la douleur reste au centre de l'apprentissage de la
virilité sportive. Le sociologue Don Sabo a fait le bilan
des dommages physiques engendrés par sa jeunesse de
footballeur et des raisons qui l'incitèrent à supporter le
mal dès l'âge de huit ans : « Je jouais pour les récom-
penses. Gagner au sport signifiait gagner des amis et se
faire une place dans l'ordre des mâles. Le succès me
transfigurait : j'étais moins moi-même et davantage

---

84. Voir la description des vestiaires sportifs où règne un machisme délirant
dans le livre de Pat Conroy, *Le Grand Santini, op. cit.*
85. M. Messner, « Ah, Ya Throw Like a Girl », in F. Abbott (ed.), *New Men,
New Minds, op. cit.*, pp. 40 à 42.

comme les plus âgés et mon héros Butkus... Adolescent, j'espérais que le sport m'attirerait l'attention des filles [86]. »

Résultat, Don Sabo apprit à tout endurer sans montrer sa douleur, tout comme les jeunes initiés : les blessures les plus douloureuses, les os cassés, les yeux au beurre noir, le nez en miettes : « Douleur et blessures font partie du jeu. » Pour devenir capitaine de son équipe, il fut « fanatiquement agressif et impitoyablement compétitif ». Un homme enfin ! Ou plus précisément, selon Sabo, un homme du système patriarcal qui n'implique pas seulement la domination des hommes sur les femmes, mais une domination intra-masculine où une minorité fait la loi à la majorité. Dans cette idéologie, on enseigne au garçon qu'endurer la douleur est courageux et viril, « que la douleur est bonne et le plaisir mauvais, comme le montre clairement le principe mille fois répété des entraîneurs : *no pain, no gain* » [87]. On l'encourage aussi à considérer son corps comme un outil, une machine et même une arme utilisée pour battre un opposant « réduit à l'état d'objet » [88].

M. Messner fait remarquer qu'une telle conception de la masculinité, compétitive, hiérarchique et agressive n'est pas propice à l'établissement d'amitiés intimes et durables avec d'autres hommes. Pourtant, en dépit d'une homophobie proclamée, les sports d'équipe qui donnent aux hommes le moyen de se toucher et de s'empoigner sans être suspectés d'intentions homosexuelles, sont en fait l'occasion d'un homo-érotisme d'autant plus fort qu'il est inconscient. La preuve : ces joueurs de football

---

86. Don Sabo, « Pigskin, Patriarchy and Pain », in F. Abbott (ed.), *op. cit.*, p. 47.
87. *Idem*, p. 48.
88. M. Messner, « The Life of a Man's Seasons », in *Changing Men* (ed. M. Kimmel), *op. cit.*, p. 59.

ou de rugby qui se prennent par le cou ou la taille, s'embrassent, se palpent, se tapotent affectueusement les fesses devant des millions de téléspectateurs, à toute occasion et sans le moindre embarras.

La littérature américaine, autobiographique ou non, est riche de récits sur l'enfance et l'adolescence des garçons transformés par les sports virils. C'est parfois le père qui sert d'initiateur, mais c'est plus souvent la figure emblématique de l'entraîneur qui incarne la virilité, et sert de père de substitution. Qu'il s'agisse du football américain (Thomas Faber ou Pat Conroy [89]), du basket (John Updike [90]) ou du base-ball (Philip Roth ou Edmund White [91]), tous s'accordent à faire l'éloge du sport qui fut leur véritable rite d'initiation masculine. Même si aujourd'hui la mythologie du sport n'a plus la même influence sur l'éducation des garçons, elle reste cependant puissante, synonyme de virilité et de succès. « Le sport, constatent Baudelot et Establet, est une des composantes de la culture moderne de compétition. Il unit les hommes de toutes les classes sociales. Alors que les femmes ne s'y adonnent que lorsqu'il est débarrassé de ses ingrédients compétitifs : elles préfèrent l'entraînement à la compétition [92]. » Jugement confirmé par l'étude de M. Bozon sur les loisirs des jeunes Français [93].

---

89. Thomas Faber, *La Course du chien,* Gallimard, 1986 ; Pat Conroy, *Le Grand Santini, op. cit.*
90. John Updike, les deux premiers tomes de la série des *Rabbit,* Gallimard.
91. Ph. Roth, *Portnoy* et le *Grand roman américain,* Gallimard ; Edmund White, *Un jeune Américain,* Mazarine, 1984.
92. C. Baudelot, R. Establet, *Allez les filles !,* Seuil, 1992, p. 227.
93. « Les garçons s'engagent massivement dans des activités sportives et de plein air et dans la sociabilité qui leur est éventuellement associée : football et jeux de ballons... L'assistance aux spectacles sportifs chez les jeunes est aussi un phénomène masculin, et de groupe... Il existe toujours une tendance masculine à l'affirmation de soi dans des activités physiques extérieures au domicile dans le cadre de groupes de pairs qui ne sont pas nécessairement mixtes », *op. cit.,* p. 221.

Aujourd'hui, l'épreuve initiatique du sport violent est contestée par ceux qui pensent que la virilité engendrée par de telles pratiques relève du vieux modèle patriarcal qui n'est plus le leur. Mais en cette fin du XXᵉ siècle, beaucoup d'hommes disent aussi leur nostalgie des rites d'antan où l'épreuve virile confortait leur identité. Alain Finkielkraut, qui avoue ne plus savoir ce qu'est le masculin, regrette non la disparition de l'ancien pouvoir du mâle mais celle du « cogito viril : je m'expose donc je suis » [94]. De l'autre côté de l'Atlantique, ils sont de plus en plus nombreux les R. Raphaël, R. Bly, R. Moore, D. Gillette [95] et autres jungiens à proclamer la nécessité de créer de nouveaux rites d'initiation. Mais comment ne pas craindre que l'apparence du neuf ne camoufle les vieilles recettes du patriarcat dont on a eu tant de mal à sortir ? Les nostalgiques des rites ne doivent pas oublier que ceux-ci impliquent toujours une opposition radicale aux femmes, soutenue par des sentiments de supériorité et de mépris qui ont du mal à s'éteindre par la suite. Or, de cette relation entre hommes et femmes, nous ne voulons plus. Et nous ne pleurerons pas le vieil homme qui meurt sous nos yeux.

Robert Bly se taille un franc succès auprès des hommes américains en reparlant de la rupture mère/fils et du rôle du mentor (lui ?), sans voir que la masculinité d'aujourd'hui est déjà bien différente de celle d'hier : multiple, subtile, indissolublement liée au féminin. La masculinité de demain sera moins le résultat d'une cassure brutale avec le monde féminin opérée par des

---

94. A. Finkielkraut, « La nostalgie de l'épreuve », in *Le Masculin ; Le Genre humain*, n° 10.
95. R. Moore et D. Gillette, *King, Warrior, Magician, Lover. Rediscovering the Archetypes of the Masculine Nature*, Harper San Francisco, 1990.

étrangers que la conséquence de l'intervention – sans précédent – du père dès la naissance. La nouvelle masculinité ressemblera peu à l'ancienne, mais elle n'en existera pas moins avec sa force et sa fragilité.

CHAPITRE IV

Identité et préférence sexuelle

Aujourd'hui, l'un des caractères les plus évidents de la masculinité est l'hétérosexualité. La définition du genre implique spontanément la sexualité : qui fait quoi et avec qui ? L'identité masculine est associée au fait de posséder, prendre, pénétrer, dominer et s'affirmer, si nécessaire, par la force. L'identité féminine, au fait d'être possédée, docile, passive, soumise. « Normalité » et identité sexuelles sont inscrites dans le contexte de la domination de la femme par l'homme. Dans cette optique, l'homosexualité, qui implique une domination de l'homme par l'homme, est considérée, sinon comme une maladie mentale, du moins comme un désordre de l'identité de genre.

L'hétérosexualité est la troisième preuve négative de la masculinité traditionnelle. Après la dissociation de la mère (je ne suis pas son bébé), la distinction radicale avec le sexe féminin (je ne suis pas une fille), le garçon doit (se) prouver qu'il n'est pas homosexuel, donc qu'il ne souhaite pas désirer d'autres hommes ni en être désiré. Dans notre civilisation prédomine l'idée qu'on est vrai-

149

ment un homme si on préfère une femme. Comme si posséder une femme renforçait l'altérité désirée en éloignant le spectre de l'identité : *avoir* une femme pour ne pas *être* une femme. Aux yeux de certains, le seul fait de ne pas être homosexuel est déjà une assurance de masculinité. En témoigne, *a contrario,* le sondage récent d'un magazine masculin [1]. A la question : « Vous considéreriez-vous encore comme un homme si vous aviez une expérience homosexuelle ? » 57 % des hommes interrogés ont répondu non.

Si l'hétérosexualité nous paraît aujourd'hui l'un des traits les plus évidents de l'identité masculine, au point d'être perçue comme une donnée naturelle, nos ancêtres n'ont pas toujours pensé comme cela.

Une évidence récente

Le statut du sodomite avant le XIXᵉ siècle

La sodomie est une « catégorie attrape-tout » [2] qui inclut les contacts sexuels – pas nécessairement anaux – entre hommes, hommes et animaux, hommes et femmes, défiant la reproduction. M. Foucault fait remarquer qu'elle figurait dans la liste des péchés graves au côté du stupre (relations hors mariage), de l'adultère, du rapt, de l'inceste spirituel ou charnel et de la caresse réciproque. Si l'on parle volontiers des « infâmes » pour les désigner, les sodomites échappent à toute classification

---

1. *Lui,* n° 50, décembre 1991.
2. Jeppey Weeks, *op. cit.,* p. 90.

précise. Montesquieu, s'interrogeant sur ce crime étrange puni du feu, reconnaît « qu'il est très souvent obscur »[3].

Sous l'Ancien Régime, la sodomie est prohibée pour des motifs d'ordre religieux. On l'appelle le « péché muet » ou le « vice abominable » dont il vaut mieux taire l'existence au peuple[4]. Pour montrer l'incertitude du concept de sodomie, Pierre Hahn eut la bonne idée de consulter les manuels des confesseurs. Ainsi le *Traité de sodomie* du Père L. M. Sinistrati d'Ameno (milieu du XVIIIe siècle) fait état de subtils distinguos qui ne manquent pas de surprendre le lecteur du XXe siècle. Pour le savant ecclésiastique, la sodomie se définit bien par une relation charnelle entre deux mâles ou deux femelles, mais tous les actes « homosexuels » ne sont pourtant pas constitutifs du crime. Pour qu'il y ait crime, il faut qu'il y ait coït, introduction du pénis dans l'anus « afin de le distinguer de la simple mollesse (pollution, masturbation) obtenue mutuellement entre mâle et mâle, ou entre femme et femme »[5]. Il y a péché quand on se trompe de vase ! Selon certains docteurs, « l'intromission du membre viril dans le vase postérieur devait avoir lieu régulièrement et il fallait qu'il y eût sémination à l'intérieur du cul. C'était là, la " sodomie parfaite " dont seuls le pape ou l'évêque pouvaient absoudre les pécheurs »[6]. En revanche, si le mâle s'accouplait par

---

3. Montesquieu, *L'Esprit des lois,* 1748, livre XII, chap. 7. Cité par Pierre Hahn, *Nos Ancêtres les pervers,* Olivier Orban, 1979, p. 19.
4. Pierre Hahn rapporte qu'au début du XVIIIe siècle la sodomie semble le privilège des nobles. À la veille de la Révolution, la situation a changé. Mouffle d'Angerville reconnaît, désabusé : « Ce vice qu'on appelait autrefois le beau vice (*quid* du vice abominable ?) parce qu'il n'était affecté qu'aux grands seigneurs, aux gens d'esprit ou aux Adonis, est devenu si à la mode qu'il n'est point aujourd'hui d'ordre de l'État, depuis les ducs jusqu'aux laquais et au peuple, qui n'en soit infecté », *op. cit.,* pp. 90-91.
5. Cité par P. Hahn, pp. 21-22.
6. *Ibidem,* p. 22.

l'anus avec une femme, cette sodomie était « imparfaite » et un simple confesseur pouvait l'absoudre [7].

Au XVIIIe siècle, le crime se laïcise, le vocabulaire change : on parle de moins en moins de sodomite (rejet de la référence biblique), et de plus en plus de *pédéraste* (surtout à partir de 1730) ou d'*infâme* (jargon de la police) [8]. Selon Maurice Lever, la laïcisation du délit homosexuel qui devient « péché philosophique » contre l'Etat, l'ordre, la nature (on parle aussi d'amour « anti-physique ») désacralise le vice, qui ne sent plus le soufre. Le crime se banalise, devient simple délit. Quelle que soit l'opinion des philosophes, l'homosexualité n'est jamais décrite comme une identité spécifique. La sodo-mie est une aberration temporaire, une méprise de la nature. Rien de plus. Même si Rousseau, Voltaire ou Condorcet n'ont pas caché le dégoût que leur inspirait personnellement une telle pratique, ils n'ont jamais cherché à charger « le criminel ». Au contraire. Voltaire insiste sur l'idée de malentendu : « Les jeunes mâles de notre espèce, élevés ensemble, sentant cette force que la nature commence à déployer en eux, et n'y trouvant pas l'objet de leur instinct, se rejettent sur ce qui leur ressemble [9]. » Pas de quoi stigmatiser un être humain sa vie entière ! Ami de Voltaire, Condorcet, si sensible à la notion des droits de l'Homme, proposa

---

7. Pierre Hahn fait état d'un autre sujet de perplexité : la sodomie entre femmes qui étonnait déjà le bon ecclésiastique du XVIIIe siècle. Pour comprendre l'idée de sodomie féminine, il faut se rappeler que jusqu'au XVIIe siècle compris, le sexe féminin est pensé par analogie avec le sexe masculin. Dans cette optique, le clitoris est assimilable au pénis dont il partage – de façon imparfaite – les caractéristiques. « N'a-t-il pas lui aussi la forme de la verge quand elle est gonflée ? » Il faudra attendre le XIXe siècle, pour que s'impose le modèle des deux sexes opposés et que les femmes, du même coup, soient exclues de la catégorie sodomite, *op. cit.*, p. 23.
8. Maurice Lever, *Les Bûchers de Sodome*, Fayard, 1985, p. 239.
9. *Dictionnaire philosophique* (1764), cité par M. Lever, *op. cit.*, p. 241.

de dépénaliser la sodomie dès lors qu'« il n'y avait point de violence » [10].

Le plus tolérant de tous fut sans conteste Diderot. Sous sa plume, notamment dans l'*Entretien,* qui fait suite au *Rêve de d'Alembert,* non seulement l'homosexualité perd tout caractère de péché ou d'infamie, mais elle acquiert le statut d'un plaisir précieux, au même titre que la masturbation. Pour Diderot, qui parle sous le masque du sage docteur Bordeu, l'abstinence rend fou [11]. Occasion pour lui de rendre un vibrant hommage au plaisir sexuel. L'état de besoin doit être satisfait à tout prix. Après avoir légitimé les pratiques solitaires [12], Diderot-Bordeu dit à Mademoiselle de Lespinasse, qui n'en croit pas ses oreilles, la supériorité de l'homosexualité au nom du principe de plaisir et du partage de celui-ci [13]. Le Code pénal de 1791, prenant acte de cette normalisation, ne condamnera plus la sodomie en tant que telle. Cette tolérance entérinée par le Code de 1810 prendra fin avec la loi du 28 avril 1832 qui institue le crime de pédophilie. En revanche le Code pénal ferme toujours les yeux sur les rapports hétérosexuels entre un adulte et un mineur... Il est vrai que le statut du pédéraste est en train de changer radicalement et qu'il suscite de nouvelles interrogations.

---

10. Condorcet, *Notes sur Voltaire,* 1789 ; *Œuvres de Condorcet,* éd. Arago, t. IV, Friedrich Frammaun Verlag, 1968, p. 561.
11. Diderot, « Suite de l'Entretien », in *Œuvres philosophiques,* éd. de P. Vernière, Garnier, pp. 376 et 378.
12. *Ibidem,* p. 377.
13. « Je vous demanderai donc, de deux actions également restreintes à la volupté (masturbation et homosexualité), qui ne peuvent rendre que du plaisir sans utilité, mais dont l'un n'en rend qu'à celui qui la fait et l'autre le partage avec un être semblable mâle ou femelle, car le sexe ici, ni même l'emploi du sexe n'y fait rien, en faveur de laquelle le sens commun prononcera-t-il ? », *ibidem,* p. 380.

153

XIXᵉ siècle : définition de l'identité par la préférence sexuelle

Le dernier tiers du siècle victorien vit apparaître de nouvelles conceptions de l'homosexualité. Le sodomite, qui n'était qu'une aberration temporaire, laisse place à « l'homosexuel » qui caractérise une espèce particulière. Avec l'invention de nouveaux mots pour désigner ceux qui s'intéressent au même sexe, « l'homosexuel » et « l'inverti »[14], on change l'idée que l'on se fait d'eux[15]. La création d'un mot correspond ici à celle d'une essence, d'une maladie psychique et d'un mal social. La naissance de « l'homosexuel » est aussi celle d'une problématique et d'une intolérance qui ont survécu jusqu'à nos jours.

Pierre Hahn date de 1857 la première enquête sur les homosexuels français[16] faite par le docteur Tardieu et des policiers. Avec elle commence la chasse aux pédérastes, qui intéressent de plus en plus la police, les juges et le monde médico-légal. Selon le grand médecin, le vice tend à s'accroître chaque jour... et les scandales publics amènent une répression plus sévère de la pédérastie, viols et attentats à la pudeur sur des enfants. Mais curieusement, ce sont les homosexuels eux-mêmes qui mirent le feu aux poudres en inventant la problématique identitaire. Ils voulaient faire reconnaître leur

---

14. « Inverti » est associé à « efféminé », personne atteinte d'inversion sexuelle. C'est aussi au XIXᵉ que les termes « folle », « tante » apparaîtront dans le vocabulaire.

15. De même, l'utilisation de plus en plus répandue du terme « gay » dans les années 1970 changera une nouvelle fois leur appréhension.

16. En Allemagne, qui réprimait la pédérastie, c'est le médecin légiste berlinois Casper qui publia en 1852 une première étude sur les pédérastes, cf. Pierre Hahn, *op. cit.*, p. 41.

spécificité, ce qu'on appellerait aujourd'hui : droit à la différence. C'est un Hongrois, le docteur Benkert, qui, en 1869, crée le terme d'*homosexualité* [17] et demande au ministre de la Justice l'abolition de la vieille loi prussienne contre celle-ci. A la même époque, un ancien magistrat du Hanovre, Heinrich Ulrichs, homosexuel, analyse l'homosexualité du triple point de vue de l'historien, du médecin et du philosophe. Malheureusement, de ses savantes distinctions entre pédérastes et ce qu'il appelle les « uranistes », ne subsistera que la définition de ces derniers : « Une âme féminine tombée dans un corps d'homme [18]. » Sans le vouloir, Ulrichs engageait les pédérastes sur la voie glissante de la pathologie mentale. C'est en se fondant sur cette croyance en une sorte de troisième sexe que le psychiatre allemand Westphal publie en 1870 son étude sur *l'inversion congénitale du sentiment sexuel avec conscience morbide du phénomène,* que Havelock Ellis définit l'inverti par une anomalie congénitale et que Hirschfeld parle du « sexe intermédiaire ».

Peu à peu, tout le monde s'accorde à voir en eux des malades. En 1882, Magnan et Charcot les baptisent « invertis sexuels » et les situent dans le cadre de la dégénérescence. « A la fin du siècle, nul homme ne peut se dire sain, normal, s'il n'affirme son identité sexuelle de pied en cap [19]. » La naissance de l'homosexualité pathologique va de pair avec celle de la « race maudite », selon le mot de M. Proust, et avec celle aussi de normalité

---

17. Le terme entra dans le langage courant des Anglais et des Français dans les années 1890.
18. *Recherche au sujet de l'énigme de l'amour de l'homme pour l'homme,* 1864-1869, cité par P. Hahn, *op. cit.,* p. 80.
19. Pierre Hahn, *op. cit.,* p. 82, cf. aussi Robert A. Nye, « Sex Difference and Male Homosexuality, in French Medical Discourse, 1830-1930 », in *Bull. Hist. Med.,* 1989, 63, pp. 32 à 51.

hétérosexuelle. L'identité sexuelle devint un destin [20]. Grâce à l'influence décisive des *Psychopathies sexuelles* de Richard Krafft-Ebing [21], l'attention extrême portée aux pervers et à l'anormalité jeta une nouvelle lumière sur le « normal ». La sexualité mâle « normale » relevait d'un « instinct » dont l'objet naturel était l'autre sexe. On créa le concept d'*hétérosexualité* pour décrire cette normalité qui postulait une différence radicale entre les sexes en même temps qu'elle liait de façon indissoluble l'identité de genre (être un homme ou une femme) et l'identité sexuelle [22].

Tout compte fait, le discours médical du XIXᵉ siècle a transformé les comportements sexuels en identités sexuelles. Les pervers succédant aux libertins donnent aux individus une nouvelle spécificité. Alors que le sodomite, note M. Foucault, n'était que le sujet juridique d'actes interdits, « l'homosexuel du XIXᵉ siècle est devenu un personnage : un passé, une histoire et une enfance ; une morphologie aussi, avec une anatomie indiscrète et peut-être une physiologie mystérieuse. Rien de ce qu'il est au total n'échappe à sa sexualité... L'homosexuel est maintenant une espèce » [23]. Succédant à l'âme platonicienne et à la raison cartésienne, le sexe est devenu l'ultime vérité de l'être.

La médicalisation de l'homosexualité aurait dû la protéger des jugements moraux. Il n'en fut rien. La problématique des « perversions » permit toutes les ambiguïtés. On ne distingue pas la maladie du vice, le mal psychique du mal moral. Un consensus s'est opéré pour

20. J. Weeks, « Questions of Identity », in Pat Caplan (ed), *The Cultural Construction of Sexuality*, Routledge, London, NY, 1987, pp. 31 à 51.

21. *Les Psychopathies sexuelles* connurent de nombreuses éditions entre 1886 et 1903. Elles furent à l'origine d'un millier de publications sur l'homosexualité.

22. J. Weeks, *ibidem*, p. 35.

23. *La Volonté de savoir, op. cit.*, p. 59.

stigmatiser ces hommes efféminés incapables de se reproduire ! En Angleterre comme en France [24], les attitudes anti-homosexuelles sont liées à la crainte du déclin de l'Empire et de la Nation. On ne compte plus les textes qui évoquent avec angoisse les conséquences désastreuses de la dénatalité ! L'homosexuel menace la nation et la famille. Mais il est aussi « un traître à la cause masculine [25] ». Les médecins eux-mêmes condamnent ces hommes efféminés qui ne remplissent pas leurs obligations d'homme. Ils les accusent de manquer de grandeur d'âme, de courage ou de dévotion ; déplorent leur vanité, leurs indiscrétions, leurs commérages. Bref, des « femmes manquées, des hommes incomplets » [26].

La stigmatisation des homosexuels est sans conteste le résultat du processus de classification des sexualités. Ironie de l'histoire, ce sont, pour une large part, les homosexuels eux-mêmes et les sexologues qui se voulaient réformistes qui enfermèrent les « déviants » dans l'anormalité. Le meilleur exemple de ce dérapage vient du sexologue Havelock Ellis. Croyant renforcer la tolérance de la société bourgeoise à l'égard de l'homosexualité, il développa l'argument de l'innéité et de l'irresponsabilité : on n'y peut rien, on est né comme cela. Résultat, « l'hypothèse d'une homosexualité biologiquement déterminée s'est imposée dans la littérature médicale du XXᵉ siècle, engendrant toutes sortes de tentatives hormonales et chirurgicales pour changer lesbiennes et homosexuels masculins en hétérosexuels » [27].

Jeffrey Weeks a brillamment montré la responsabilité

---

24. J. Weeks, *Sex, Politics & Society,* 2ᵉ éd., London & New York, Largman, p. 10. Et Robert A. Nye, *op. cit.,* p. 32.
25. Lynne Segal, *op. cit.,* p. 134.
26. R.A. Nye, *op. cit.,* p. 44.
27. Linda Birke, *op. cit.,* pp. 22-23.

des sexologues dans la formation du « type » homosexuel. Malgré sa ferveur scientifique, la sexologie n'était ni neutre ni simplement descriptive. Elle disait ce que nous devions être et ce qui faisait de nous des êtres normaux [28]. L'obsession de la norme engendra un effort considérable pour rendre compte de l'anormal. On multiplia les explications étiologiques : corruption ou dégénération, innéité ou traumatisme de l'enfance... On produisit des typologies complexes qui distinguaient les différentes homosexualités...

Ellis distingue l'inverti du pervers, Freud l'inverti absolu du contingent. Clifford Allen définit douze types parmi lesquels le compulsif, le nerveux, le névrosé, le psychotique, le psychopathe et l'alcoolique. Richard Harvey recense quarante-six sortes d'homosexuels... et Kinsey invente le continuum de l'hétérosexuel à l'homosexuel [29]. Par la suite, fait observer J. Weeks, beaucoup de sexologues comprendront le danger de ces typologies rigides. Mais c'était trop tard. Une fois imposé le type de « l'homosexuel » il se révéla impossible d'y échapper. Les pratiques sexuelles étaient devenues le critère de description de la personne. Est-ce à dire que les sexologues ont *créé* l'homosexuel, comme le pensent Michel Foucault ou Jonathan Ned Katz [30] ? Oui et non. Les pratiques homosexuelles existent partout et depuis toujours. Mais « jusqu'à ce que la sexologie leur ait collé une étiquette, l'homosexualité n'était qu'une partie vague du sentiment d'identité. L'identité homosexuelle, telle que nous la connaissons, est donc une production de la

28. J. Weeks, « Questions of Identity », *op. cit.*, p. 36.
29. J. Weeks, *op. cit.*, p. 90.
30. J.N. Katz, « The Invention of Heterosexuality », in *Socialist Review*, 1990, 1, pp. 7 à 34.

classification sociale dont le but essentiel était la régulation et le contrôle. Nommer, c'était emprisonner » [31].

Le XXᵉ siècle n'a pas sorti l'homosexuel de sa prison. Un siècle après le procès d'Oscar Wilde, nombre de nos contemporains continuent de le regarder comme un type sexuel criminel, au mieux comme un malade et un déviant. Deux raisons peuvent expliquer ces attitudes discriminatoires. La première est due à notre ignorance : après cent cinquante ans d'études, et de polémiques, nous ne savons toujours pas définir avec précision ce comportement fluide et multiforme dont on ne connaît pas avec certitude l'origine. La multiplicité des explications a renforcé le mystère et donc l'étrangeté. L'autre raison est d'ordre idéologique. Etant donné notre conception de la masculinité hétérosexuelle, l'homosexualité joue le rôle utile de faire-valoir et son image négative renforce *a contrario* l'aspect positif et enviable de l'hétérosexualité.

L'homosexualité : pulsion universelle ou identité spécifique d'une minorité ?

D'un côté, ceux qui accusent les ressemblances entre homosexuels et hétérosexuels et insistent sur l'universalité de la pulsion homosexuelle. De l'autre, ceux qui mettent en lumière les différences et la spécificité de l'homosexuel.

Les chercheurs qui ont étudié l'homosexualité d'un point de vue transculturel ont constaté un certain nombre d'invariants. Ainsi le sociologue Frederick Whitam, après avoir travaillé plusieurs années dans les commu-

31. J. Weeks, *op. cit.*, p. 93.

nautés homosexuelles de pays aussi différents que les Etats-Unis, le Guatemala, le Brésil et les Philippines, suggère six conclusions : 1) Les personnes homosexuelles apparaissent dans toutes les sociétés. 2) Le pourcentage d'homosexuels semble le même dans toutes les sociétés et reste stable dans le temps. 3) Les normes sociales n'empêchent ni ne facilitent l'émergence de l'orientation homosexuelle. 4) Des sous-cultures homosexuelles apparaissent dans toutes les sociétés qui ont un nombre suffisant de personnes. 5) Les homosexuels des différentes sociétés tendent à se ressembler quant à leurs comportements et leurs intérêts. 6) Toutes les sociétés produisent un continuum similaire entre des homosexuels très masculins et très féminins [32].

Tout cela donne à penser que l'homosexualité n'a pas été créée par une organisation sociale particulière, mais serait plutôt une forme fondamentale de la sexualité humaine qui s'exprime dans toutes les cultures.

Si l'homosexualité est toujours minoritaire dans son expression explicite, la question est de savoir jusqu'où distinguer la pulsion, l'acte et l'orientation homosexuelle.

Les tenants de la ressemblance

Freud fut le plus tolérant et le plus clairvoyant des théoriciens de l'homosexualité. Grâce à sa théorie de la bisexualité originaire, il reconnaît que tous les êtres « peuvent prendre comme objets sexuels des personnes du même sexe, comme de l'autre sexe... Ils répartissent

---

32. F.L. Whitam, « Culturally Invariable Properties of Male Homosexuality : Tentative Conclusions from Cross-cultural Research », in *Archives of Sexual Behavior,* vol. 12, n° 3, 1983, pp. 207 à 226.

leur libido d'une manière soit manifeste, soit latente, sur des objets des deux sexes » [33]. Tout au long de son œuvre, Freud défendra l'aspect naturel et non pathologique de l'homosexualité contre les sexologues, tenants d'un « troisième sexe » ou « d'intermédiaire sexuel » [34], mais aussi contre les siens, les psychanalystes.

En opposition radicale avec son temps, Freud affirme que l'hétérosexualité n'est pas moins problématique que l'homosexualité [35]. Et il ne variera jamais sur ce point. Dans *Un Souvenir d'enfance de Léonard de Vinci,* il va même un peu plus loin en affirmant non seulement qu'on est tous capables du choix homosexuel mais aussi que tout le monde « l'a accompli à un moment donné de sa vie, puis, ou bien s'y tient encore dans son inconscient, ou bien s'en défend par une énergique attitude contraire » [36].

Quant aux causes de l'homosexualité, Freud est toujours resté très prudent, reconnaissant qu'il n'arrivait pas à trouver l'explication de l'inversion. Dans *Trois essais,* il évoque la prédominance d'éléments dispositionnels archaïques et de mécanismes psychiques primitifs, le choix d'objet narcissique et l'importance érotique conservée à la zone anale [37], ainsi qu'une fixation érotique très forte à la mère. Mais tous ces facteurs ne suffisent pas à distinguer clairement l'homo de l'hétéro.

La question de l'homosexualité a importé à Freud, au point qu'il a pris parti pour une extrême tolérance à plusieurs reprises dans sa vie. Lui, si peu militant, accepta

---

33. S. Freud, « L'analyse avec fin et l'analyse sans fin », 1937, in *Résultats, idées, problèmes,* II, PUF, 1985, p. 259.
34. Voir les théories d'Ulrichs et de Hirschfeld.
35. *Trois essais sur la théorie de la sexualité,* Idées/Gallimard, 1965, p. 168.
36. *Un Souvenir d'enfance de Léonard de Vinci* (1910), Idées/Gallimard, 1977, p. 92.
37. *Trois essais, op. cit.,* p. 169.

une interview en 1903 dans le journal viennois *Die Zeit*, pour défendre un homme poursuivi en justice pour pratiques homosexuelles. En 1930, il signe une pétition pour la révision du Code pénal et la suppression du délit d'homosexualité entre adultes consentants. Il s'oppose à E. Jones qui refuse le statut de psychanalyste à un homosexuel. Sachs, Abraham et Eitington prennent le parti de Jones. Mais Freud persiste et refuse toujours, à moins de les trouver névrotiques, d'analyser les homosexuels, qui sont pour lui des gens normaux. Rien n'est plus émouvant que la lettre de consolation adressée à une mère américaine qui lui avait demandé conseil pour son fils :

« Je crois comprendre d'après votre lettre que votre fils est homosexuel. J'ai été frappé du fait que vous ne mentionnez pas vous-même ce terme dans les informations que vous me donnez à son sujet. Puis-je vous demander pourquoi vous l'évitez ?

L'homosexualité n'est évidemment pas un avantage, mais il n'y a là rien dont on doive avoir honte, ce n'est ni un vice, ni un avilissement et on ne saurait la qualifier de maladie ; nous la considérons comme une variation de la fonction sexuelle, *provoquée par un certain arrêt du développement sexuel* [38]. »

Après la Seconde Guerre mondiale, le rapport Kinsey apporta une contribution essentielle à la thèse de la bisexualité humaine [39]. C'est le célèbre rapport publié en 1948 qui mit en lumière, avec le continuum hétéro-homosexuel, la fluidité des désirs sexuels. Kinsey et ses

---

38. Lettre de Freud à Mrs N. N..., 9 avril 1935, in *Correspondance de Freud*, 1873-1939, Gallimard, 1967, p. 461. Souligné par nous, parce que cet extrait de phrase fera couler beaucoup d'encre, comme on le verra par la suite.

39. Un peu plus tard, Masters et Johnson confortèrent par leurs propres enquêtes la thèse de Kinsey, in *Homosexuality in perspective*.

collaborateurs ont en effet prouvé que des tendances homo et hétérosexuelles existent chez la majorité des êtres humains et que leurs proportions respectives varient depuis le penchant hétérosexuel exclusif (que Kinsey appelle le degré 0 de son échelle de gradation) jusqu'au penchant homosexuel exclusif (degré 6 de l'échelle). Chaque degré intermédiaire correspondant à une proportion plus ou moins forte de penchant homo ou hétérosexuel [40]. Le nouveau rapport Kinsey, à partir d'enquêtes menées dans les années 1969-1970 sur les homosexuels de la région de San Francisco, renforça les résultats du rapport de 1948, en insistant notamment sur la diversité des homosexualités [41].

L'enquête plus récente de Shere Hite sur 7 000 Américains confirme les travaux précédents : « Etant donné l'importance qu'accordent en général les hommes au fait de se tenir à distance, physiquement, des autres hommes, on peut s'étonner de constater que de nombreux garçons, futurs " hétérosexuels " pour la plupart, ont eu des rapports sexuels avec d'autres garçons quand ils étaient

---

40. L'enquête de Kinsey sur 16 000 Américains blancs montra que si seulement 4 % de la population mâle était exclusivement homosexuelle dès la puberté, 37 % des hommes (et 19 % des femmes) reconnaissaient avoir eu au moins une expérience homosexuelle menant à l'orgasme entre la puberté et l'âge adulte. En outre, 30 % avaient eu au moins une expérience homosexuelle accidentelle entre 16 et 55 ans.

41. Alan P. Bell et Martin S. Weinberg, *Homosexualités*, 1978, trad. française, Albin Michel, 1980. Dans un article préalable, Alan Bell fait cette importante mise au point : « Sur la façon dont les homosexuels adultes se classent eux-mêmes durant l'adolescence : près d'un tiers étaient principalement hétérosexuels dans leurs comportements sexuels et 25 % dans leurs sentiments. 40 % des mâles avaient changé de sentiments et de comportements durant l'adolescence... Dans leur adolescence, près de 2/3 des homosexuels mâles et femelles ont éprouvé des excitations hétérosexuelles... L'étude longitudinale de la vie sexuelle des êtres humains... permet de comprendre le flux et le reflux des expériences homosexuelles et hétérosexuelles et de remettre en question l'opinion commune selon laquelle on est soit homosexuel soit hétérosexuel... », in « The Appraisal of Homosexuality », article non publié pour la Kinsey Summer Conference, 1976, cité par Kenneth Plummer, *The Making of the Modern Homosexual*, London, Hutchinson, 1981, pp. 58-59.

enfants ou adolescents. 43 % des hommes qui ont répondu ont eu des rapports sexuels, sous une forme ou une autre, avec un garçon : il n'y a pas de corrélation entre le fait qu'un garçon ait eu ou non une expérience sexuelle avec d'autres garçons et le fait qu'il se considère " homosexuel " ou " hétérosexuel " plus tard dans la vie. Beaucoup d'" homosexuels " n'ont jamais eu de relations avec d'autres garçons pendant leur jeunesse, et beaucoup d'" hétérosexuels " en ont eu [42]. »

Doit-on conclure, comme certains le font, que chacun est homosexuel et hétérosexuel, qu'il est mal venu de parler des homosexuels comme d'une minorité sexuelle, et qu'il n'y a pas plus de raisons de dire que tout le monde est hétérosexuel que d'affirmer que tout le monde est homosexuel [43] ?

Les tenants de l'identité spécifique

Robert Stoller et Richard Friedman contestent l'idée d'une homosexualité universelle. Selon Stoller, l'homosexualité n'est pas une maladie. C'est une préférence sexuelle et non un ensemble de signes et de symptômes uniformes, mais l'homosexualité n'appartient qu'aux homosexuels, qui sont différents des autres et forment donc une minorité. Aux yeux de Stoller, ils ne sont pas plus malades que d'autres minorités (juifs, noirs américains...) [44] mais il est inexact de les confondre avec les hétérosexuels [45].

---

42. Shere Hite, *Le Rapport Hite sur les hommes, op. cit.,* p. 69.
43. Lon G. Nungesser, *Homosexual Acts, Actors and Identities,* Praeger, 1983, p. VIII.
44. R. Stoller, *Sex and Gender,* vol. II : *The Transexual Experiment,* Hogarth Press, 1975, p. 199.
45. Henry Abelove, « Freud, Male Homosexuality and the Americans », in *Dissent,* 1986 Winter, vol. 33, p. 68.

C'est également l'avis de R. Friedman qui a tenté de montrer que « la plupart des hommes hétérosexuels ne sont pas prédisposés à l'homosexualité inconsciente et inversement, la plupart des hommes homosexuels exclusifs ne sont pas prédisposés à une hétérosexualité inconsciente... Il n'existe qu'une minorité d'hommes bisexuels forcés de refouler soit leurs fantasmes homosexuels, soit leurs fantasmes hétérosexuels » [46].

Si l'homosexualité est un caractère propre à certains et non à d'autres, d'où vient cette spécificité ? Trois hypothèses, qui toutes ont montré leurs limites, ont été envisagées : anomalie endocrinienne, génétique, ou facteurs psychiques.

Pendant cinquante ans, on a cherché à montrer la corrélation entre l'homosexualité masculine et la quantité de testostérone. En vain : on a injecté des hormones sexuelles à des homosexuels mâles dans l'espoir de stimuler leur désir vis-à-vis des femmes. Mais on a abouti au résultat inverse : la stimulation de leur désir pour les hommes. D'ailleurs, la plupart des études hormonales montrent que la grande majorité des homosexuels a le même niveau de testostérone que les hétérosexuels [47]. Aujourd'hui, la plupart des chercheurs penchent pour l'hypothèse d'une influence endocrinienne prénatale sur l'orientation sexuelle. On pense que s'il y a une orientation hormonale du comportement, cela se produit dans la vie embryonnaire au moment où les hormones sexuelles « sexualisent » le système nerveux à tous les étages. Mais il est difficile d'aller au-delà du stade des hypothèses chez les humains car on ne peut pas faire un dosage hormonal systématique chez tous les fœtus. Pour l'ins-

---

46. R.C. Friedman, *Male Homosexuality*, Yale University Press, 1988, p. XI.
47. L. Nungesser, *op. cit.*, p. 27.

tant, les travaux de Dörner sur les rats montrent que si les mâles sont exposés temporairement à un manque d'androgènes durant la période critique prénatale de la différenciation du cerveau, ils manifestent à l'état adulte des comportements nettement féminins. Il en conclut qu'une androgénisation prénatale insuffisante du système nerveux central conduit à une différenciation du cerveau partiellement femelle, et donc à l'homosexualité masculine et qu'un excès d'androgènes à la même étape est à l'origine de l'homosexualité féminine [48]. Ce dernier point semble confirmé par l'observation de femmes exposées *in utero* à un excès d'androgènes [49].

Régulièrement l'hypothèse génétique est remise au-devant de la scène. Un chercheur ici ou là affirme, après examen de quelques homosexuels, qu'il a trouvé une anomalie génétique chez certains d'entre eux. Puis on démontre peu après que l'expérience était biaisée et qu'on ne peut rien en conclure.

Plus intéressantes sont les recherches menées sur les jumeaux monozygotes et dizygotes. En 1953, Kallman constate que dans tous les cas de jumeaux monozygotes, lorsque l'un est homosexuel, l'autre l'est également. Concordance qui ne se retrouve pas chez les faux jumeaux [50]. Depuis les travaux de Kallman, on a démontré l'existence d'un certain nombre de cas de vrais jumeaux

48. G. Dörner, *Hormones and Brain Differenciation*, Amsterdam Elsinber, 1976. Voir aussi les travaux de Simon Levay cités par *Le Point*, 21 septembre 1991, p. 88.
49. Money, Schwartz et Lewis ont remarqué la fréquence de la bisexualité ou de l'homosexualité chez les femmes ayant été traitées pour un syndrome adrénogénital, ainsi que celle de l'homosexualité chez un groupe de garçons souffrant à l'adolescence d'un excès de développement des tissus mammaires. Mais toutes ces observations impliquent de si nombreuses exceptions qu'on se garde de généraliser, in « Adult Heterosexual Status and Fetal Hormonal Masculinization and Demasculinization », in *Psychoneuroendocrinology*, 1984, 9 (4), pp. 405-415. Cité par R.C. Friedman, *op. cit.*, p. 15.
50. F.J. Kallman, *Heredity in Health and Mental Disorder*, N.Y. Norten, 1953.

ayant des orientations sexuelles divergentes. Là aussi, les preuves indiscutables font défaut.

Reste le cas des *Sissy boys,* jeunes garçons efféminés depuis la plus tendre enfance, qui apporte de l'eau au moulin de la thèse essentialiste. Richard Green, élève de J. Money et R. Stoller, a suivi durant quinze ans, 66 *Sissy boys* et 56 garçons masculins [51]. Les résultats de ses observations rejoignent ceux de Bieber et son équipe (1962) et ceux plus récents de Zuger (1984). Le *Sissy boy* est un garçon qui a un comportement exagérément féminin depuis l'âge de deux/trois ans : poses, gestes, intonations de la voix qui caricaturent un maniérisme féminin. Il montre un intérêt particulier pour les vêtements féminins (notamment ceux de sa mère), en parle et les porte avec plaisir. Il évite soigneusement les jeux brutaux des garçons et préfère les jeux et jouets des filles, ainsi que leur compagnie. Beaucoup de ces enfants disent même qu'ils préféreraient être une fille. La plupart (venus consulter à cause de l'inquiétude des parents) deviennent adultes des hommes atypiques : transsexuels, travestis ou homosexuels. Dans l'échantillonnage de Green, comme dans celui de B. Zuger [52], rares sont ceux qui finalement deviendront hétérosexuels : à peine 5 %. Le cas des *Sissy boys* à la féminisation si précoce, et dont l'orientation ne peut être éradiquée, laisse à penser qu'il y a des facteurs « constitutionnels » [53] à ce type d'homosexualité. D'autant que notre société n'offre

---

51. R. Green, *The « Sissy Boy Syndrome » and the Development of Homosexuality,* Yale University Press, 1987. Cf. aussi R. Green (et Al), « Masculine or Feminine Gender Identity in Boys », in *Sex Roles,* 1985, vol. 12, n° 11/12, pp. 1155 à 1162.

52. B. Zuger, « Early Effeminate Behaviors in Boys : outcome and significance for homosexuality », in *Journal of Nervous and Mental Disease,* 1984, 172, pp. 90-97.

53. Richard A. Isay, « Homosexuality in Homosexual and Heterosexual Men », in G. Fogel (ed), *op. cit.,* pp. 277 à 299.

aucun modèle d'homme aimant les hommes. Mais il faut prendre soin de distinguer les actes homosexuels de l'orientation homosexuelle, qui se révèle davantage par les fantasmes sexuels (pendant la masturbation) que par les actes et comportements. Là aussi, la prudence s'impose puisqu'un adolescent peut avoir des fantasmes homosexuels et devenir un adulte hétérosexuel [54]...

Plus frappants que toutes ces analyses sont les témoignages des intéressés eux-mêmes. L'œuvre biographique d'Edmund White est riche d'enseignements. Tout jeune, il se sent un *Sissy boy* qui n'arrive pas à « parler viril », à « paraître viril » [55], à jouer au base-ball comme les autres garçons et rate tous les tests de virilité. Doté d'une sœur hypervirile, d'un père totalement indifférent, même rejetant, et d'une mère qui ne s'est pas du tout occupée de lui (contrairement au portrait répandu de la mère de l'homosexuel), il dit avoir hésité entre « être un homme ou avoir un homme [56] ». Adulte et devenu homosexuel très actif, il ressent son identité multiple et mal déterminée (« un gros ours ou une fille souple sans sein ni vagin [57] »). Il veut qu'on le traite comme une femme mais se demande parfois avec angoisse « s'il est baisé comme une femme ou s'il est un homme [58] ». Parfois, il rêve d'avoir une vraie femme à ses côtés pour se débarrasser de son fantasme d'être une femme et mettre fin à son maniérisme féminin : « Nous, les pédés... nous minaudons. »

Dans *Le Baiser de la femme-araignée*, l'Argentin Manuel Puig [59] raconte la superbe histoire d'amour entre

54. R. Green, *The Sissy Boy Syndrome, op. cit.*, p. 305.
55. E. White, *op. cit.*, p. 9.
56. *Ibidem*, p. 75.
57. E. White, *La Tendresse sur la peau*, Ch. Bourgois, pp. 162-163.
58. *Ibidem*, p. 175.
59. Points Seuil, 1979.

deux hommes, un hétérosexuel et un homosexuel, qui partagent la même cellule de prison d'un pays fasciste et machiste. Autre culture, autre situation, mais angoisses identiques. L'homosexuel se pense comme une femme et parle de lui au féminin. Il soignera son amant très malade comme une mère et ne cessera de se demander ce qu'est la virilité, un vrai homme. Il recherche l'amitié d'un homme plutôt que celle de tantes. Il avoue se sentir « comme une femme normale qui aime les hommes » [60]. Alors que l'hétérosexuel ne se sent pas menacé dans sa virilité par cet épisode homosexuel, acte de pure tendresse, l'homosexuel avoue ne plus savoir s'il est un homme ou une femme. Son amant lui dira les seules paroles consolantes : « Si tu aimes être une femme, tu ne dois pas pour cela te sentir amoindri, tu n'as pas à payer cela de quelque chose, demander pardon... Être homme ne donne droit à rien du tout [61]. »

L'aspect exemplaire du roman de Puig est cet amour total entre deux hommes à l'orientation sexuelle si différente. Choix ou destin, accident ou style de vie, l'homosexualité est plurielle. Toute proposition qui vise à l'unifier et à la réifier, mène à l'impasse. La pulsion est certes universelle, mais la préférence sexuelle ne l'est pas.

Evolution des Gay's Studies

A la fin des années 1960, parallèlement à la remise en question féministe des identités et des rôles sexuels, un certain nombre d'homosexuels américains sortent de

---

60. Cf. p. 198.
61. *Ibidem,* pp. 232, 233.

leur silence forcé pour mettre fin à une clandestinité douloureusement ressentie comme pathologique. Pour commencer, ils changent d'appellation. Au terme « homosexuel » qui a une connotation médicale liée à la perversité, ils préfèrent celui de « gay »[62] (qui existe depuis le XIXe siècle) plus neutre qui désignera une culture spécifique et positive. C'est la naissance du mouvement Gay qui aura notamment pour but de montrer que l'hétérosexualité n'est pas la seule forme de sexualité normale. Les *Gay's Studies* sont l'ensemble des travaux – souvent très remarquables – sur l'homosexualité, son histoire, sa nature ou sa sociologie. « En récusant l'hétérosexualité comme norme psychologique et sociale, les gays ont mis en cause certains aspects des institutions masculines et du privilège mâle[63]. » En cela, ils ont beaucoup apporté à la réflexion féministe.

L'Australien Dennis Altman note qu'en l'espace d'une décennie, 1970-1980, aux Etats-Unis et dans d'autres parties du monde, on a assisté à l'apparition d'une nouvelle minorité, dotée de sa propre culture, d'un style de vie, d'une expression politique, et de revendications à la légitimité[64]. Cette minorité devenue visible a eu un impact sur la société globale[65]. Dans un pays comme les Etats-Unis où les gens se définissent eux-mêmes par

---

62. Sur l'origine et l'étymologie du mot *gay*, cf. Kramare et Treichler, *A Feminist Dictionary*, Londres, Pandora Press, 1985.
63. Gary Kinsman, « Men Loving Men : The Challenge of Gay Liberation », in *Men's lives, op. cit.*, p. 513.
64. Dennis Altman, *The Homosexualization of America, The Americanization of the Homosexual*, N.Y., St. Martin's Press, 1982.
65. « Une vraie communauté gay ne se limite pas à des bars, des clubs, des bains, des restaurants... ni à un réseau d'amitiés. C'est plutôt un ensemble d'institutions, incluant les clubs sociaux et politiques, des publications, des librairies, des groupes religieux, des centres communautaires, des stations de radio, des troupes de théâtre, etc., qui représentent à la fois un sentiment de valeurs partagées et une volonté d'affirmer son homosexualité comme une partie importante de sa vie et non plus comme quelque chose de privé et de caché. »

référence à la race et à la religion, il n'est pas étonnant que les homosexuels en soient venus à se voir eux-mêmes comme un autre groupe ethnique et à réclamer d'être reconnus sur la base de cette analogie. Mais, ce faisant, ils ont relancé le débat sur l'identité homosexuelle qui engendre l'exclusion qu'ils voulaient tant écarter.

En effet, l'approche identitaire n'a pas manqué de réveiller la vieille question de l'innéité de l'homosexualité, et avec elle l'idée que l'homosexuel est une espèce à part qui trouve son ultime explication dans un dérèglement génétique et hormonal. En fin de compte, la reconnaissance du statut de minorité aux homosexuels a eu des avantages et des inconvénients. Parmi les premiers, le développement du sentiment de confiance en soi et d'acceptation, bénéfique à ceux qui se reconnaissaient tels. Parmi les seconds : en mettant l'accent sur l'idée de minorité, il devint difficile de voir que l'homosexualité, explicite ou refoulée, est un aspect de la sexualité de chacun [66]. Autre inconvénient, plus les homosexuels devinrent « visibles » et revendicateurs et plus on vit apparaître de nouvelles formes d'hostilité à leur encontre. Ce qui dément l'argument libéral selon lequel plus on se fait connaître et mieux on est accepté. En vérité, si une partie des homosexuels a considérablement changé en l'espace d'une décennie (d'autres continuant de vivre dans la clandestinité), la société hétérosexuelle n'a pas évolué de la même manière, conservant nombre de préjugés et de fantasmes négatifs.

Dans les années 1980, marquées par l'apparition de la *Moral Majority* (antiféministe, antihomosexuel, contre l'avortement) qui prône le retour aux valeurs traditionnelles, les homosexuels modifièrent leur théorie et leur

---

66. D. Altman, *op. cit.*, p. 39.

tactique. Prenant conscience que l'homosexualité est un concept beaucoup plus large que celui d'identité sexuelle, les *Gay's Studies* entreprirent de montrer que les homosexuels étaient des hommes comme les autres. Même si l'homosexualité est un refus des rôles sexuels traditionnels, la sexualité ne détermine pas le genre. Dorénavant, ceux qui pensent l'homosexualité prennent grand soin de rejeter toute assimilation entre « identité » et « orientation » sexuelle. Ils font la critique de la philosophie essentialiste [67] et traquent tous les mots qui peuvent y conduire. Pour distinguer conduite et condition homosexuelles, certains proposèrent de ne plus utiliser le mot « homosexuel » comme un nom, mais uniquement comme un adjectif [68]. J. Katz va plus loin en suggérant de se débarrasser de la division même entre homo et hétéro. Au nom du continuum de Kinsey et de la fréquence du coït rectal chez les hétérosexuels, Katz ne voit pas la nécessité de maintenir le dualisme des activités sexuelles [69]. Enfin d'autres suggèrent de se débarrasser de l'étiquette « gay » [70] qui réifie la sexualité et sert de carte d'identité. K. Plummer, l'un des plus farouches opposants de l'essentialisme sexuel, refuse même le concept d'*orientation* utilisé par les généticiens, cliniciens et autres béhavioristes et suggère que l'on s'en tienne à l'idée d'une construction sociale de l'identité, très en vogue aujourd'hui aux Etats-Unis [71].

---

67. J. Weeks critiqua l'essentialisme d'A. Rich qui soutient que toutes les femmes sont naturellement lesbiennes : cf. Pat Caplan (ed.), *op. cit.*, pp. 47-48. Cf. aussi K. Plummer, *The Making of the Modern Homosexual*, London, Hutchinson, 1981.

68. Gregory M. Herek « On Heterosexual Masculinity », in *American Behavioral Scientist*, vol. 29, n° 5, mai-juin 1986, p. 569. Cf. aussi l'écrivain Gore Vidal.

69. J. Katz, « The Invention of Heterosexuality » *op. cit.*, pp. 22-23.

70. L. Nungesser, *op. cit.*, p. 26.

71. Voir entre autres : Tim Carrigan, Bob Connel, John Lee, « Toward a new

Rendons hommage à Jeffrey Weeks, qui n'a cessé de rappeler l'existence de la multiplicité des homosexualités et refuse d'être prisonnier d'une alternative extrémiste. Contre les constructivistes, il admet qu'il y a des différences entre homosexuels et hétérosexuels. Contre les essentialistes, il soutient que ces différences réelles n'engendrent pas nécessairement des intérêts et des identités antagonistes [72]. Proche de Michel Foucault, qui concevait l'homosexualité comme une « stylistique » [73], J. Weeks pense l'identité en termes de choix et de combat : « Finalement, l'identité n'est peut-être rien de plus qu'un jeu, un stratagème pour pouvoir jouir d'un certain type de relations et de plaisirs... [74] »

Au bout du compte le mouvement homosexuel et l'idéologie qui l'accompagne ont connu la même évolution que les autres minorités qui se sont exprimées depuis la fin des années 1960. Après une période de bruyantes revendications du droit à la différence – qui constitue l'étape nécessaire de reconnaissance par la majorité – les minorités ont vite compris le danger de persévérer dans une voie qui mène si souvent à la stigmatisation et à la ghettoïsation. Dès lors, la différence n'est plus un choix personnel, mais une contrainte imposée de l'extérieur. Les homosexuels ne réclament plus le droit à la différence, mais le droit à l'indifférence. Ils souhaitent qu'on les regarde enfin comme des êtres humains et des citoyens parmi d'autres, sans handicaps ni privilèges particuliers. Mais le drame de la minorité homosexuelle est que son destin dépend du regard que pose sur elle la

---

sociology of masculinity », in *Theory and Society*, 5 (14) September 1985, Amsterdam, El-Sevrei. Republié in H. Brod (ed.), *op. cit.*, pp. 63 à 100. Voir aussi G. Hereck, article cité.
72. J. Weeks, *op. cit.*, p. 86.
73. *L'Usage des plaisirs, op. cit.*, p. 213.
74. *Ibidem*, pp. 209 et 210.

majorité hétérosexuelle. Or, de même que certaines minorités jouent le rôle social et politique peu enviable de bouc émissaire, les homosexuels servent de repoussoirs psychologiques aux mâles hétérosexuels prisonniers de l'idéologie patriarcale. Leur sort, autant que celui des femmes, dépend étroitement de la mort du patriarcat. Mais alors que les féministes peuvent mener une guerre sans merci à la misogynie avec l'assentiment officiel de la société globale, les homosexuels n'ont ni la même force de mobilisation contre l'homophobie, ni la même légitimité au regard de ce dernier bastion du patriarcat.

Homophobie et masculinité patriarcale

La plupart des sociétés patriarcales identifient masculinité et hétérosexualité. Dans la mesure où nous continuons à définir le genre par le comportement sexuel, et la masculinité par opposition à la féminité, il est indéniable que l'homophobie, à l'instar de la misogynie, joue un rôle important dans le sentiment d'identité masculine. Certains n'hésitent pas à dire qu'il s'agit là des « deux forces de socialisation les plus critiques dans la vie d'un garçon » [75]. Elles visent différents types de victimes, mais elles sont les deux faces d'une même pièce. L'homophobie est la haine des qualités féminines chez les hommes alors que la misogynie est la haine des qualités féminines chez les femmes.

---

75. Cooper Thompson, « A New Vision of Masculinity », in F. Abbott (ed.), *op. cit.*, p. 156, publié également dans *Men's Lives*, p. 587.

Etre un homme, c'est ne pas être un homosexuel

On a déjà mentionné l'importance de la définition « par opposition » de l'identité masculine. Nul doute que la masculinité hétérosexuelle traditionnelle comporte aussi des aspects positifs, tels que le statut, le succès, l'endurance, l'indépendance, ou la domination sociale d'hommes adultes sur d'autres hommes, et leurs relations sexuelles avec les femmes [76]. Mais l'identification mâle reste plus largement différentielle que l'identification femelle. Traditionnellement, la masculinité se définit plus souvent « par l'évitement de quelque chose... que par le désir de » [77]. Etre un homme signifie *ne pas* être féminin, ne pas être homosexuel ; *ne pas* être docile, dépendant, soumis ; *ne pas* être efféminé dans son apparence physique ou ses manières ; *ne pas* avoir de relations sexuelles ou trop intimes avec d'autres hommes ; *ne pas* être impuissant avec les femmes. Les négations sont si typiques de la masculinité qu'un écrivain américain s'est taillé un franc succès en publiant un livre au titre ironique : « *Real Men don't Eat Quiche !* [78] »

L'homophobie [79] fait partie intégrante de la masculinité hétérosexuelle au point de jouer un rôle psychologique essentiel : signifier qui n'est pas homosexuel et montrer qui est hétérosexuel. Emmanuel Reynaud a très bien montré les racines de l'homophobie : « Dans le langage courant, l'homosexuel n'est pas vraiment l'homme

---

76. G. Herek, « On Heterosexual Masculinity », *op. cit.*, p. 567.
77. Stephen F. Morin et Lon Nungesser, « Can Homophobia be Cured », in Robert A. Lewis (ed.), *Men in Difficult Times*, 1981, p. 266.
78. Bruce Feirstein, 1982, Pocket Books.
79. Le mot a été inventé en 1972 par George Weinberg qui le définit ainsi : « peur d'être au contact d'homosexuels ».

qui a une relation sexuelle avec un homme, mais plutôt celui qui est sensé être passif : l'homosexuel est en réalité la tante, la pédale, la folle... Une femme en somme. Tandis que sous sa forme active, l'homosexualité peut être considérée par l'homme comme un moyen d'affirmer sa puissance ; sous sa forme " passive ", elle est au contraire un symbole de la déchéance. Il ne viendrait, par exemple, pas à l'idée de railler l'enculeur, alors qu'" enculé " est sans aucun doute une des injures les plus virulentes de la langue française [80]. »

L'homosexualité suscite chez certains hommes (et en particulier chez les jeunes garçons), une peur qui n'a pas d'équivalent chez les femmes. Cette peur se traduit par des conduites d'évitement, de l'agressivité ou un dégoût non dissimulé. Les études comportementales sont sur ce point très éloquentes. Certaines [81] utilisent simplement le placement d'une chaise, critère de distance sociale, pour déterminer les effets de la perception d'un homosexuel sur l'espace interpersonnel. On constata que lorsque l'expérimentateur portait un badge « gay and proud » et se présentait comme un membre de l'association des psychologues gays, les participants plaçaient leur chaise franchement plus loin de cet expérimentateur que d'un autre, neutre, qui n'affichait aucune caractéristique homosexuelle. Les hommes réagissent en mettant trois fois plus de distance entre eux et l'expérimentateur homosexuel que les femmes questionnées par un expérimentateur féminin affichant un badge « lesbienne ».

L'homophobie ne concerne qu'une minorité de gens [82].

---

80. Emmanuel Reynaud, *La Sainte virilité,* Syros, 1981, p. 76.
81. S.F. Morin & E.M. Garfinkle, « Male Homophobia », in *Journal of Social Issues,* vol. 34, n° 1, 1978, p. 37.
82. Gregory Lehne, « Homophobia Among Men », in *Men's Lives,* pp. 416 à 429.

Elle est liée à d'autres peurs, notamment celle de l'égalité des sexes. Les homophobes sont des personnes conservatrices, rigides, favorables au maintien des rôles sexuels traditionnels, y compris dans d'autres cultures [83]. Même les enquêtes menées auprès des gens jeunes, mieux instruits et plus libéraux que l'Américain moyen, montrent une réelle méfiance à l'égard de l'homosexuel [84]. En fait, l'homophobie renvoie à la peur secrète de ses propres désirs homosexuels [85]. Voir un homme efféminé suscite une formidable angoisse chez beaucoup d'hommes ; cela déclenche une prise de conscience de leurs propres caractéristiques féminines, telles la passivité ou la sensibilité, qu'ils considèrent comme un signe de faiblesse. Les femmes, bien sûr, ne craignent pas leur féminité. C'est en partie la raison pour laquelle les hommes sont plus homophobes que les femmes [86].

L'homophobie dévoile ce qu'elle cherche à cacher. Et pourtant, elle est souvent exhibée et même revendiquée. A lire les différentes enquêtes publiées par les médias français, on constate que l'homophobie est officiellement admise, contrairement au racisme ou au sexisme [87]. Aux

---

83. Cf. W. Churchill, *Homosexual Behavior Among Males*, N.Y., Hawthorn Books, 1967. Et Marvin Brown & Donald M. Amoroso, « Attitudes Toward Homosexuality Among West Indian Male and Female College Students », in *The Journal of Social Psychology*, février 1975, 97, pp. 163-168.

84. 70 % des hommes et des femmes hétérosexuels interrogés en 1977 répondirent qu'ils pensaient « que les hommes homosexuels ne sont pas pleinement masculins ». Cf. Carol Tavris, « Men and Women Report their Views on Masculinity », in *Psychology Today*, janvier 1977, 35.

85. Cette explication fut donnée dès 1914 par Sándor Ferenczi, « L'homoérotisme : nosologie de l'homosexualité masculine », in *Psychanalyse*, 2, Payot, 1978, pp. 117 à 129.

86. Docteur Isay, in *The New York Times*, 10 juillet 1990.

87. En janvier 1981, le journal *Elle* publia un sondage qui montrait l'intolérance des parents à l'idée d'avoir un enfant homosexuel ; 61 % des personnes interrogées refusaient d'avoir un président de la République homosexuel et 64 %, un éducateur homosexuel. Seuls 24 % pensaient que l'homosexualité était une manière de vivre sa sexualité, contre 42 % qui disaient que c'est une maladie et 22 % une perversion sexuelle à combattre. En juillet 1991, 37 % des sondés

Etats-Unis, elle va bien au-delà du simple rejet psychologique et moral. Une enquête de l'Etat de New York
sur la violence concluait en 1988 que de tous les groupes
minoritaires, c'étaient les hommes et les femmes homosexuels qui étaient les objets de la plus grande hostilité.
Alors que les adolescents semblaient réticents à exprimer
des opinions racistes, ils exprimaient franchement leur
homophobie [88]. Outre les insultes habituelles, les attaques
physiques sont monnaie courante [89]. De façon générale,
les agresseurs sont des garçons de vingt et un ans ou
moins, qui agissent en groupe et s'en prennent à un
homme isolé ou à un couple marchant ensemble. Ces
gangs font la chasse aux homosexuels en allant les
provoquer là où ils sont. Pour eux, le gay symbolise
l'étranger. Le psychologue Gregory Herek souligne que
l'attaque solidifie le sentiment d'appartenance au groupe
des attaquants et exprime leur valeur commune. Mais
c'est aussi leur hétérosexualité qu'ils affirment en traitant
les homosexuels comme des étrangers [90].

Avantages et inconvénients de l'homophobie

L'homophobie renforce la fragile hétérosexualité de
nombre d'hommes. Elle est donc un mécanisme de défense

---

avouaient ne pas admettre l'homosexualité contre 58 % qui l'admettaient, *L'Evé-
nement du jeudi* du 4 au 10 juillet 1991.
88. Dans une autre enquête, auprès de 2 800 lycéens de 12 à 17 ans, 3/4 des
garçons et la moitié des filles disaient qu'ils n'aimeraient pas avoir un voisin
homosexuel ! Résultat, la violence anti-gay se donne l'apparence de la légitimité,
The New York Times, op. cit.
89. Le département de la police de l'Etat de New York a recensé trois fois
plus de victimes homosexuelles dans le premier semestre 1990 que durant la
même période de l'année précédente. En 1989, on avait compté plus de
7 000 incidents violents contre les homosexuels aux Etats-Unis, y compris
62 meurtres. Les chiffres des années 1980 montrent une augmentation constante.
90. *The New York Times, op. cit.*

psychique ; une stratégie pour éviter la reconnaissance d'une part inacceptable de soi. Diriger son agressivité contre les homosexuels est une façon d'extérioriser le conflit et de le rendre supportable. Selon Gregory Herek, l'homophobie peut aussi avoir une fonction sociale : un hétérosexuel exprime ses préjugés contre les gays pour gagner l'approbation des autres et par là augmenter sa confiance en soi. Enfin, l'homophobie est un aspect d'une idéologie plus générale, comme par exemple l'idéologie religieuse conservatrice qui prescrit des comportements strictement définis pour les hommes et les femmes.

L'homophobie n'a pourtant pas que des « avantages ». Outre qu'elle agresse scandaleusement les homosexuels – sans parler des homosexuels qui ont eux-mêmes intériorisé cette homophobie [91] – elle coûte cher aux mâles hétérosexuels. Non seulement, elle fait d'eux « les martyrs du rôle masculin » [92], selon l'expression de Joseph Pleck, mais elle est un obstacle majeur à l'amitié entre les hommes. Le rapport Hite est éloquent ; à la question : « Décrivez l'homme avec qui vous êtes ou vous avez été le plus lié. » De nombreux hommes ont répondu n'avoir pas de « meilleur ami » au moment de l'enquête [93]. On sait depuis Freud que l'amitié masculine a pour origine la sublimation du désir homosexuel [94], et que par ailleurs

---

91. S. F. Morin & E. M. Garfinkle, « Male Homophobia », *op. cit.*, p. 32.

92. Cité par G. Herek, *op. cit.*, p. 575.

93. *Rapport Hite sur les hommes, op. cit.*, pp. 50-55. Ceux qui ont vécu une amitié de cet ordre disent que c'est seulement pendant leurs années d'études et qu'aujourd'hui ils ne sont plus proches de cet ami-là... Quelques autres mentionnent des hommes de leur famille dont ils sont ou ont été proches... Mais beaucoup d'hommes n'ont pas, et n'ont jamais eu de meilleur ami. Shere Hite remarque que beaucoup des amitiés entre hommes sont fondées sur l'admiration, mais que rares sont les hommes qui évoquent l'intimité partagée, voire la tendresse. Certains hommes disent même qu'ils auraient pu avoir des amis intimes mais qu'ils ont coupé court par peur du sentiment homosexuel.

94. « Sur quelques mécanismes névrotiques dans la jalousie, la paranoïa et l'homosexualité », 1922, in *Névrose, psychose et perversion,* PUF, 1973, p. 281.

les hommes éprouvent une grande résistance à exprimer leur passivité avec d'autres hommes. Raisons pour lesquelles nombre d'entre eux fuient l'intimité virile. Dans son étude sur l'amitié, le sociologue Robert Bell constate la radicale différence des sexes sur ce sujet. Alors que les femmes cultivent l'intimité entre elles, les hommes se voient plus souvent en groupe qu'en tête-à-tête. Se faisant, ils éloignent d'eux la tentation homosexuelle, rendent difficile la communication personnelle et s'offrent une mutuelle confirmation de leur masculinité. En outre, R. Bell se dit frappé du nombre de fois où les hommes confient que leur meilleur ami est leur femme [95], autre façon d'échapper à ces craintes. L'homophobie « limite les choix de l'amitié, prive les hommes d'expériences enrichissantes et de connaissances qu'on ne peut acquérir qu'en étant proche de l'autre » [96].

Guy Corneau fait sagement observer que l'homophobie – qui a pour première fonction de renforcer l'hétérosexualité – est peut-être l'une des racines de l'homosexualité. La peur d'être homosexuel « empoisonne toute possibilité d'un érotisme masculin et empêche beaucoup de pères de toucher leur fils » [97]. Lorsque les pères laissent à la mère seule l'accès direct au corps de l'enfant, « les fils ne peuvent se développer positivement par rapport au corps du père, mais plutôt négativement contre le corps de la mère » [98].

Reste qu'on ne brise pas le cercle vicieux (la transmission de l'homophobie de père en fils) d'un coup de baguette magique. Aucune décision rationnelle ou idéo-

---

95. Robert R. Bell, *Worlds of Friendship,* Sage publication, 1981, p. 79. Même constat de Lillian Rubin, *op. cit.*
96. Morin & Garfinkle, « Male Homophobia », *op. cit.,* p. 41.
97. Guy Corneau, *Père manquant... op. cit.,* p. 29.
98. *Idem,* p. 28.

logique ne suffit à mettre un terme à cette peur. Mais une génération de féminisme a déjà fait éclater le modèle masculin et questionner sévèrement le rôle paternel traditionnel. Ici et là, apparaissent de nouveaux comportements parentaux qui devraient mettre un frein à ces peurs.

DEUXIÈME PARTIE

ETRE UN HOMME (XY)

Vers la guérison de l'homme malade

Le système patriarcal a accouché d'un homme mutilé incapable de réconcilier X et Y, son héritage paternel et maternel. La construction de la masculinité se confondait avec le processus de différenciation. On était reconnu un homme digne de ce nom, lorsqu'on avait coupé toutes les amarres avec le féminin maternel, autrement dit avec son terreau originel. Nul ne songeait alors à recoller les « morceaux » de l'identité primaire et secondaire.

La société industrielle a empiré la situation en retirant les pères aux fils. Les hommes n'ont plus engendré les hommes. Les pères fantomatiques au statut « symbolique » ont souvent été de piètres modèles d'identification. Les fils abandonnés à leur mère ont eu plus de mal encore à se différencier d'elle et à conforter leur sentiment d'identité. Plus récemment, après le rejet féministe du patriarcat et du type masculin qu'il engendre, certains ont pensé que l'on pouvait faire l'économie de la différenciation. « Virilité », « masculinité » furent, pour eux, des mots sans contenu, voire dangereux, synonymes d'une oppression caduque. L'humain identifié au féminin ignorait le masculin, et avec lui la bisexualité humaine. Les résultats ne furent guère plus brillants. La réaction anti-patriarcale – certes très limitée dans le temps et dans l'espace – a engendré un homme tout aussi mutilé que le premier, qui ignore cette fois l'héritage paternel.

Beaucoup d'hommes aujourd'hui sont malades de cette fragmentation du soi. La prise de conscience douloureuse d'une identité tronquée est propice à la reconstruction du paysage masculin qui prendrait acte, enfin, du double héritage.

L'homme coupé en deux

Depuis une quinzaine d'années, les *Men's Studies* ont noté l'étroite relation entre la masculinité et le refoulement massif d'une partie de soi. Le déni de la bisexualité est la condition de l'établissement des frontières. Mais le résultat est un homme décomposé, fragmenté, qui n'aura connu de complétude que dans la toute première période de sa vie avec sa mère [1]. Le cas limite de l'homme coupé en deux est celui du mâle fasciste hitlérien décrit par Klaus Theweleit : « Les hommes étaient alors déchirés entre un intérieur (femelle) et un extérieur (mâle), des ennemis mortels... Ce que le fascisme promettait aux hommes était la réintégration de leurs composantes hostiles de manière tolérable, à savoir par la domination de l'élément " femelle hostile " [2]. »

Mais chacun sait qu'on ne se débarrasse pas ainsi du refoulé. Le refoulement excessif conduit à la haine

---

1. Paul Olsen, *Sons and Mothers*, p. 12.
2. Klaus Theweleit, *Male Fantasies*, vol. 1, University of Minnesota Press, 1987.

du soi refoulé, projeté à l'extérieur et objectivé en la personne de la femme lorsqu'on est misogyne, en celle du juif quand on est antisémite et même en celle de l'homme quand on rejette sa virilité. Otto Weininger fut l'un de ces hommes rongés par la haine de soi. Originaire d'une famille juive convertie au protestantisme, Weininger éprouve une haine du juif qui n'a d'égale que sa haine de la femme. A ses yeux, le juif, comme la femme, incarne l'immoralité, la dégénérescence, le négatif par opposition à l'homme aryen. Weininger s'est employé à montrer tout ce qui rapproche le féminin de l'esprit juif [3] – deux composantes de sa personne – pour les envelopper dans un même rejet. A côté de propos tout à fait délirants, *Sexe et caractère* suggère une explication de l'antisémitisme qui s'applique en tout point à celle de la misogynie : « *De même qu'on AIME en autrui ce qu'on voudrait être, on HAIT ce qu'on ne voudrait pas être.* On ne hait que ce dont on est proche, et l'autre n'est en ce cas qu'un révélateur. Celui qui hait l'âme juive la hait tout d'abord en lui-même : s'il la traque chez autrui, ce n'est que pour se donner l'illusion d'en être libre [4]. »

L'analogie entre la femme et le juif, la coïncidence entre la misogynie et l'antisémitisme (auxquels il faudrait ajouter l'homophobie) se retrouvent chez nombre d'écrivains du XXe siècle. Des contemporains de Weininger [5] à

---

3. J. Le Rider, *Le Cas Otto Weininger, op. cit.*, p. 195 : Weininger donne tout de même l'avantage au juif sur la femme. Elle est simple néant, alors que le juif incarne la force du négatif.

4. *Sexe et caractère*, 1903, trad. française, L'Age d'Homme, 1989, p. 247. Souligné par moi. On retrouve chez Theodor Lessing des analyses similaires dans *La Haine de soi. Le Refus d'être juif*, Berlin, 1930, trad. française, Berg International éditeurs, 1990.

5. Cf. J. Le Rider, *Le Cas Otto Weininger, op. cit.* et *Modernité viennoise et crises de l'identité, op. cit.*

Henry Miller [6] en passant par D.H. Lawrence [7], E. Hemingway [8] et Drieu La Rochelle, on constate que l'un va rarement sans l'autre. C'est Freud, une fois de plus, qui a donné la clé de cette haine à deux têtes en montrant leur origine commune : « Le complexe de castration est la plus profonde racine inconsciente de l'antisémitisme car, dans la nursery déjà, le petit garçon entend dire que l'on coupe au juif quelque chose au pénis – il pense : un morceau du pénis – ce qui lui donne le droit de mépriser le juif. Et il n'est pas de racine plus profonde au sentiment de supériorité sur les femmes [9]. »

Plus rare dans les sociétés patriarcales est la haine de soi masculine. A l'opposé d'Otto Weininger, son contemporain Otto Gross appelle à l'avènement du matriarcat et à l'abolition de la loi du père. Drogué, interné à plusieurs reprises – certains le considèrent comme atteint de démence précoce – le génial Otto Gross était tout aussi fragile que Weininger. Toute sa vie est un règlement de comptes contre son père, et la virilité détestée ; toute son œuvre, une critique du patriarcat et des valeurs masculines traditionnelles. Dans un tout autre contexte, l'essai du féministe américain John Stoltenberg, *Refusing to be a Man* [10], qui appelle à la fin de la masculinité, relève aussi de la haine de soi. Identifiant identité masculine et viol, il affirme que le sexe masculin exige l'injustice pour exister. Son mot d'ordre est : pour une

6. Mary Deaborn, *Henry Miller, biographie,* Belfond, 1991, pp. 84-86, 101, 147, 154-155, 161-176.
7. Emile Delavenay, *D.H. Lawrence,* 2 vol., librairie C. Klincksieck, Paris, 1969, pp. 93, 131, 175, 387-388.
8. Kenneth S. Lynn, *Hemingway, op. cit.,* pp. 255, 324-325.
9. Le petit Hans, 1909, in *Les Cinq psychanalyses,* PUF, 1966, note 1, p. 116. On trouve une analyse similaire dans *Un Souvenir d'enfance de Léonard de Vinci,* 1910, Idées Gallimard.
10. A Meridian Book, 1990. Ce livre a été salué par de nombreuses féministes américaines comme à la fois « courageux » (Gloria Steinem) et libérateur.

nouvelle éthique, refusez d'être un homme, refusez le dualisme des sexes. S'appuyant sur la thèse d'Andrea Dworkin selon laquelle *homme* et *femme* sont des fictions, des caricatures, des constructions culturelles, totalitaires et inappropriées au devenir humain[11], J. Stoltenberg conclut : « Nous sommes une espèce multisexuée où les éléments appelés mâles et femelles ne sont pas opposés[12]. »

Sous son apparence libératrice, l'idée d'une « espèce multisexuée » est ici un déni de l'identité sexuelle et d'abord de l'identité masculine. L'évidence de la haine de soi apparaît dans toute sa lumière lorsque Stoltenberg fait sien le propos terrifiant d'Andrea Dworkin contre le pénis. « Rien n'est moins un instrument d'extase et n'est plus un instrument d'oppression que le pénis[13]. »

C'est ainsi que l'agressivité d'une féministe devient masochisme sous la plume d'un homme.

Reste le cas limite d'une haine de soi totale, celle qui vise à la fois féminité et masculinité. Telle est la situation du héros du beau roman de Hermann Ungar, *Les Mutilés*[14] : un homme, orphelin de mère peu après sa naissance, élevé par un père dur qui le bat et une tante sadique et perverse, dont le corps le dégoûte. Résultat, cet homme malade, terrorisé par le sexe (le sien et l'autre), ni homme ni femme, connaîtra un dérèglement extrême qui le plongera dans l'horreur.

Dans le système patriarcal, la haine du soi féminin, de loin la plus répandue, engendre tout naturellement un dualisme sexuel oppositionnel. L'affirmation de la différence est une réaction à la perte d'identité et au

---

11. *Ibidem*, p. 28.
12. *Ibidem*.
13. *Ibidem*, p. 88.
14. Publié à Berlin en 1923, trad. française, 1987, Editions Ombres.

flou qui renforce la masculinité. En opposant les sexes, en leur assignant des fonctions et des espaces différents, on pense éloigner le spectre de la bisexualité intérieure. En vérité, on ne fait que se scinder en extériorisant la partie de soi devenue étrangère, voire ennemie [15].

L'homme malade des années 1980

La critique féministe de l'homme patriarcal rend la scission du soi insupportable. A l'interdiction traditionnelle de montrer sa féminité s'ajoute celle d'exprimer une virilité contestée. La nouvelle équation mâle = mal a engendré une perte d'identité pour toute une génération d'hommes. Ferdinando Camon prend acte de *La Maladie humaine* et conclut que « s'il est difficile d'être une femme... Il est impossible d'être un homme » [16]. Nombre d'écrivains renchérissent sur la banqueroute de l'homme et les psychologues, unanimes, constatent l'augmentation de sa détresse psychologique depuis vingt ans. En Allemagne, au Canada ou aux Etats-Unis, on enregistre les malaises de l'homme « à bout de souffle » [17]. Alors que traditionnellement les femmes étaient davantage sujettes aux dépressions, maux de tête, nervosité, etc, depuis vingt ans, toutes les enquêtes faites aux Etats-Unis montrent que la différence entre les sexes s'estompe de plus en plus [18].

---

15. Processus prôné par Nietzsche pour résoudre le problème fondamental de l'homme et de la femme. L'erreur serait, à ses yeux, de « nier l'abîme qui les sépare et la nécessité d'un antagonisme irréductible », *Par-delà le bien et le mal* (1986), trad. française, 10/18, 1962, § 238.

16. F. Camon, *La Maladie humaine*, 1981, trad. française, Gallimard, 1984, p. 98.

17. Helga Dierichs et Margarete Mitscherlich, *Des Hommes, op. cit.*, p. 318.

18. Voir les nombreuses enquêtes citées par J. Pleck, « The Contemporary Man », *in Men's Lives, op. cit.*, pp. 593-594.

La perte du sentiment d'identité sexuelle peut mener au suicide d'un Weininger ou d'un Hemingway, à la folie d'un Otto Gross ou au délire du président Schreiber. Plus courant de nos jours, le mal-être masculin, tel qu'il se raconte dans les cabinets médicaux ou dans la littérature occidentale, se dit en termes d'impuissance, de fétichisme ou d'homosexualité refuge. Autant de manifestations de la peur ou du rejet des femmes qui vont de pair avec la fragilité masculine. Comme le disent deux spécialistes des problèmes masculins : « L'activité sexuelle normale étant considérée comme la preuve de la masculinité, le traitement des désordres sexuels est celui des questions d'identité de genre [19]... » Il faut apprendre à dissocier sexualité et sentiment de virilité pour casser l'identification entre performance sexuelle et masculinité. Cette dernière peut être confirmée par autre chose qu'un pénis en érection.

En attendant la révision de l'image idéale de la masculinité, on ne peut manquer d'être frappé par la multiplication des personnages romanesques qui, pleurant leur virilité défaillante, se réfugient dans l'alcool, la drogue et l'errance [20], ou fuient dans l'homosexualité comme dans l'ultime asile interdit aux femmes. De nombreux romans masculins décrivent des hommes de trente à quarante ans, sans identité, impuissants avec les femmes et régressant dans l'homosexualité occasionnelle de l'adolescence [21].

---

19. Jeffrey Fracher et Michael Kimmel, « Hard Issues and Soft Spots : Counseling Men about Sexuality », in *Men's Lives, op. cit.,* pp. 477, 481. Voir le héros de *La Contrevie* de Ph. Roth (Gallimard 1989) qui ne peut plus bander et ne se sent plus un homme.
20. Voir, par exemple, les héros de Thomas McGuane.
21. Comme en témoignent, par exemple, *Un Week-end dans le Michigan* de Richard Ford (1986), *L'Insurrection* de Peter Rosei (1987), Les héros de *La Séduction* (1985) et du *Monarque* (1988) de Knut Faldbakken, *Money, Money*

ÊTRE UN HOMME (XY)

Les hommes sont à la croisée des chemins, qui prend souvent la forme d'un dilemme insupportable : mutilation de sa féminité ou mutilation de sa virilité ; blessure mortelle de son « âme féminine » ou étouffement dans le giron maternel. En vérité, il n'est pas impossible de sortir de cette alternative douloureuse : ici le tiers n'est pas exclu.

(1984) de Martin Amis, *Pourquoi moi ?* (1984-1987) de Michaël Krüger, *Les Virginités* (1990) de Daniel Zimmermann, *Drame privé* (1990) de Michael Delisle, *Drôles d'oiseaux* (1990) de Jacky Cans, etc.

CHAPITRE I

L'homme mutilé

Pour beaucoup, l'homme mutilé évoque d'abord celui qui est privé de son sexe, le symbole de sa virilité, par accident, blessure de guerre, etc. Par extension, l'homme mutilé est aussi celui qui a un sexe, mais ne parvient pas à s'en servir (impuissance). C'est l'homme qui échoue à désirer et à posséder une femme. Dans cette optique, l'homosexuel est le type même de l'homme mutilé. Mais depuis que l'on remet en question les normes patriarcales, on s'aperçoit que la mutilation concerne moins le sexe et la préférence sexuelle que l'identité. Homosexuels ou hétérosexuels sont sujets à deux sortes de mutilations psychologiques qui peuvent les atteindre également. La première est l'amputation de sa féminité. Elle engendre *l'homme dur,* le machiste qui ne s'est jamais réconcilié avec les valeurs maternelles. La seconde concerne l'absence de virilité constatée chez nombre d'hommes élevés par leur mère et orphelins de père.

Les Scandinaves utilisent une terminologie imagée pour caractériser ces deux types d'hommes mutilés :

l'homme-nœud et *l'homme mou* [1]. L'homme-nœud est une expression qui apparaît pour la première fois en 1977 dans le roman *Le* [2] de la Danoise Herdis Moelle-have. Il suggère à la fois le nœud de cravate, symbole de l'homme rangé traditionnel, et le nœud sentimental. La sensibilité masculine entravée par les conventions et les complexes. *L'homme-nœud* « est un catalogue des pires stéréotypes masculins : obsédé par la concurrence, attaché à la performance intellectuelle et sexuelle, sentimentalement handicapé, content et sûr de lui, agressif, alcoolique, incapable de s'engager à l'égard d'autres personnes... Cet homme à poils sur la poitrine, centré sur le pouvoir et l'objectivité, a été rejeté par les féministes et par un grand nombre de femmes en général ». Nous l'appellerons *l'Homme dur,* par opposition à l'homme mou qui lui a succédé [3]. *L'homme mou,* dit parfois « *l'homme-torchon* », est celui qui renonce de son propre gré aux privilèges masculins, abdique le pouvoir, la prééminence du mâle que lui confère traditionnellement l'ordre patriarcal. Il domine en lui cette tendance à l'agressivité, abdique l'ambition et la carrière dans la mesure où celles-ci l'empêcheraient de se consacrer à sa femme et à ses enfants. Il est favorable à l'égalité de l'homme et de la femme dans tous les domaines. Le couple qui se compose d'une féministe et

---

1. J'emprunte ce qui suit à la brillante conférence de Merete Gerlach-Nielsen, « Essai sur l'évolution du rôle masculin au Danemark, 1975-1985 », donnée au colloque international d'experts de l'Unesco sur les nouveaux rôles de la femme et de l'homme dans la vie privée et publique. Athènes, 1985. Une partie de cette conférence a été publiée par *La Gazette des femmes,* Québec, juillet-août 1986, vol. 8, n° 2, pp. 10-12.
2. *Le* est le prénom de la protagoniste du roman. Il signifie en danois à la fois « la faux de la mort » et « rire ». Roman publié par Lindhardt et Ringhof en 1977.
3. Contrairement au « *macho* » qui signifie d'abord la supériorité de l'homme sur la femme, « *l'homme dur* » renseigne davantage sur l'homme lui-même : homme-machine qui refoule ses sentiments et traite son corps comme un outil.

d'un homme mou partage toutes les tâches domestiques... et organise « une démocratie au millimètre tant la répartition des tâches doit être juste ». M. Gerlach-Nielsen fait remarquer que l'adaptation au rôle de mou n'est pas aisée : c'est souvent la conjointe féministe qui impose à son partenaire ce nouveau comportement qui lui est profondément étranger. L'homme se sent atteint dans sa masculinité, son identité chancelle et le plus souvent le couple se dissout.

Le romancier norvégien Knut Faldbakken a parfaitement illustré ces deux types d'hommes, dur et mou, dans le *Journal d'Adam* qui raconte l'histoire de trois hommes liés à une même femme. L'homme dur, le *voleur,* celui qui prend et ne donne rien. Il ne cherche qu'à se protéger émotionnellement et refuse de s'engager. Sa gentillesse apparente masque l'indifférence. Une faille dans la cuirasse : il a besoin d'alcool pour pouvoir bander. A l'opposé, l'homme mou, l'*éternel étudiant,* dépendant d'elle au point de n'exister que par elle, comme le bébé avec sa mère. D'ailleurs, elle le considère comme un enfant. Elle l'a dressé pour faire tout ce qu'elle veut. « Pitoyable créature, tout juste humaine, tâtonnante, floue » [4], sa gentillesse et sa soumission dépassent les bornes. Dans l'inversion totale des rôles et des identités traditionnels, c'est lui qui est « possédé par elle », incarne la sensibilité féminine et elle, le dresseur, le dominateur indifférent. Partisan de l'égalité sexuelle, il veut rester chômeur pour s'occuper de la maison pendant qu'elle travaille pour gagner leur vie. Au bout de quelques mois, elle ne le respecte plus et lui devient « un chien malheureux » [5]. A ces deux types d'hommes, Faldbakken en

---

4. Faldbakken, *Journal d'Adam,* 1978, trad. française, Presses de la Renaissance, 1991, p. 70.
5. *Ibidem,* p. 113.

ajoute un troisième, caractéristique de notre temps : le *père/mère,* qui s'occupe seul de sa petite fille parce que la mère ne pouvait l'assumer. Ayant découvert « cette joie étrange que la responsabilité d'un enfant procure à un homme [6] », il refuse de rendre sa fille à la mère et se livre à de graves violences sur cette dernière. Emprisonné pour longtemps, il clame sa haine des femmes et se réfugie dans l'homosexualité.

Ce bilan négatif de la condition masculine en cette fin de millénaire, pour excessif et caricatural qu'il soit, a le mérite de mettre en lumière les impasses de la masculinité qui sont autant de conséquences directes ou indirectes du système patriarcal.

L'homme dur

« Etre un homme, selon Norman Mailer, est la bataille sans fin de toute une vie [7]. » L'homme guerroie perpétuellement contre lui-même pour ne jamais céder à la faiblesse et à la passivité qui le guettent toujours. Le mâle mailerien s'épuise dans un combat jamais gagné. Homophobe et misogyne, il est l'être « dématricié » dont parlent Phyllis Chesler [8] et Margarete Mitscherlich [9], ravagé par un idéal masculin qui finit par le faire mourir prématurément, et avant les femmes.

---

6. *Ibidem,* p. 269.
7. Norman Mailer, *Prisonnier du sexe,* Laffont, 1971.
8. *La Mâle donne, op. cit.,* pp. 53 et suivantes.
9. Helga Dierichs et Margarete Mitscherlich, *Des hommes, op. cit.,* pp. 20-22, 368.

L'idéal masculin

Encore vivace aujourd'hui, ce modèle masculin n'a guère changé depuis des siècles. Deux universitaires américains [10] se sont rendus célèbres en énonçant les quatre impératifs de la masculinité sous forme de slogans populaires.

En tout premier lieu : *no Sissy stuff* (rien d'efféminé). Bien que l'on sache maintenant que les hommes ont les mêmes besoins affectifs que les femmes, le rôle stéréotypé masculin leur impose des sacrifices et la mutilation d'une partie de leur humanité. Puisqu'un homme, un vrai, est celui qui est pur de toute féminité, c'est toute une partie de lui qu'on lui demande d'abandonner.

Ensuite le vrai mâle est *the big wheel* (une huile, une personne importante). C'est l'exigence de la supériorité par rapport aux autres. La masculinité est mesurée à l'aune du succès, du pouvoir et de l'admiration que l'on vous porte.

Troisième impératif : *the sturdy oak* (un chêne solide) met en lumière la nécessité d'être indépendant et de ne compter que sur soi-même. Il a été superbement illustré par *If,* le célèbre poème de Kipling [11] qui fait l'éloge de

---

10. Deborah S. David et Robert Brannon, *The Forty-Nine Percent Majority,* Addison-Wesly Publishing company, 1976.
11. Si tu peux voir détruit l'ouvrage de ta vie.
Et sans dire un seul mot te mettre à rebâtir,
Ou, perdre d'un seul coup le gain de cent parties
Sans un geste et sans un soupir...

Si tu peux supporter d'entendre tes paroles
travesties par les gueux pour exciter les sots
Et d'entendre mentir sur toi leurs bouches folles
Sans mentir toi-même d'un seul mot...

197

l'impassibilité masculine : ne jamais manifester émotion ou attachement, signes de faiblesse féminine.

Dernier impératif : *Give'em Hell* (allez tous au diable) insiste sur l'obligation d'être plus fort que les autres, même par la violence si nécessaire. L'homme doit exhiber une apparence d'audace, voire d'agressivité ; montrer qu'il est prêt à courir tous les risques, y compris quand la raison et la peur suggèrent le contraire.

L'homme qui se soumet à ces quatre impératifs est le supermâle qui a longtemps fait rêver les foules. Il est illustré à merveille par l'image de l'homme des cigarettes Marlboro *(The Marlboro man)* dont l'affiche a sillonné le monde. L'homme dur, solitaire parce qu'il n'a besoin de personne, impassible, viril à souhait. Tous les hommes, à une époque, ont rêvé d'être celui-là : une bête sexuelle avec les femmes, mais qui ne s'attache à aucune ; un être qui ne rencontre ses congénères masculins que dans la compétition, la guerre ou le sport. Bref, un dur de dur, « un mutilé de l'affect » [12], plus fait pour mourir que pour se marier et pouponner.

La plupart des cultures ont adhéré à cet idéal masculin et créé leurs propres modèles, mais c'est l'Amérique,

---

Si tu peux aimer tous tes amis en frères
Sans qu'aucun d'eux soit tout pour toi...
Si tu peux être dur sans jamais être en rage,
Si tu peux être brave et jamais imprudent...

Si tu peux rencontrer triomphe après défaite
Et recevoir ces deux menteurs d'un même front,
Si tu peux conserver ton courage et ta tête
Quand tous les autres les perdront,

Alors les Rois, les Dieux, la Chance et la Victoire
seront à tout jamais tes esclaves soumis
Et, ce qui vaut mieux que les Rois et la Gloire,
Tu seras un homme, mon fils.
12. Expression de Helga Dierichs, *Des hommes, op. cit.,* p. 12.

sans rivale culturelle, qui a imposé à tout l'univers ses images de la virilité : du cow-boy à Terminator en passant par Rambo, incarnés par des acteurs-cultes (John Wayne, Sylvester Stallone, Arnold Schwarzenegger), ces héros du grand écran ont servi d'exutoires et font encore fantasmer des millions d'hommes. Bien que ces trois représentations de l'hypervirilité soient conformes aux quatre impératifs pré-cités, il n'aura échappé à personne que du cow-boy à Terminator, on est passé d'un homme de chair et de sang à une machine...

Le personnage mythique du cow-boy, beaucoup plus ancien que ses deux successeurs, a suscité de nombreuses analyses [13]. Lydia Flem, psychanalyste, a décortiqué les différents aspects de la masculinité du cavalier solitaire, venu de nulle part, du justicier au-dessus des lois, « de cet être pur qui ne connaît ni les transformations ni les mélanges... et qui n'a pas atteint le stade des nuances » [14]. Le cow-boy incarne tous les stéréotypes masculins et le western raconte toujours la même histoire d'une poursuite incessante des hommes à la recherche de leur virilité. Le colt, l'alcool et le cheval en sont les accessoires obligés et les femmes ne jouent que les seconds rôles.

La relation du cow-boy avec les femmes est silencieuse. Pour les uns cela ne signifie pas une absence de sentiments, mais la difficulté de les exprimer directement sous peine d'y perdre la virilité [15]. D'autres y voient la preuve de l'impuissance affective [16]. Figé dans l'action, le héros

---

13. Voir Jack Balswick « Types of Inexpressive Male Roles », in *Men in Difficult Times, op. cit.,* pp. 111-117 ; R.W. Cornell, *Gender and power.* Standford University Press, 1987 ; Peter Filene, *Him/Her/Self, op. cit.* ; Lydia Flem, « Le stade du cow-boy » in *Le Masculin, Le Genre humain, op. cit.,* pp. 101-115.
14. Lydia Flem, *op. cit.,* p. 103.
15. Jack O. Balswick, *op. cit.,* p. 114-115.
16. Le cow-boy a peur de la femme qui « détourne de la solitude, du nomadisme, de la perfection et de l'esthétique de la mort héroïque. Elle chante l'enracinement,

viril ne cesse d'affronter les autres hommes. L. Flem parle de la jouissance des hommes à se rencontrer sur un terrain commun et proprement masculin, celui des combats. L'affrontement n'empêche pas les sentiments virils. D'ailleurs, l'amitié entre hommes – à coloration homosexuelle latente – renforce la masculinité menacée par l'amour d'une femme. En cas de conflit entre les deux sentiments, c'est presque toujours le devoir de solidarité masculine qui l'emporte : le cow-boy repart vers de nouvelles aventures... Bien qu'impassible et silencieux, le héros de western laisse deviner au spectateur son humanité : ses conflits, ses sentiments, donc sa « faiblesse ». L'espace d'un regard, il montre une tentation, un regret, bref qu'il a un cœur. On le soupçonne d'aimer son cheval, un ami ou une femme. Là est la grande différence avec Rambo et Terminator qui n'ont même plus ces faiblesses. Doués d'une force « surhumaine », ils ont évacué tout sentiment. Rambo, dans son armure de muscles, ne s'encombre ni de cheval, ni d'ami, ni de femmes [17]. Son seul compagnon est un immense poignard effilé qui lui sert de « porte-bonheur », renfort phallique d'une virilité encore humaine et donc défaillante. Rien de tel ne menace plus Terminator, la machine toute-puissante. Le mâle à l'état pur n'a plus rien d'humain, même pas le sexe qui est la partie la plus fragile et incontrôlable de l'homme. Les spectateurs masculins peuvent jouir l'espace d'un film d'une identification à la puissance absolue. Terminator est délivré « des contraintes

---

l'inscription dans le fil du temps... tout ce qui s'oppose au rêve de la fulgurance masculine... Fondamentalement vierge et solitaire, malgré la surenchère phallique, il est et demeure un impuissant affectif », Lydia Flem, *op. cit.*, pp. 104-105.

17. Dans *Rambo II*, on peut croire qu'il éprouve un sentiment pour une jeune guerrière qui lui sert d'interprète. Mais à peine lui a-t-elle dit son admiration, qu'elle est tuée et disparaît du film.

de la morale » [18], de la peur, de la douleur et de la mort, ainsi que de tout attachement sentimental [19]. La machine virile est incomparablement moins vulnérable que le plus fort des mâles. Faire exactement ce que l'on désire lorsqu'on le désire : tel est le rêve caché de tous les petits garçons qui sommeillent chez beaucoup d'hommes. Cela explique le succès planétaire d'un film aux prouesses techniques incontestables, mais au scénario inconsistant, dont le plus grand mérite est d'offrir pendant deux heures l'hypervirilité qui n'existe pas dans la vie réelle.

Sans aller jusqu'aux excès fantasmatiques de la machine virile, l'idéal masculin défini par les quatre impératifs de David et Brannon reste inaccessible à la plupart des hommes : trop dur, trop contraignant [20] car trop évidemment contraire à la bisexualité originaire de tout être humain. Faire d'un petit garçon à sa maman le « monstre impitoyable » [21] conforme à ce modèle relève d'un exploit cruel. Tôt ou tard la plupart des hommes prennent conscience qu'ils sont aux prises avec un type masculin qu'ils n'arrivent pas à réaliser. De là découle une certaine tension entre l'idéal collectif et la vie réelle. Et cependant ce « mythe de la masculinité » subsiste grâce à la complicité de ceux-là mêmes qu'il opprime. Le sociologue australien Robert Connell [22] s'est interrogé sur les raisons de cette complicité. Outre les satisfactions fantasmatiques qu'offrent les images d'un Bogart [23] ou d'un Sylvester Stallone, l'idéal masculin qu'ils incarnent

---

18. Dossier sur *Terminator 2* in *Mad Movies*, n° 73, septembre 1991.
19. Et pour cause : une machine n'a pas de mère...
20. Voir la critique du rôle sexuel masculin par Joseph Pleck, *The Myth of Masculinity*, 198.
21. H. Dierichs et M. Mitscherlich, *op. cit.*, p. 35.
22. *Gender and Power* (1987) *op. cit.*, pp. 185-188.
23. Peter Härtling, *Hubert ou le retour à Casablanca*, 1978, trad. française, 1982, Le Seuil, p. 252.

exprime la supériorité des hommes et leur ascendant sur les femmes. Une asymétrie entre les deux sexes qui renforce les frontières.

Les inconvénients de l'idéal masculin n'en restent pas moins considérables pour la plupart des hommes, qui sont autant de déviants par rapport à la norme mythique du succès, de la puissance, de la maîtrise et de la force. A promouvoir cette image inaccessible de la virilité, on suscite une prise de conscience douloureuse : celle d'être un homme inachevé. Pour lutter contre le sentiment permanent d'insécurité, certains hommes croient trouver le remède dans la promotion d'une hypervirilité. En fait, ils se retrouvent prisonniers d'une masculinité obsessionnelle et compulsive qui ne les laisse jamais en paix. Au contraire, elle est source d'autodestruction et d'agressivité contre tous ceux qui menacent de faire tomber le masque.

Pour la plupart des Américains des années 1950, Ernest Hemingway fut l'homme qui incarna, par sa vie et son œuvre, la « vraie virilité », le *tough guy*. Au début des années 1970 John Updike pouvait écrire : « Toute une génération d'hommes américains ont appris à s'exprimer avec son stoïcisme [24]. » Ses livres d'action et sa vie – boxe, chasse, pêche, boisson, toujours à l'affût d'activités viriles – furent deux manières d'illustrer la masculinité nord-américaine. En consacrant sa vie et son travail à la légende de sa propre virilité, « Papa » Hemingway, comme il aimait être appelé depuis l'âge de vingt-sept ans, en a aussi montré les tragiques aléas [25].

---

24. Cf. Kenneth Lynn, *op. cit.*, p. 648 (G.B.).
25. « Sa dépression chronique, son insomnie, ses complexes d'infériorité, sa jalousie féroce, sa compétitivité brutale, l'humiliation perverse de ses amis, sont constamment visibles pour l'observateur à l'œil exercé. De plus en plus, la masculinité " pure " prit la forme d'une authentique paranoïa, d'une autodes-

Son biographe K. Lynn a longuement insisté sur ce conflit intérieur entre la quête d'une virilité exempte de toute féminité et ses désirs de passivité féminine. Contradiction névrotique qui apparaît en toute lumière dans l'ouvrage posthume *Le Jardin d'Eden,* extrait d'un interminable manuscrit que l'auteur écrivit pendant quinze ans. Là s'expriment sans détours ses désirs de passivité sexuelle et des fantasmes transsexuels [26].

Mais ces moments d'abandon sont des exceptions dans la vie d'Hemingway. En règle générale, il transforme ce désir d'identification féminine en propos agressifs et humiliants contre ses épouses successives et d'incessantes accusations de stérilité, d'impuissance et d'homosexualité [27] à l'encontre des autres hommes, amis et ennemis. Finalement vaincu par cette maladie de la masculinité, l'écrivain se suicida d'une balle de fusil. Peut-être pourrions-nous lui appliquer la réflexion de L. Segal à propos du suicide de Mishima : « Sa furieuse quête de la masculinité... provoqua le désir de se purger de toute sensibilité pour devenir un objet pleinement viril, un homme tout entier – ce qui n'était possible qu'au moment de son autodestruction, le moment de la mort [28]. »

Sans atteindre à ce paroxysme destructeur, la masculinité obsessionnelle est toujours source de conflits et de tensions. Elle force à porter le masque d'une toute-

---

truction et d'une peur de la mort qui culminèrent dans une terrible dépression nerveuse et le suicide », L. Segal, *op. cit.,* pp. 111-112.
26. Les deux membres du *Jardin d'Eden* (le paradis) échangent leur identité sexuelle l'un avec l'autre. Hemingway peut jouir de la confusion des sexes qui le taraude depuis l'enfance. En 1948, il écrit dans son journal : « Elle (sa femme Mary) a toujours voulu être un garçon et elle pense comme un garçon... Elle adore que je joue le rôle de sa petite amie, ce qui me plaît... J'ai adoré découvrir l'étreinte de Mary... tout à fait en dehors des normes. La nuit du 19 décembre, nous nous sommes occupés de tout cela et je n'ai jamais été aussi heureux », cf. K. Lynn, *op. cit.,* p. 561.
27. *Ibidem,* p. 255.
28. L. Segal, *op. cit.,* pp. 114-115.

puissance et d'une indépendance éreintantes. « Quand le masque tombe, on découvre, dit l'anthropologue Gilmore, un bébé qui tremble [29]. » Voir le roman autobiographique du « dur de dur » Charles Bukowski, *Women* [30], qui alterne scènes de sexe et de vomissements. L'auteur crache tout à la fois sa haine des femmes, ses excès d'alcool, sa peur de ne pas être un homme. Puis il fait son autocritique avant de sangloter comme un petit enfant. Mêmes comportements et mêmes angoisses chez nombre de personnages de Norman Mailer. Dans *Les Vrais durs ne dansent pas,* il explore les replis les plus secrets du mâle américain (lui ?) déchiré entre la tentation du machisme et celle de l'homosexualité. Alcoolique, échangiste, le héros cherche désespérément une virilité qui lui échappe. En tentant d'extirper son homosexualité latente par une escalade démentielle, il finit par s'écrouler en larmes, ivre mort. Il avoue qu'à l'instar « de son père – si viril en apparence – il a perdu ses couilles » [31].

Il est vrai que dans le cadre de la masculinité hégémonique, les organes génitaux sont l'objet d'une valorisation obsessionnelle. Rien d'étonnant lorsque le sexe prétend à lui seul résumer le genre, voire la qualité de l'être tout entier. « En avoir ou ne pas en avoir » tend à se substituer au « to be or not to be ».

La survalorisation du pénis

Les hommes n'ont certes pas attendu la psychanalyse pour magnifier le pénis et construire d'imposants obé-

---

29. D. Gilmore, *op. cit.,* p. 77, qui a observé les ravages de cette masculinité compulsive dans toutes sortes de sociétés patriarcales différentes.
30. 1978, trad. française, Collection de Poche, 1985.
31. 1984, trad. française, Collection de Poche, 1986, p. 240.

lisques à sa gloire. Pourtant, Freud puis Lacan ont chacun à leur façon apporté une caution théorique décisive à la supériorité et l'unicité de l'organe mâle, fût-il un symbole.

La théorie freudienne de l'envie féminine du pénis [32] a joué un rôle décisif. Nombreux furent les psychanalystes (K. Horney, E. Jones ou Melanie Klein) [33] qui ont tenté d'en diminuer l'importance, en considérant cette envie comme une formation secondaire, ou en lui opposant son symétrique masculin : l'envie des seins et des fonctions reproductives de la femme. Jusque récemment, ce sont les psychanalystes femmes [34] qui se sont préoccupées de mettre en lumière ce désir masculin qui n'a jamais eu la même portée théorique que l'envie du pénis.

La théorie lacanienne de la primauté du Phallus [35] – à ne pas confondre avec le sexe réel, biologique que l'on appelle le pénis – qui connut un grand succès dans les années 1960-1970, acheva de donner au sexe masculin un statut incomparable. A l'origine de cette théorie, l'idée que le sujet humain se structure dans et par le langage. Le sujet humain et l'identité sexuelle humaine sont produits simultanément quand l'enfant entre dans l'ordre symbolique du langage. Or Lacan soutient que la réduction de la différence sexuelle à la présence/absence du phallus est une loi symbolique produite par

32. S. Freud, « La féminité », in *Nouvelles conférences sur la psychanalyse,* 1932, trad. française, 1936, Idées-Gallimard, et « Sur la sexualité féminine », 1931, in *La Vie sexuelle,* PUF, 1970, p. 146.
33. Janine Chasseguet-Smirgel est l'une des dernières à avoir remis les pendules à l'heure. Cf. *Les Deux arbres du jardin, op. cit.,* pp. 12-14.
34. Voir Danielle Flamant-Paparatti, *Le Journal de Lucas,* Denoël-Gonthier, 1983. Ainsi qu'un article non publié que l'auteur a eu la gentillesse de me faire parvenir : « L'envie des attributs sexuels féminins et des fonctions bio-psycho-socio-culturelles de l'autre sexe chez Louis XIII enfant, analyse des désirs du jeune roi faite à partir du *Journal de Jean Héroard,* Fayard, 1989.
35. J. Lacan, « La signification du Phallus », conférence prononcée en 1958 et publiée pour la première fois dans les *Écrits,* Seuil, 1966, pp. 685-695.

le patriarcat : la Loi du Père. A l'instar de Lévi-Strauss, Lacan considère le patriarcat comme un système de pouvoir universel. On a fait remarquer que « la primauté du Phallus comme emblème unique de l'humain est nécessaire pour soutenir la prééminence du père en tant que Père : en effet, s'il doit y avoir préférence pour le Père, s'il est l'origine et le représentant de la Culture et de la Loi, s'il donne seul accès au langage, c'est parce qu'il détient le phallus qu'il peut donner ou refuser » [36].

Le Phallus est le signifiant majeur, le signifiant des signifiants qui régit tous les autres et fait entrer l'être humain dans l'ordre de la culture [37]. Ultime touche de ce *magnificat* en l'honneur du Phallus, sa relation au *Nous* et au *Logos* [38].

Narcissisme, quand tu nous tiens ! M. Marini pense qu'il peut se donner libre cours parce qu'on a préalablement affirmé la séparation radicale entre le pénis, simple organe, et le phallus, pur signifiant. En fait, Lacan ne se gêne pas pour rappeler qu'il n'y a qu'*une* libido, masculine, et souligner la dissymétrie profonde qui définit les deux sexes.

« Pour lui, *un* sexe a été élu pour accéder au niveau de signifiant de la sexuation : il n'y a pas de " signifiant du sexe féminin ", pas même de " signifiant de la différence des sexes ". Seul le phallus est l'unité sexe ».

---

36. Marcelle Marini, *Lacan*, Belfond, 1986, p. 61. La preuve *a contrario* est offerte par la psychose connue sous le nom de « forclusion du Nom du Père », attribuée à l'échec de la métaphore paternelle qui n'a pas permis au sujet « d'évoquer la signification du phallus ».

37. J. Lacan, *Écrits*, p. 692. « On peut dire que ce signifiant est choisi comme le plus saillant de ce qu'on peut attraper dans le réel de la copulation sexuelle : comme aussi le plus symbolique au sens littéral (topographique) de ce terme, puisqu'il *équivaut* à la copule logique. On peut dire aussi qu'il est par sa turgidité, l'image du flux vital en tant qu'il passe dans la génération. »

38. *Ibidem*, p. 695.

« L'homme n'est pas sans l'avoir » et « la femme est sans l'avoir » [39].

De multiples critiques – et pas seulement féministes – ont été adressées à la théorie lacanienne. Outre que le Phallus offre au pénis un sens transcendantal auquel il ne prétend pas, son statut de signifiant premier rend « insignifiantes » les différences autres que génitales. En outre la théorie du patriarcat éternel et nécessaire sur laquelle il s'appuie pour justifier le primat du Phallus est aujourd'hui caduque : le pouvoir des hommes sur les femmes définies comme objet d'échange nous paraît appartenir à un autre monde [40]. D'autres font observer que le pouvoir du Phallus n'est pas que symbolique. En dépit des dénégations de Lacan, sa théorie use « d'une élision anatomique entre le Phallus et le pénis... Les hommes, en vertu de leur pénis, peuvent aspirer à une position de pouvoir et de contrôle à l'intérieur de l'ordre symbolique » [41]. Les femmes, qui n'ont pas de pénis, n'ont pas leur place dans l'ordre symbolique...

Les critiques théoriques adressées à Freud et Lacan ne changent rien à l'intense valorisation de cet organe visible aux propriétés magiques. L'explication psychologique de John Stoltenberg est intéressante : « Le garçon apprend qu'il a un pénis et que sa mère en est privée. S'il ne peut pas sentir son pénis, il deviendra sûrement comme elle... Plus tard, l'érotisme du garçon se concentrera uniquement sur son pénis, cette part de lui-même qui le distingue de sa mère [42]. » C'est donc par son sexe et l'activité sexuelle que l'homme prend le mieux cons-

---

39. *In* M. Marini, *op. cit.*, p. 62.
40. E. Badinter, *L'Un est l'autre, op. cit.*, Lacan, comme très souvent les psychanalystes, est totalement indifférent à l'histoire, la réalité sociale, et la lutte des sexes.
41. Arthur Brittan, *Masculinity and Power*, Basil Blackwell, 1989, p. 72.
42. Cité par Ph. Chesler, *op. cit.*, p. 225.

cience de son identité et de sa virilité. Ce qui signifie aussi qu'après l'éjaculation, lorsque les sensations érotiques de son pénis disparaissent, il ressent une sorte d'absence, la mort de sa vie phallique. D'où l'activité frénétique de Don Juan qui ne s'arrête jamais de mettre la mort en échec. Pour ce faire, il doit objectiver son corps et le considérer comme une machine qui ignore l'angoisse, la fatigue et les états d'âme. Nombreux sont les hommes, obsédés par leur virilité, qui ne considèrent plus vraiment leur sexe comme un organe du plaisir, mais comme un outil, l'instrument de la performance, une chose séparée de soi. Beaucoup aussi avouent avoir des conversations avec leur pénis, le cajoler, lui demander de rester en érection [43]... A. Moravia a décrit avec humour la dissociation entre l'homme, un écrivain raté, et son sexe, qui mène sa vie en toute indépendance... Contrairement à Don Juan, le héros minable de Moravia ne maîtrise rien du tout. L'intellectuel qui rêve de se sublimer dans une grande œuvre se retrouve soumis aux caprices de son pénis « bêtement volumineux, idiotement disponible, costaud... qui lui donne des complexes d'infériorité » [44].

Symbole de la toute-puissance *(love machine)* ou de la plus extrême faiblesse (le héros de Moravia), le pénis, métonymie de l'homme, en est aussi son maître obsessionnel. La partie fait la loi au tout puisqu'elle le définit. Le malaise psychique se traduit naturellement en difficultés sexuelles. Léonore Tiefer, spécialiste des troubles de la sexualité, constate, comme tous ses confrères, une augmentation considérable du nombre d'hommes qui viennent consulter dans les centres médicaux depuis

---

43. Fracher et Kimmel, « Counseling Men about Sexuality », *op. cit.*, p. 475.
44. Alberto Moravia, *Moi et lui*, 1971, trad. française, Folio, 1974, p. 81.

1970. Dans plus de la moitié des cas, ceux qui se plaignent d'une perte complète ou partielle de l'aptitude à l'érection « sont à la recherche du pénis parfait » [45]. Rien d'étonnant à cette demande qui s'inscrit dans la conviction que l'activité sexuelle confirme le genre : un homme est un homme quand il est en érection. Donc toute difficulté avec son pénis est une source de profonde humiliation et de désespoir, signe de la perte de sa masculinité. Pour y remédier, certains sont prêts à tout, y compris à recevoir des implants péniens, gonflables ou rigides [46]...

A la fin des années 1970, certains (jeunes) hommes ont déclaré ne plus se reconnaître dans cette masculinité-là. P. Bruckner, Alain Finkielkraut et Emmanuel Reynaud ont entrepris de démystifier la toute-puissance du pénis et de repenser la sexualité masculine. *Acte I* : le sexe de l'homme est la partie la plus vulnérable de son être [47] : « C'est du côté de la femme que la puissance sexuelle est fondée en vérité. Car le vrai phallus n'est pas le frêle pénis qui ne se dresse fièrement que s'il est mis en confiance, qu'il faut bichonner avec sollicitude pour qu'il consente à l'expulsion de son petit trésor blanchâtre ; le vrai phallus infatigable et toujours vaillant, c'est le sexe de la femme. » En termes de puissance et de rendement, l'homme est battu [48]... *Acte II* : l'homme ne sait pas jouir : « Coincé entre sa peur de se laisser aller et son utilisation du phallus comme moyen d'ap-

---

45. L. Tiefer, « In Pursuit of the Perfect Penis. The Medicalization of Male Sexuality », in *American Behavioral Scientist*, vol. 29, n° 5, juin 1986, pp. 579-599. Publié dans *Changing Men, op. cit.*, pp. 165-184 ; voir aussi *Les Sexes de l'homme* sous la direction de Geneviève Delaisi de Parseval, Seuil, 1985.
46. L. Tiefer, in *Changing Men*, p. 169, cite le chiffre avancé par un urologue français selon lequel, durant la seule année 1970, 5 000 hommes se seraient fait implanter une prothèse pénienne.
47. E. Reynaud, *op. cit.*, pp. 53-54.
48. *Le Nouveau désordre amoureux*, 1977, Points Seuil, 1979, p. 71.

propriation » [49], il a une sexualité bloquée, triste, qui ignore bien des plaisirs, parce que soumise au diktat du génital. *Le Nouveau désordre amoureux* fait longuement l'éloge des caresses, de l'anus, des jeux du corps et de la passivité masculine : « L'onanisme à deux, l'homme délicieusement inerte, abandonné aux empressements d'une femme à la fois experte et perverse [50]. » Éloge aussi de la putain avec laquelle on peut se laisser aller : durant les brèves minutes de la passe, le client « aura été le corps le plus infantilisé, le plus passif qui soit. Pas de femme plus maternelle que la prostituée... Le client n'est qu'un petit garçon qui bande et dont l'érection, loin d'être un attribut de virilité, est l'indice même de son état d'assistance ». *Acte III* : Les auteurs concluent par la mise à mort du mythe de l'homme dur : « Si l'homme paie, c'est pour abdiquer sa masculinité, pour dédouaner son érotisme de son caractère prétendument actif : jouir sans rien faire, dans une espèce de catatonie des muscles, baigner dans le Nirvana, dans le degré zéro de l'activité du mouvement [51]. »

Si aux yeux de quelques-uns, l'idéal de l'homme dur est un mythe négatif, il reste puissant dans l'inconscient masculin. A l'origine de multiples frustrations, il engendre beaucoup de violences contre les autres et soi-même.

La virilité dangereuse

La violence masculine n'est pas universelle. Elle varie d'une société à l'autre et d'un individu à l'autre. Il est

---

49. E. Reynaud, *op. cit.*, p. 73.
50. *Op. cit.*, p. 78.
51. *Ibidem*, p. 96 ; Corneau, *op. cit.*, p. 100, parle également du fantasme de la prostituée maternelle.

certain que là où la mystique masculine continue de dominer, comme c'est le cas aux États-Unis, la violence des hommes est un danger perpétuel. Au début des années 1970, la Commission nationale américaine des causes et de la prévention de la violence notait : « Ce pays connaît un taux beaucoup plus élevé d'homicides, de viols, et de vols que toutes les autres nations modernes, stables et démocratiques [52]. » La Commission ajoutait que la plupart de ces violences criminelles étaient commises par des hommes entre quinze et vingt-quatre ans. « Prouver sa virilité, expliquait le rapport, exige la manifestation fréquente de sa dureté, l'exploitation des femmes et des réponses rapides et agressives. »

Depuis vingt ans, la situation a nettement empiré et l'écart s'est encore creusé entre l'Amérique et l'Europe. On a déjà évoqué l'augmentation de la violence masculine contre les homosexuels. Mais rien n'est comparable à celle dont les femmes sont les victimes, battues ou violées. Le viol est le crime qui augmente le plus aux Etats-Unis [53]. Le FBI estime que si cette tendance se poursuit, une femme sur quatre sera violée une fois dans sa vie [54]. Si l'on ajoute que le nombre de femmes battues par leur mari chaque année est estimé à 1,8 million, on aura une idée de la violence qui les entoure et de la peur des hommes qu'elles ressentent légitimement. La menace du viol – qui n'a rien à voir avec les fantasmes de l'hystérique – a fait dire à l'une d'elles : « Cela altère la signification

---

52. Extrait cité par Gloria Steinem, « The Myth of Masculine Mystique », *in* Pleck (ed) *Men and Masculinity, op. cit.,* p. 135.
53. Tim Beneke rappelle qu'en septembre 1980, une enquête du magazine *Cosmopolitan* auprès de 106 000 femmes anonymes, montrait que 24 % d'entre elles avaient été violées, in *Men on Rape,* N.Y. St. Martin Press, 1982. Un extrait est republié dans *Men's Lives, op. cit.,* pp. 399-405.
54. A Los Angeles, une femme sur trois sera la victime d'une agression sexuelle dans sa vie.

de la nuit... et il fait nuit la moitié du temps [55]. » Plus généralement, la crainte d'être violée pèse sur la vie quotidienne de toutes les femmes... En 1971, la féministe Susan Griffin frappe l'opinion publique en déclarant : « Je n'ai jamais pu me débarrasser de la peur du viol [56]. » A ses yeux, le grand coupable est le patriarcat qui encourage le viol des femmes comme l'expression symbolique du pouvoir mâle. Plus radicales, Susan Brownmiller [57] et Andrea Dworkin [58] affirment que le viol est une part intégrante de la sexualité masculine, nécessaire pour asseoir la domination masculine. Puisque le patriarcat est une donnée universelle, on en vint à penser que tous les hommes sont des violeurs potentiels... L'un d'eux va jusqu'à affirmer : « La différence entre un violeur, au sens littéral et légal du terme, et les autres hommes c'est que la plupart d'entre nous, nous arrêtons à un degré plus bas de coercition et de violence [59]. »

La thèse du « mâle violeur » est sévèrement contestée par les anthropologues et les psychologues. L'anthropologue féministe anglaise Peggy Reeves Sanday a montré que la propension au viol varie considérablement d'une société à l'autre [60]. A Sumatra, par exemple, les viols sont extrêmement rares, car ce sont des sociétés où les femmes sont respectées et jouent un rôle important dans les décisions collectives. Là-bas, la relation entre les sexes tend vers l'égalité. Il en est de même chez les indiens Arapesh d'Amérique étudiés par Margaret Mead,

---

55. Cité par Beneke, *Men's Lives, op. cit.,* p. 400.
56. « Rape : The All-American Crime », in *Ramparts,* septembre 1971.
57. S. Brownmiller, *Against our Will,* Penguin Book, 1975.
58. A. Dworkin, *Pornography : Men Possessing Women,* Women's Press, London, 1981.
59. Kendall Segel-Evans ; « Rape Prevention and Masculinity », *in* F. Abbott, *New Men, New Minds, op. cit.,* 118.
60. Peggy Reeves-Sanday, « Rape and the Silencing of the Feminine », *in* Tanaselli and Porter (eds), *Rape,* Oxford, Blackwell, 1986.

chez les Tahitiens décrits par Robert Levy, ou dans certaines sociétés africaines de chasseurs/cueilleurs. Sans aller jusqu'aux quatre coins du monde, force est de constater que dans nos sociétés occidentales, le taux de viols varie de 1 à 17 entre l'Angleterre et les États-Unis [61], et de 1 à 20 entre la France [62] et les États-Unis.

La thèse selon laquelle le viol est inhérent à la sexualité masculine n'a jamais été démontrée. De plus, elle porte préjudice au sexe masculin. Les psychologues qui se sont penchés sur les violeurs tendent à penser que le viol est une pathologie de la virilité et non l'expression de la virilité normale, un problème de genre et non de sexe. Selon les travaux de David Lisak, le viol est d'abord la conséquence d'un échec de l'identification masculine et d'un refoulement excessif de sa féminité, qu'il appelle « automutilation » [63]. Le profil psychologique du violeur n'est pas extensible à tous les hommes. Loin de là. Le viol implique la haine de l'autre et beaucoup d'hommes confient qu'ils ne pourraient pas avoir de rapports sexuels dans ces conditions-là. Reste que le modèle de l'homme hyperviril, dématricié, déféminisé est source d'un vrai malaise identitaire à l'origine d'une double violence : celle qui agresse les autres et celle qui se retourne contre soi-même.

Depuis près de vingt ans, on soupçonne notre vieil idéal masculin d'être fatal à l'homme lui-même. Un psychologue canadien, Sidney Jourard, fut le premier à formuler cette hypothèse [64]. Le point de départ de cette hypothèse psychosociale est le suivant : en 1900, l'es-

---

61. Statistiques citées par Lynne Segal, *op. cit.*, pp. 239-240.
62. En 1980, il y eut 1886 dépôts de plaintes de viol en France contre 4 582 en 1990, *Statistiques de la police judiciaire, Documentation française.*
63. David Lisak, « Sexual Aggression, Masculinity, and Fathers », in *Signs,* vol. 16, n° 2, Winter 1991, pp. 238-262.
64. S.M. Jourard, *The Transparent Self,* N.Y. Van Nostraud, 1971.

pérance de vie aux Etats-Unis était de 48,3 ans pour les femmes et de 46,3 ans pour les hommes. En 1975, elle est de 76,5 ans pour les femmes et de 68,7 ans pour les hommes [65]. Aujourd'hui, l'écart tourne autour de huit ans dans tous les pays occidentaux [66]. La question est double : pourquoi cet écart de longévité entre les sexes et pourquoi l'écart s'est-il creusé à ce point depuis le début du siècle ?

L'hypothèse biogénétique soutenue par A. Montague (1953) [67] attribue la plus forte mortalité masculine (prénatale, infantile, adulte) à la fragilité du chromosome Y, porteur de moins d'informations génétiques que le chromosome X. Mais ce constat ne répond pas à la seconde question. De plus, la biologie n'apporte pas la preuve que les cellules, tissus ou organismes féminins sont en soi plus viables que ceux des hommes. L'hypothèse psychosociale qui domine aujourd'hui décortique toutes les contraintes que le rôle masculin fait peser sur l'homme.

Jourard postule que les hommes ont fondamentalement les mêmes besoins psychologiques que les femmes (d'aimer et d'être aimé, de communiquer émotions et sentiments, d'être actif et passif). Or, l'idéal masculin interdit aux hommes de satisfaire ces besoins « humains ». D'autres [68] ont insisté sur les dangers physiques qui guettent *l'homme dur* : les garçons sont contraints de prendre des risques qui finissent par des accidents (base-

---

65. Statistiques du Département de la Santé, 1976, USA. Aujourd'hui en France, l'espérance de vie féminine est de 81,1 ans et celle de l'homme est de 73 ans.

66. L'Islande est une exception intéressante : l'écart de mortalité est de 5,5 ans entre hommes et femmes. Or, ce pays est réputé pour sa politique égalitaire entre les sexes.

67. A. Montague, *The Natural Superiority of Women*, N.Y. MacMillan, 1953.

68. W. Farrell, *The Liberated Man*, N.Y. Random House, 1974 ; Marc Feigen-Fasteau, *Le Robot mâle, op. cit.*

ball...) ; ils fument, boivent, et utilisent motos et voitures comme des symboles de virilité. D'autres ne trouvent confirmation de celle-ci que dans la violence, personnelle ou collective. En outre, la compétition et le stress qui s'ensuit dans la vie professionnelle, l'obsession de la performance, ajoutent à la fragilité du mâle. Les efforts exigés des hommes pour être conformes à l'idéal masculin engendrent de l'angoisse, des difficultés affectives, la peur de l'échec, et des comportements compensatoires potentiellement dangereux et destructeurs [69]. Quand on prend la mesure de l'unité psychosomatique de l'être humain, de l'influence de la détresse psychique sur la maladie physique, et quand on sait que les hommes consultent moins facilement et moins souvent que les femmes, médecins et psychologues [70], alors le raccourcissement de la vie des hommes s'explique mieux. Si l'on ajoute que dans notre société la vie d'un homme vaut moins cher que celle d'une femme [71] (les femmes et les enfants d'abord !), qu'il sert de chair à canon en temps de guerre et que la représentation de sa mort (au cinéma et à la télévision) est devenue simple routine, cliché de la virilité, on a de bonnes raisons de regarder la masculinité traditionnelle comme une menace pour la vie.

Beaucoup en ont tiré les leçons. Il est temps, disent-ils, que les hommes comprennent que l'idéal viril se paie

---

69. Dans un article très intéressant sur les hommes et le sida, M. Kimmel et M. Levine ont montré combien le modèle viril traditionnel qui privilégie l'aventure et le risque est contraire à la prévention qui consiste à les éviter. Toutes les campagnes de prévention du sida doivent s'employer à convaincre que la virilité n'est pas nécessairement liée au risque de mort mais est compatible avec la prudence ; cf. « Men and Aids », in *Men's Lives, op. cit.*, pp. 344-354.
70. James Harrison, « Warning : the Male Sex Role may be Dangerous to your Health » in *Journal of Social Issue,* vol. 34, n° 1, 1978, p. 71.
71. Kenneth Clatterbaugh, *Contemporary Perspectives on Masculinity,* West View Press, 1990, p. 75.

au prix fort [72] et que la masculinité ne deviendra moins dangereuse pour notre santé que lorsqu'on cessera de la définir par opposition à la féminité [73]. Il est urgent d'enseigner aux garçons un autre modèle viril qui fasse place à la reconnaissance de la vulnérabilité. « Les garçons doivent apprendre à exprimer leurs émotions, à demander de l'aide, à être maternels, coopératifs et résoudre les conflits de façon non violente ; à accepter attitudes et comportements traditionnellement étiquetés féminins comme nécessaires au développement de tout être humain – donc à réduire homophobie et misogynie. Ce qui revient à dire qu'il faut apprendre à aimer d'autres garçons et les filles [74]. »

L'homme mou

Le concept vient des pays nordiques. Mais ce type d'homme, aussi nouveau qu'étrange, est apparu ici ou là dans les pays où *l'homme dur* avait le plus sévi, et donc là où le féminisme était le plus guerrier : aux Etats-Unis, en Allemagne, dans les pays anglo-saxons bien plus qu'en France. *L'homme mou* succède à *l'homme dur* comme son contraire absolu. Pour plaire aux femmes qui mettaient le macho en accusation dans les années 1970, certains hommes ont cru devoir abandonner toute virilité et adopter valeurs et comportements fémi-

---

72. Le professeur H. Wallot, professeur à l'université du Québec, s'étonnait récemment (1988) qu'il n'existât pas de Conseil de la condition masculine, vu la précarité de la santé des hommes : il rappelait qu'ils souffraient dans une proportion de 4 pour 1 de toxicomanie et d'alcoolisme et se suicidaient dans une proportion de 3 pour 1 ; cf. G. Corneau, *op. cit.*, pp. 9-10.
73. James Harrison, *op. cit.*, p. 83.
74. Cooper Thompson, « A New Vision of Masculinity », in *Men's Lives*, *op. cit.*, pp. 5, 8-9.

nins les plus traditionnels. L'homme dur à la féminité refoulée laissait place à l'homme mou, à la masculinité ignorée. *L'homme mou* danois *(Den Bløde Mand)* est une contradiction dans les termes, contrairement à l'appellation norvégienne, *l'homme doux (Den Myke Mann)*. Dans un cas, il n'y a plus de virilité, alors que le second évoque l'image d'une autre virilité. En français, le mot « mou » signifie : « qui cède facilement à la pression ; qui se laisse entamer sans effort ; avachi et flasque » [75], ce qui est évidemment incompatible avec la masculinité ! Même si le dictionnaire le rapproche de « doux » – les deux mots ont une connotation féminine – il y a une différence de nature entre eux dès lors qu'ils qualifient l'homme. Doux et tendre n'est pas synonyme de mou et flasque [76].

L'homme mou, qui eut si peu d'adeptes en France qu'on ne peut le considérer ici comme un phénomène de société, s'est révélé un échec partout ailleurs où il est apparu. Il a pourtant encore des partisans qui le confondent avec l'homme doux.

Comment l'homme dur a engendré l'homme mou

Dès le XVIIe siècle, les Anglaises raffinées (et les Précieuses) rêvaient d'un homme plus féminin : « doux, poli et faible » [77]. On sait comment elles furent reçues ! Trois siècles plus tard, un magazine américain fait un sondage, en 1977, auprès de 28 000 de ses lecteurs sur la mas-

---

75. Définition du *Dictionnaire Robert.*
76. Les Américains, tel R. Bly, parlent du *soft male,* ou du *lovely boy.* Ce gentil garçon se rapproche plus de l'homme mou que de l'homme doux. Bly le décrit passif, fuyant et le compare à une « poule mouillée » *(Wimpified Men).*
77. M. Kimmel, « The Contemporary " Crisis " of Masculinity in Historical Perspective », *in* Brod (ed) *The Making of Masculinities, op. cit.*, p. 134.

culinité. La majorité des hommes répondirent qu'ils voulaient être plus chaleureux, plus doux, plus aimants et qu'ils méprisaient l'agressivité, la compétition et les « conquêtes » sexuelles [78]. En France, lors d'une enquête faite auprès des hommes sur les qualités qui leur semblaient les plus importantes chez un homme, ils répondirent par ordre de priorité : l'honnêteté (66 %), la volonté (40 %), la tendresse (37 %), puis venaient l'intelligence, la politesse, la séduction et en tout dernier, la virilité qui ne recueillait que 8 % des voix [79].

Il est vrai que les femmes partagent depuis longtemps ces valeurs [80] et qu'elles ont grandement contribué à bouleverser l'idéal masculin. Le rêve égalitaire a démantelé la masculinité traditionnelle et mis fin à son prestige. Cela s'est traduit par un rejet des valeurs masculines et l'idéalisation des valeurs féminines. La plupart des hommes se sont sentis mis au ban des accusés. Angoisse, culpabilité et agressivité furent les réactions les plus communes. Philip Roth fut l'un de leur porte-parole lorsqu'il s'en prit aux féministes (qui le lui rendirent bien). Il fait dire à l'un de ses personnages, souffrant d'une grave dépression : « Je ne supporte pas l'hypocrisie des bien-pensants (féministes), les chichis et la négation des bites. » Plus loin : « J'aime bien les féministes, parce qu'elles sont tellement cons. Pour elles, l'exploitation, c'est un type qui baise une femme [81]. » Sur ce point, l'Américain moyen du Sud des Etats-Unis réagit exactement comme l'intellectuel juif new-yorkais. Le héros du *Prince des marées,* trente

---

78. Carol Tavris, « Men & Women report their views on masculinity » in *Psychology Today,* janvier 1977, pp. 35-42.
79. Sondage Sofres pour *Le Nouvel Observateur,* du 13-19 juin 1991, p. 8.
80. Peter Filene, « Between a rock & a soft place : a century of american manhood » in *South Atlantic Quaterly,* vol. 84, n° 4, automne 1985, pp. 339-355.
81. *La Leçon d'anatomie,* 1983, Folio, 1990, pp. 541-567.

ans, commence par s'en prendre aux femmes « unies pour l'écrasement définitif du pénis ». Il ridiculise les féministes qu'il juge « terrifiantes ». Mais en même temps, il intériorise leurs critiques [82].

A côté des angoissés qui ne parviennent plus à remplir les obligations du rôle traditionnel, des sceptiques qui n'en voient que les inconvénients, certains hommes sont devenus féministes pour des raisons morales et politiques. Les militants des droits de l'Homme, les pacifistes, rejoints par les écologistes, furent parmi les premiers à critiquer les valeurs masculines résumées en trois mots : guerre, compétition et domination. Tout naturellement, ils en appelèrent aux valeurs opposées : la vie, la compassion, le pardon, la tendresse, tout ce que les femmes sont supposées incarner dans l'idéologie traditionnelle. Ces valeurs féminines furent déclarées moralement supérieures aux valeurs masculines systématiquement dénigrées. L'équation mâle = mal s'imposa partout [83].

Mais, ironie de l'histoire, alors que les femmes réclamaient des hommes plus doux, plus gentils, moins agressifs, elles-mêmes étaient encouragées à être des battantes et des conquérantes. Au moment même où l'on glorifiait

---

82. « Ma virilité ! Comme je détestais être un homme, avec ses responsabilités implacables, son goût stupide de la bravade... Je connaissais la tyrannie et le piège de l'état mâle... Indécryptable, maîtrisé, borné, insensible... Masse tremblante d'insécurité. » Tom, le sudiste, « montera » à New York faire une psychanalyse avec une femme. Il lui confiera qu'il est un mâle définitivement vaincu : « Je suis un homme féministe... Un triste crétin rejeté par tout le monde, homme et femme, qui a perdu sa dignité. » Le plus difficile dans la condition masculine : « On ne nous apprend pas à aimer. C'est un secret auquel on n'a pas accès... Quand une femme nous aime, son amour nous terrasse, nous laisse démuni et vaincu... Nous n'avons rien à donner », Pat Conroy, *Le Prince des marées*, 1986, Presses de la Renaissance, 1988, pp. 39, 55-56, 170-171.

83. Un film publicitaire pour la sécurité routière (en France), fustigeant l'homme au volant grisé par la vitesse qui provoque un accident, se concluait par ce message : Macho = bobo. Évidemment, chacun mentalement pensait : salaud !

la nouvelle guerrière, on décourageait l'homme d'en être un ! Jérôme Bernstein fait observer qu'on assista à la naissance du « héros féminin »[84], actif, compétent, et sévère concurrent pour les hommes.

Ayant réveillé ses composantes masculines, la femme s'affirme de plus en plus avec les armes bien connues. Selon Bernstein, en devenant le « héros féminin », c'est elle maintenant qui met fin au besoin de dépendance à l'égard d'un homme dès que ces liens l'empêchent de se réaliser. C'est elle qui est en quête de succès, d'épanouissement, de satisfaction de l'ego, même au prix de grandes difficultés et de solitude. Elle n'entend pas se conformer à la féminité rêvée par les hommes, mais n'être à l'écoute que de celle qu'elle ressent. A cette extrême vitalité féminine, les hommes contestés dans leur virilité ont réagi par la fuite, le désespoir ou l'impassibilité silencieuse.

C'est ainsi que les années 1970 virent apparaître le *soft male*[85], réfléchi, prévenant, adorable, voulant répondre à l'attente des femmes : sa mère et ses compagnes. Selon Robert Bly, ces *lovely men* se révélèrent dépourvus de vitalité et de joie de vivre. Compagnons de femmes solides qui irradiaient une énergie positive, ils étaient *life preserving* et non *life giving*[86] comme elles. Dès les années 1980, ces hommes commencèrent à exprimer leur malaise et leur angoisse. Le *soft male* se ressentait comme un homme mou, passif et déstructuré. En 1980, lors d'un premier congrès d'hommes au Nouveau-Mexique, certains se mirent à pleurer en

---

84. J. Bernstein, « The Decline of Masculine Rites of Passage », in *Betwixt & Between*, Open Court, Illinois, 1987, p. 145. Il précise qu'il utilise « héros féminin » plutôt que le terme habituel « héroïne » qui dépeint la femme faible, dépendante, passive au lieu d'accuser l'aspect « phallique » du pouvoir féminin.

85. Robert Bly, *Iron John, op. cit.*, p. 2.

86. *Ibidem*, p. 3.

racontant « leur immense douleur » [87] d'être interdits de virilité. Ils dirent leur chagrin d'être éloignés de leur père. L'homme doux pouvait ressentir les sentiments de l'autre féminin – sa mère était devenue son modèle – mais ne pouvait pas dire ce qu'il voulait et s'y tenir. Il était devenu totalement passif, terrorisé par son agressivité et son désir d'affirmation de soi. Bref, c'était plus facile pour lui d'exprimer sa féminité interne, son affectivité, que sa virilité associée à une violence inacceptable. Le *mama's boy* ne pouvait pas même atteindre le degré de virilité que sa mère – féministe ou non – exhibait naturellement.

Certains, comme Günter Grass [88], dénoncèrent le complexe maternel des hommes, et le matriarcat jugé plus oppressif que le patriarcat. *Le Turbot* conseille simplement aux hommes tremblotants de trancher le cordon ombilical : « Allez... Tue-la, mon fils [89] ! » L'idée de mettre fin au couple mère/fils ne s'accompagne pas, ici, d'une quelconque remise en cause du père, « ce héros coincé » [90], lui-même esclave de la gynécocratie. C'est au fils d'opérer le matricide et de se mettre sous la tutelle paternelle. A la fin des années 1980, il n'est plus question de s'en prendre à la mère [91]. En revanche, tous les regards se tournent vers le père, si peu habitué au blâme. C'est à son procès que l'on assiste de toutes parts. C'est lui que l'on déclare coupable de la dévirilisation du fils. Historiens, psychologues, sociologues et romanciers tournent aujourd'hui un doigt accusateur vers lui. Les

---

87. *Ibidem*, p. 4.
88. *Le Turbot, op. cit.*, p. 380.
89. *Ibidem*, p. 31.
90. Jerome Bernstein, *op. cit.*, p. 151.
91. Robert Bly qui prend grand soin de se distinguer des vulgaires machistes avertit ses troupes qu'« attaquer la mère ne sert pas à grand-chose », *op. cit.*, p. 11.

études se multiplient sur le père « empêché », absent, agressif, froid, plein de ressentiment pour son fils, et qui l'abandonne aux griffes maternelles. On en appelle à la mythologie (Chronos qui dévore ses fils ou Laïos qui a ordonné la mort de son fils Œdipe) et à la religion (Abraham prêt à sacrifier Isaac ; les dernières paroles du Christ sur la croix : « Père, pourquoi m'as-tu abandonné ») pour bien marquer que la cruauté paternelle est de tout temps. Les mauvais pères pullulent dans la littérature, qui offre peu d'exemples de bons pères protecteurs et chaleureux. La célèbre *Lettre au père* de Kafka reste un modèle de la détresse filiale : « Tu as pris à mes yeux ce caractère énigmatique qu'ont les tyrans dont le droit ne se fonde pas sur la réflexion, mais sur leur propre personne... Te montrant à peine une fois par jour, tu faisais sur moi une impression d'autant plus profonde qu'elle était rare... Je n'ai jamais pu comprendre que tu fusses aussi totalement insensible à la souffrance et à la honte que tu pouvais m'infliger par tes propos et tes jugements... Terrible était par exemple ce : " Je te déchirerai comme un poisson [92]. " » Et que dire de tous ces pères haineux, violents, sadiques, décrits aujourd'hui par Saul Bellow [93], Edmund White [94], Pat Conroy [95], Peter Hartling [96] ou François-Marie Bannier [97] ? Comment peuvent-ils transmettre à leur fils une image valorisante de la virilité ?

Le constat des sciences humaines est accablant. On a

---

92. F. Kafka, *Lettre au père*, in *Préparatifs de noces à la campagne*. Gallimard, L'imaginaire, 1988. Une autre figure de père terrifiant nous est offerte par Henry Roth, dans *L'or de la terre promise*, 1933, rééd. française, Grasset, 1989.
93. *Au Jour le jour*, Gallimard, 1962.
94. *La Tendresse sur la peau*, Ch. Bourgois, 1988.
95. *Le Grand Santini*, 1976 et *Le Prince des marées*, 1986, Presses de la Renaissance.
96. *Hubert ou le retour à Casablanca*, 1978, trad. française, Seuil, 1982.
97. *Balthazar, fils de famille*, Gallimard, 1985.

vu dans l'enquête de Shere Hite à quel point les bonnes relations entre pères et fils étaient rares [98]. Spontanément, les fils ont du mal à parler de leur père. Mais en tête-à-tête, ils se plaignent des humiliations, des critiques, de la dérision ou de la condescendance paternelles. La psychologue Phyllis Chesler, qui s'est intéressée de près à cette relation ratée, remarque : « En les écoutant, j'eus très nettement l'impression que beaucoup d'hommes avaient eu le même père, *tous* les pères se fondaient en un seul personnage, un archétype du père : le fantôme étranger, mi-tyran, mi-despote déchu et en cela, digne de pitié. L'homme maladroit, gêné, ou dépaysé chez lui ; l'homme crispé, qui domine mal ses émotions. » Elle précise : « Les fils interrogés s'appliquent à retrouver pour moi le souvenir de cet étranger, leur père, tout en manifestant une sorte d'indifférence embarrassée [99]. »

Plus encore que de violence, les fils se plaignent de l'*absence* paternelle. Ici, le mot « absence » est moins à prendre au sens littéral qu'au sens figuré. Il est vrai qu'avec l'augmentation considérable du nombre de familles monoparentales dirigées par des femmes seules [100], de plus en plus de fils ne vivent pas sous le même toit que leur père. Il reste que l'on peut être un père divorcé et bien s'occuper de son fils. L'*absence* dont se plaignent les fils concerne les pères présents à la maison, mais fantomatiques. Guy Corneau les désigne par l'expression de *pères manquants,* plus générale que *pères absents* [101].

98. Shere Hite, *op. cit.,* p. 41.
99. *La mâle donne, op. cit.,* p. 215.
100. Voir les statistiques concernant les Etats-Unis, le Canada, le Québec, la France et la Suisse, publiées par G. Corneau, *op. cit.,* pp. 18-19.
101. Le père manquant renvoie « tout autant l'absence psychologique que physique du père, absence d'esprit, absence émotive ». L'expression contient également la notion « d'un père qui, malgré sa présence physique, ne se comporte

Selon le beau titre du livre de G. Corneau, ces pères « manquants » engendrent des fils « manqués », c'est-à-dire « en manque de pères ». L'absence d'attention (amour ?) paternelle a pour conséquence d'empêcher le fils de s'identifier à lui et d'établir son identité masculine [102]. En conséquence, ces fils en manque d'amour paternel restent dans l'orbite maternelle, attirés par les seules valeurs féminines. « Ils regardent leur père et leur virilité avec les yeux de la mère. Si celle-ci voit le père brutal, obsédé, sans affectivité, le fils a une image entachée de son père et refuse d'être comme lui [103]. »

Le mal est plus profond qu'on ne le croit, y compris en France où il est pourtant moins apparent que dans d'autres sociétés. On peut sourire du *men's movement* américain et ricaner de ces week-ends dans les forêts, organisés par R. Bly [104], qui réunissent des hommes à la recherche de leur vraie nature masculine. Plus d'une centaine de milliers y ont déjà participé en l'espace de quelques années. Quadragénaires installés pour la plupart, ils viennent pleurer en paix leur détresse masculine et raconter la pauvreté de leur relation au père. Ces fils inachevés et douloureux partagent avec d'autres leurs blessures identitaires et disent leur commune « soif de père » [105].

---

pas de façon acceptable ; je pense ici aux pères autoritaires, écrasants et envieux des talents de leurs fils, dont ils piétinent toute tentative d'affirmation ; je pense aux pères alcooliques, dont l'instabilité émotive garde les fils dans une insécurité permanente », G. Corneau, *op. cit.,* p. 19.

102. « Il n'a pas pu se sentir suffisamment confirmé et sécurisé par la présence du père pour passer au stade adulte. Ou encore, l'exemple d'un père violent, mou, ou toujours saoul lui a répugné au point qu'il a carrément refusé de s'identifier au masculin », pp. 19-20.

103. Robert Bly, *Iron John, op. cit.,* p. 24.

104. *New York Times Magazine,* 14 octobre 1990 : « Call of the Wide Men », pp. 34 à 47.

105. H. Dierichs et M. Mitscherlich font le même constat pour l'Allemagne ; cf. *Des hommes, op. cit.,* pp. 322-323.

Dans une étude très éclairante, le psychanalyste américain Samuel Osherson confirme la profondeur du « mal de père » [106]. A mi-vie (entre 30 et 40 ans), époque où se termine l'enfance du fils [107], les hommes qui ont besoin de retrouver leur père se heurtent trop souvent à un mur. Ils se sentent abandonnés, orphelins. Généralement, ils ont intériorisé une image du père triste, ou celle d'un juge catégorique et coléreux. Ils se plaignent de ne rien savoir de lui parce que sa vulnérabilité est taboue. Le père inapprochable – qui semble fuir le tête-à-tête avec son fils – exprime rarement son amour verbalement, parce qu'il est l'héritier d'un modèle masculin qui récuse l'expression des sentiments de tendresse [108]. Ce « père blessé » [109], incapable de montrer ses émotions, blesse à son tour son fils, qui manque d'un modèle d'accès à l'affectif. Résultat : l'image du père oscille entre la « toute-puissance étrangère » [110] et une faiblesse sans fond ; les sentiments du fils se partagent entre la peur (de la haine et du rejet du père) et le mépris. Le profond besoin du fils d'être reconnu et confirmé par son père se heurte à la loi du silence. Sa masculinité qui nécessite un constant renforcement est laissée inachevée pour cause de fuite paternelle. Edmund White a très bien illustré les dommages irréparables qu'elle engendre. A plusieurs reprises, le petit garçon appelle son père à l'aide pour rompre le cordon ombilical [111]. A chaque fois le père fait la sourde oreille et le rejette.

---

106. S. Osherson, *Finding our father*, The Free Press, 1986.
107. *Ibidem*, p. 12.
108. En particulier à l'égard d'autres hommes.
109. Expression souvent utilisée par R. Bly et S. Osherson.
110. Robert Bly dit que le père absent de la société industrielle – quittant la maison tôt le matin pour ne revenir que tard le soir – est souvent fantasmé par le petit garçon comme « une figure démoniaque » ; cf. « What Men Really Want », *in* F. Abbott, *New Men, New Minds, op. cit.*, p. 178.
111. Voir notamment, *A Boy's Own Story*, 1982, *op. cit.*, pp. 143, 172.

225

Finalement, *l'homme mou* fait partie de tous ces fils manqués qui ont peut-être moins souffert de la toute-puissance maternelle [112] que de l'absence affective du père. On dira que cette carence ne date pas d'hier puisqu'elle est liée tout à la fois à la société industrielle et à l'idéal masculin traditionnel. Mais S. Osherson a raison de dire que dans le passé les hommes pouvaient se contenter d'un hommage silencieux du père, réconfortés par une vie qui ressemblait à la sienne : *pater familias,* succès professionnel, etc. Depuis trente ans, la révolution des femmes a intensifié la tristesse des garçons et la terreur de la perte du père. Parties à la conquête du monde, les femmes offrent l'image de la force et de la vitalité qui contraste avec l'impassibilité et le malaise des pères [113]. Ce qui augmente d'autant leur attrait et rend plus difficile encore la rupture du fils avec sa mère.

Portrait de l'homme mou

C'est un homme déstructuré. Comme le constatent les psychanalystes : manquer de père, c'est manquer de colonne vertébrale [114]. « L'absence du père produit un complexe paternel négatif qui consiste en un manque de structures internes. Ses idées sont confuses, il ressent des difficultés lorsqu'il doit se fixer un but, faire des choix, reconnaître ce qui est bon pour lui et identifier ses propres besoins. Tout se mélange en lui : l'amour avec la raison,

---

112. S. Osherson, John Lee, *The Flying Boy* et de nombreux psychanalystes témoignent qu'en thérapie, les fils se réconcilient plus vite avec leur mère qu'avec leur père.
113. S. Osherson, *op. cit.,* p. 40.
114. G. Corneau, *op. cit.,* p. 39.

les appétits sexuels avec les simples besoins d'affection [115]. »

L'homme déstructuré connaît le désordre interne, qui peut varier d'une confusion superficielle à la désorganisation mentale. G. Corneau, analyste, a observé que face à cette réalité les hommes tentent de compenser en se structurant à partir de l'extérieur. Il y a ceux qui deviennent des fourmis industrieuses pour n'avoir jamais un moment de libre. Le regard admiratif des autres les soutient et ils ont tendance à obéir aux valeurs collectives. Les séducteurs, eux, se structurent par leurs nombreuses expériences sexuelles. D'autres, en faisant du *body building*. Ils compensent, par une construction corporelle externe, une défaillance interne. « Plus un homme se sent fragile intérieurement, plus il tentera de se créer une carapace extérieure pour donner le change... Plus ses affirmations seront sans nuances et catégoriques, plus elles serviront à masquer une incertitude de fond... Au moyen de cette compensation extérieure, les fils manqués évitent de ressentir leurs grandes soifs d'amour et de compréhension [116]. »

Affectivement, le jeune homme abandonné par son père et initié par sa mère risque de rester toute sa vie un *mama's boy* : un gentil garçon, irresponsable, fuyant les engagements de l'adulte. Inconsciemment, il veut rester le « petit mari de sa mère » [117], ou retrouver le même type de relation (infantile) avec d'autres femmes. A la grande époque du féminisme, il avait adopté les valeurs du Mouvement des femmes pour plaire à sa

---

115. *Ibidem*, pp. 39-40.
116. *Ibidem*, pp. 40-41.
117. Thème qui traverse toute l'œuvre de Ph. Roth, que l'on trouve également dans les romans autobiographiques d'E. White ou dans le livre de Jean-Marc Roberts, *Mon Père américain*, Seuil, 1988, pp. 130, 153.

mère. Enfant de parents divorcés, au père absent, Keith Thompson témoigne du *mama's boy* : passé vingt ans, ses meilleurs amis étaient des femmes, y compris plus âgées que lui, des personnes énergiques qui l'initièrent à la politique, à la littérature et au féminisme. C'étaient des amitiés platoniques qui ressemblaient fort au lien qui unit le maître à l'élève. « Jusqu'à vingt-quatre ans, ma vie fut agréable. A côté de mes amitiés féminines, je n'avais que des amis hommes qui partageaient mes valeurs : gentillesse, vulnérabilité, sensibilité... Mais depuis quelques années, je sens que quelque chose me manque [118]. »

Ce parcours fut celui de beaucoup d'hommes dans les années 1970-1980, en Allemagne, en Scandinavie ou aux États-Unis [119]. Mais partout, il a engendré une sorte de malaise, de mâle-être, dû à une trop grande passivité et au sentiment de l'inachèvement de soi. Un arrêt dans le développement de la personnalité. Le « gentil garçon » est ce que son nom indique : un enfant et non un homme adulte qui fait front. Les jungiens parlent du *puer aeternus* [120]. Mais il s'appelle aussi *Le petit Prince, Peter Pan* ou le *Flying Boy* (le garçon qui s'envole, et fuit les difficultés).

L'Américain John Lee a raconté sa propre histoire de *Flying Boy,* d'homme blessé [121]. Son itinéraire personnel est exemplaire et pourrait être celui de tous les autres.

---

118. Cf. Keith Thompson *in* F. Abbott, *New Men, New Minds, op. cit.*, p. 174. Voir aussi l'histoire de Julien, *in* G. Corneau, *op. cit.*, pp. 75-76, ainsi que le cas de l'Allemand Werner, *in* Dierichs et Mitscherlich, *op. cit.*, pp. 29-31, 46, 59.

119. Dans *Les Samouraïs,* Julia Kristeva fait dire à l'un de ses personnages féminins, qu'un homme, un vrai, est un phénomène rare aux États-Unis. On trouve davantage des hommes-femmes, des hommes-enfants et des hommes-adolescents, Fayard, 1990, pp. 307-308.

120. Marie-Louise Von Franz, *Puer Acternus,* Boston, Sigo Press, 1991.

121. John Lee, *The Flying Boy, Healing the Wounded Man,* H.C.I. Florida, Rééd., 1989.

Il lui fallut plusieurs années en thérapie pour que la blessure se cicatrise et que l'enfant accouche de l'homme. A l'instar de son mentor, Robert Bly, il eut un père alcoolique et une mère qui le traita comme un « personnage magique », destiné à combler les manques conjugaux. Les deux garçons échappèrent au monde des hommes et projetèrent leur âme dans les femmes qu'ils aimaient puis qu'ils abandonnaient. Les *Flying Boys* n'ont pas d'amis mâles, refusent leur masculinité (identifiée au père rejeté) et n'exploitent que leur sensibilité féminine. John Lee se décrit, à vingt-cinq ans, comme un garçon gentil, dépendant de son travail comme d'une drogue, obsédé par le sexe, mais incapable de vivre avec la femme dont il est amoureux. L'engagement lui fait si peur qu'il fuit constamment le réel et s'arrange à chaque fois pour rompre. Maniaco-dépressif, il entreprend une analyse qui lui montre qu'il est le « miroir de sa mère » [122]. Le plus douloureux est sa tristesse et sa fureur contre le père absent avec lequel il n'a jamais communiqué. Il découvre qu'il fut le vrai mari de sa mère et que son père, jaloux, lui a retiré l'affection masculine. Après beaucoup de rage, de larmes et de souffrances physiques, l'analyse lui permit d'abord de régler ses comptes avec sa mère et de couper le cordon ombilical (« elle était le centre de l'univers et j'étais un satellite ») [123]. Très vite, il changea d'apparence. Le garçon bohème, aux cheveux longs, style unisexe, laissa place à un homme adulte. Le plus dur, en analyse, fut de s'attaquer à son père (sujet tabou pour le fils). Mais en libérant sa rage, il put renouer avec lui, l'accepter tel qu'il était, s'identifier à

---

122. *Ibidem*, pp. 8-9. Plus loin il dit : « Mon Estomac a toujours été connecté à celui de ma mère » (p. 22).
123. *Ibidem*, p. 39.

lui et devenir enfin un homme. A la fin de son analyse, John Lee avait réconcilié en lui, « comme frère et sœur » [124], sa féminité et sa virilité. Il se consacre depuis à la psychologie masculine.

Tous les *Flying Boys* n'ont pas eu recours à la psychanalyse, et nombre d'entre eux ont des vies conjugales ratées, accompagnées d'impuissance [125] et de dépression. D'autres ont retourné leur rage contre les femmes, tels ces pères divorcés, révoltés d'être privés de leurs enfants, ou ce personnage de roman qui, ayant plaqué sa femme pour avoir des aventures, confie à un ami : « J'en avais marre de mon rôle de mou, marchant à la remorque du mouvement féministe [126]. »

Selon Merete Gerlach-Nielsen, les femmes nordiques en ont assez de l'homme mou. Même les femmes les plus sensibles à la douceur masculine ne veulent plus de ces hommes, ersatz de femmes traditionnelles. Les hommes, de leur côté, sont « las d'avoir à faire la vaisselle et le ménage pour avoir le droit de coucher avec leur femme. En 1984, on proclame la mort de l'homme mou [127] ». En fait, il n'est pas sûr qu'il soit vraiment mort. A lire les féministes américaines radicales, ou les tenants de l'écologie pure et dure, on continue d'associer la masculinité à ses aspects pathologiques, violence, viol, etc., et de comparer le pénis à une arme. Combattants d'arrière-garde ou non, certains hommes ne sont pas les derniers à réclamer la mise à mort du « genre » masculin [128], l'élimination des valeurs

---

124. *Ibidem*, p. 109.
125. Voir les romans du Norvégien Knut Faldbakken, ou ceux des Danois, Hans-Jorgen Nielsen, *L'Ange du football*, 1979 et de Soeren K. Barsoee, *Le Groupe masculin*, 1985.
126. *Le Groupe masculin*, cité et traduit par Merete Gerlach-Nielsen.
127. Merete Gerlach-Nielsen, Texte de la Conférence d'Athènes, 1985.
128. Cf. le Québécois Marc Chabot ou l'Américain John Stoltenberg.

viriles [129], voire la renonciation à toute agressivité et le choix (momentané) de la passivité pour mettre fin à la « masculinité hégémonique » [130], ou enfin d'élever les garçons comme les filles [131], considérées comme naturellement plus tendres et coopérantes.

La solution proposée par Robert Bly, et avec lui par nombre de jungiens – retrouvailles de chaque homme avec son « guerrier intérieur », retour à l'homme primitif et sauvage (le *Wildman* qu'il a du mal à distinguer du méchant *Savage man* qui extériorise sa violence) au moyen de séjours en forêt, de masques et de tambours – ne nous convainc guère. En outre, la nostalgie des anciens temps (Grèce, Moyen Age) patriarcaux est si forte chez Robert Bly et les siens – malgré leurs constantes dénégations – qu'ils nous ramènent bon an mal an à un dualisme des sexes incompatible avec l'évolution des mœurs et de nos connaissances.

De façon plus générale, partisans de l'homme dur ou de l'homme mou commettent l'erreur de penser qu'il y a des caractéristiques propres à un sexe et ignorées de l'autre. Ainsi en serait-il de l'agressivité, spécifiquement masculine, et de la compassion, essentiellement féminine. En fait, que l'on considère l'agressivité comme une vertu innée ou comme une maladie acquise, il faut être aveugle pour en exempter les femmes. Même si l'éducation et la culture patriarcales leur ont appris – plus qu'aux hommes – à la retourner contre elles-mêmes, les femmes n'ignorent rien de cette pulsion humaine. Elles sont, comme les hommes, influencées par le degré de violence de leur

---

129. Franklin Abbott, *op. cit.,* p. 2.
130. Robert W. Connell « A Whole New World ; Remaking Masculinity in the Context of Environnemental Movement » in *Gender & Society,* vol. 4, n° 4, décembre 1990, p. 467.
131. Cooper Thompson, « A New Vision of Masculinity », *Men's Lives, op. cit.,* p. 589.

milieu environnant [132]. L'agressivité appartient aux deux sexes [133], même s'ils l'expriment différemment. En outre, il est abusif de l'identifier uniquement à une violence destructrice et gratuite. Elle n'est pas que cela, comme l'a vu Freud [134]. Elle est aussi synonyme de survie, d'action et de création. Son contraire absolu est la passivité et la mort, et son absence peut signifier perte de liberté et de dignité humaine. Le slogan des « Verts » allemands, si à la mode dans les années 1970-1980, « plutôt rouges que morts », ne s'explique que par les antécédents de ceux qui le clamaient. Fils ou petits-fils des bourreaux, ils redoutaient plus que tout de répéter les fautes des pères. Là, plus qu'ailleurs, les hommes durs ont engendré des hommes mous. Plutôt la passivité et la soumission à l'ennemi que la révolte et la résistance. Du point de vue des fils des victimes, c'est exactement le contraire. On a tendance à penser que le maintien de la dignité est aussi important que la vie, et que l'être humain (homme ou femme) s'honore à la risquer pour conserver sa liberté et refuser de se soumettre à l'inacceptable.

---

132. Lynne Segal, *op. cit.,* pp. 261-269, cite, pêle-mêle, l'augmentation spectaculaire depuis quinze ans du nombre de femmes impliquées dans des crimes violents, le comportement des filles dans les bandes de hooligans, les études sur les prisons de femmes et la cruauté de leurs gardiennes au XIXᵉ siècle, etc. Plus banale, bien que constamment déniée, la violence maternelle, visible ou invisible. En France, 700 enfants meurent chaque année des suites de mauvais traitements parentaux, 50 000 sont martyrisés par leurs géniteurs, sans compter tous ceux qui subissent des violences morales et psychologiques qui ne laissent pas de traces... On sait que dans la grande majorité des cas, c'est la mère qui est à l'origine de ces faits.
133. En 1984, les deux célèbres psychologues américaines E. Maccoby et C. Jacklin publièrent les résultats d'une étude sur l'agressivité menée pendant dix ans sur 275 enfants. Prenant en compte les facteurs biologiques, psychologiques et sociaux, elles concluaient que les similitudes entre les sexes sont beaucoup plus significatives que leurs différences. Cf. « Neonatal sex-steroid hormones and muscular strength of boys and girls in the first three years » in *Developmental Psychobiology* 20 (3), mai 1984, pp. 459-472.
134. *Malaise dans la civilisation,* PUF, 1971, chap. 5.

L'homosexuel est-il un homme mutilé ?

A supposer que l'on en ait terminé avec les préjugés les plus grossiers concernant les homosexuels [135], les positions incertaines et contradictoires des spécialistes, en particulier des psychiatres et psychanalystes, laissent planer une ombre sur le statut de l'homosexuel. C'est lui, plus que tout autre, que l'on soupçonne d'être mutilé.

La position ambiguë des « psys »

On a vu le courageux combat mené par Freud, contre ses disciples, en faveur des homosexuels. Mais que l'homosexuel ne soit ni criminel ni malade ne signifiait pas nécessairement, pour Freud, que l'homosexualité fût aussi « normale » et désirable que l'hétérosexualité. Dans sa lettre à la mère américaine d'un fils homosexuel, il dit textuellement : « Nous la (l'homosexualité) considérons comme une variation de la fonction sexuelle, provoquée par un certain arrêt du développement sexuel [136]. » Les derniers mots ont valeur de stigmates. Parler d'« arrêt du développement » évoque quelque chose d'inachevé, de morbide, d'anormal. On peut entendre qu'un homosexuel

---

135. Voir deuxième partie, chap. IV, sur l'homophobie. Aujourd'hui encore, les multiples sondages français ou américains montrent qu'une majorité de l'opinion publique trouve choquante l'idée d'un président de la République homosexuel, ou d'un éducateur homosexuel. Aux yeux de beaucoup de nos contemporains, l'homosexuel est une personne potentiellement dangereuse pour les enfants.
136. S. Freud, *Correspondance* (1873-1939) Gallimard, 1967, p. 461, souligné par nous. « Développement *sexuel* » renvoie ici au sens large (freudien) de développement psychique.

n'est pas un homme complet, ou un adulte tout à fait sorti de l'enfance puisqu'il n'est pas parvenu au stade de la maturité sexuelle. Le message de Freud se révèle ambigu : l'homosexuel est un « anormal » qui n'est pas malade...

La doctrine actuelle des « psys » n'est guère plus claire. La façon dont l'American Psychiatric Association (APA) [137] a décidé de rayer l'homosexualité de la liste officielle des désordres mentaux, par *référendum*, témoigne à la fois d'un malaise idéologique et d'une ignorance scientifique. Pierre Thuillier, qui a raconté « l'aventure » de l'homosexualité devant la psychiatrie américaine, parle à juste titre de « scandale épistémologique » [138]. En effet, depuis quand la science tranche-t-elle du vrai et du faux par voie référendaire ? Le point de départ de cette curieuse affaire est la mise à jour de l'édition du manuel des maladies mentales, qui comptait encore l'homosexualité dans sa liste en 1968. C'est dire à quel point les « psys » américains étaient loin du libéralisme freudien ! Le 15 décembre 1973, le bureau de l'APA procéda à un premier vote : 13 membres sur 15 votèrent pour la suppression de l'homosexualité de la fameuse liste. « Désormais il ne serait plus question que d'une perturbation de l'orientation sexuelle... qui concernait non pas l'ensemble des homosexuels, mais seulement ceux qui n'étaient pas satisfaits de leur situation (et se jugeaient donc eux-mêmes " malades ") [139]. » Les homosexuels crièrent victoire de n'être plus considérés comme des malades, mais nombre de psychanalystes et de psy-

---

137. Le mot « psychiatre » (dans l'APA) est pris ici au sens le plus large, qui inclut la psychanalyse.
138. P. Thuillier, « L'homosexualité devant la psychiatrie », in *La Recherche*, vol. 20, n° 213, septembre 1985, pp. 1128-1139.
139. *Ibidem*, p. 1128.

chiatres n'acceptaient pas la décision du bureau de l'APA, et en demandèrent l'annulation. Ils proposèrent d'organiser un référendum... Les homosexuels firent campagne... Et en avril 1974, un peu plus de 10 000 « psys » votèrent : 58 % des voix confirmèrent la décision du bureau concernant l'exclusion de l'homosexualité de la liste des désordres mentaux.

Ce vote démocratique, bien que peu scientifique, n'a pas empêché les partisans de l'homosexualité-maladie de continuer à prôner leurs idées et à conseiller des traitements [140]. Au grand dam des homosexuels, ils ont perpétré une vision négative de l'homosexualité et renforcé angoisses et préjugés des homophobes en tout genre. Aux yeux des « psys », proches des positions freudiennes, si l'homosexualité n'est plus une maladie, elle constitue une « déviance » ou un « dysfonctionnement », qui ne relève pas de leur compétence. « Le hic, comme le fait remarquer Pierre Thuillier, c'est qu'on ne sait pas où finit la " déviance " et où commence la " maladie "... Une fois de plus, nous retrouvons le problème philosophique : comment définir les limites de la sexualité " normale " ?[141]. »

La réplique des gays

Les homosexuels et plus particulièrement les *Gay's Studies* ont réagi successivement de façon défensive puis offensive.

La réplique classique contre l'idée « d'un arrêt du

---

140. Brian Miller, « Gay Fathers & their Children », in *The Family Coordinator*, octobre 1979, p. 545 ; voir aussi Michel Bon et Antoine d'Arc, *Rapport sur l'homosexualité de l'homme*, Éd. Universitaire, 1974.

141. P. Thuillier, *op. cit.*, p. 1136.

développement sexuel » consiste à opposer Freud... à Freud lui-même qui, le premier, développa l'argument de l'essentielle bisexualité humaine. Pour Freud, l'homosexualité est bien une pulsion universelle, mais elle n'en est pas moins une étape à dépasser. Quand on soutient que l'homosexualité a la même place que l'hétérosexualité et qu'une double sexualité est l'état naturel à chacun, on trahit la pensée de Freud pour les thèses dissidentes d'un Groddeck. On sait que celui-ci a raconté [142] – non sans courage – l'alternance de ses expériences homosexuelles et hétérosexuelles et qu'il en a déduit sa thèse d'une double sexualité universelle qui perdure la vie entière [143].

Aux yeux de Groddeck, l'homosexualité a le même statut que l'hétérosexualité et c'est cette dernière, lorsqu'elle prétend à l'exclusivité, qui devient un problème en soi : le signe d'un refoulement excessif... Rien ne prouve que les théories de Groddeck, bien connu pour son originalité, soient exactes. Mais il a peut-être contribué, sinon à la banalisation de l'homosexualité, du moins à sa dédramatisation. Parti pris que l'on retrouve chez beaucoup de gens aujourd'hui, homosexuels ou non. Ainsi, lorsque Robert Brannon compare l'homosexualité au phénomène du gaucher : les origines et les causes de ces deux comportements restent inconnues. Comme l'homosexuel, le gaucher fait partie d'une minorité qui existe dans toute société humaine, et il n'y a pas plus de

---

142. Georg Groddeck, *Le Livre du ça*, 1923, Tel/Gallimard, 1978, pp. 247-249.
143. « *L'être humain est bisexuel tout au long de sa vie et le reste durant toute son existence*. C'est tout au plus, si une époque ou une autre obtient – en guise de concession à la morale, à la mode – que l'homosexualité soit refoulée, moyennant quoi elle n'est pas anéantie, mais seulement réprimée. Et pas plus qu'il n'y a de gens purement hétérosexuels, il n'y a de purs homosexuels », *ibidem*, p. 255, souligné par nous.

raisons, dit Brannon, de considérer l'homosexualité, que l'usage exclusif de la main gauche, comme contraire à la nature [144].

Nombre d'homosexuels en ont tiré les conséquences pratiques. Ayant constaté qu'un grand nombre de psychanalystes continuent à les traiter comme des malades dont il faut changer l'orientation sexuelle [145], que nombre de thérapeutes sont homophobes, ce qui engendre des désastres pour le patient, on conseille aux homosexuels qui désirent une thérapie de ne s'adresser qu'à des analystes eux-mêmes homosexuels. Ces derniers s'emploient, plus que les autres, à offrir une thérapie positive. Leur objectif étant de faire accepter au patient son homosexualité et de l'aider à l'intégrer aux autres aspects de sa personnalité [146].

La seconde réplique, apparue dans les *Gay's Studies,* à la fin des années 1980, se veut plus offensive. Le but n'est plus de convaincre de l'universalité de l'homosexualité, mais de remettre en question l'impérialisme hétérosexuel. Deux études parues en 1990 – l'une concernant plus spécialement l'homosexualité masculine [147], l'autre exclusivement le lesbianisme [148] – traitent l'hétérosexualité non comme une donnée naturelle et éternelle, mais comme une « institution » qui s'est imposée telle une norme contraignante à la fin du XIXe siècle. Les sexologues sont accusés d'avoir créé cette institution, d'abord

---

144. Cité par Gregory Lehne, « Homophobia Among Men », in *Men's Lives, op. cit.,* p. 419.
145. Nombre de thérapeutes continuent de conseiller aux homosexuels de fonder une famille comme remède à la maladie... Cf. Robert L. Barret & Bryan E. Robinson, *Gay Fathers,* Lexington Books, 1990, pp. 45-46.
146. Gordon Murray, « The gay side of manhood », *in* F. Abbott, *New Men, New Minds, op. cit.,* p. 135.
147. Jonathan Ned Katz, « The invention of heterosexuality », in *Socialist Review,* 1990 (1), pp. 7-34.
148. Sheila Jeffrey, *Anticlimax,* Women's Press, 1990.

en inventant le mot « hétérosexualité »[149] comme contre-point positif de « l'homosexualité », et en la déclarant seule sexualité normale.

Selon Katz, le XXᵉ siècle a vu s'amplifier une « mystique hétérosexuelle »[150] qui aboutit, après la Seconde Guerre, à une véritable « hégémonie hétérosexuelle »[151]. Ce n'est qu'à la fin des années 1960 que l'on commence à s'interroger sur la normalité hétérosexuelle. En 1968, *Time*, puis le *New York Times* font longuement « l'histoire » de l'hétérosexualité. C'est le début des revendications gays. On remet à la mode l'expression « dictature de l'hétérosexualité » utilisée pour la première fois par l'écrivain Christopher Isherwood. Les féministes lesbiennes parlent, dès 1976, d'« hétérosexualité obligatoire »[152] et en 1979, d'« hétérocentrisme »[153]. De partout monte la remise en cause de « l'hétérosexisme »[154] qui, à l'instar du racisme ou du sexisme, instaure une hiérarchie entre les uns et les autres. Dès les années 1980, le combat contre « la domination impériale de l'hétérosexualité »[155] est si virulent que pour la première fois, un psychanalyste californien se croit obligé de publier une *Défense de l'hétérosexualité* ![156].

Même si on fait la part du militantisme homosexuel dans ces attaques répétées contre l'hétérosexualité – parfois tendancieuses – le débat n'aura pas été vain. Dans un livre qui fait autorité sur l'histoire de la sexualité

---

149. Le mot n'est utilisé qu'à partir des années 1890.
150. J.N. Katz, *op. cit.*, p. 16.
151. *Ibidem*, p. 19.
152. Expression reprise avec le succès que l'on sait par Adrienne Rich en 1980, dans la revue *Signs*.
153. Le mot est de Lillian Faderman.
154. Gary Kinsman, « Men loving men », in *Men's Lives, op. cit.*, p. 506.
155. *Idem*, p. 515.
156. Stanley Keleman, *In Defense of Heterosexuality*, Berkeley, 1982. Cité par J. Katz, *op. cit.*, p. 28.

en Amérique, les auteurs prennent acte de « la vaste diversité dans l'histoire des émotions et comportements sexuels [157] ».

Les mutilés et les autres

Sans nier la diversité du monde homosexuel, on constate l'existence de « styles » dominants, différents selon les époques. A la fin du XIXᵉ siècle, la définition de l'homosexuel masculin fait état d'une extrême féminité du sujet. On parle d'une âme féminine dans un corps d'homme. Les maniérismes de l'homosexuel visible (démarche, élocution, apparence...) évoquent une parodie du féminin traditionnel. Les mots « tante », « tapette », « folle », désignent l'homosexuel passif qui paraît – à tort – incarner l'ensemble des homosexuels. Pendant un siècle, ceux-ci se partagent en deux catégories inégales : une minorité qui exhibe une féminité tapageuse et une majorité invisible, *in the closet,* qui cherche à dissimuler une sexualité furtive, vécue dans la honte. Le mouvement gay a certes contribué à libérer bon nombre d'homosexuels de leur culpabilité. Mais il n'a pas réussi à faire éclater les stéréotypes et les caricatures.

Au début des années 1980, Dennis Altman constate que le modèle dominant féminin s'est effacé au profit d'un autre : « Un nouveau type d'homme est devenu visible dans la plupart des grandes villes américaines – et à un moindre degré dans tous les centres urbains occidentaux. Ayant abandonné le style efféminé, le nouvel homosexuel exprime sa sexualité de façon théâtra-

---

157. John d'Emilio, Estelle B. Freedman, *Intimate Matters. A History of Sexuality in America,* Harper & Row, 1988.

lement masculine. Treillis, cuirs cloutés, etc. Le style androgyne, cheveux longs, des années 1970 était devenu celui des hétérosexuels, alors que les homosexuels privilégiaient l'image du supermacho [158]. » En France, une enquête réalisée auprès de plus de 1 000 homosexuels [159] montre que 83 % recherchent des partenaires à l'allure virile, contre seulement 13 % qui préfèrent des hommes d'allure efféminée.

Alors que les hétérosexuels tentent d'effacer les stéréotypes sexuels, la plupart des homosexuels hypermachos les accusent dans un hommage appuyé à la virilité traditionnelle avec son cortège de violences et de mépris du féminin. Aux Etats-Unis, on a vu se multiplier les bars « sadomasochistes », hantés par des homosexuels fascinés par les objets typiquement mâles, tels les chaînes, bottes, képis. Dans ces « bars cuir », où l'on joue à être des hommes, des *vrais* [160]. Seymour Kleinberg explique ce changement de style à 180 degrés par le désir de paraître fort, libre et actif ; de ne plus être systématiquement assimilé à l'homme « analement passif et oralement actif » [161], objet de tous les mépris. En fait, la culture « machiste » se révèle tout aussi aliénante que la précédente. Non seulement parce qu'elle interdit d'autres expressions de l'homosexualité (elle affiche le même dédain pour l'efféminé que l'hétérosexuel de jadis), mais surtout parce qu'elle montre une soumission totale aux stéréotypes hétérosexuels. Entre l'homosexuel maniéré de jadis qui jouait « la folle » pour entrer dans le monde caricatural que la société avait créé de l'ho-

---

158. D. Altman, *The Homosexualization of America, op. cit.*, p. 1.
159. M. Bon & A. d'Arc, *Rapport sur l'homosexualité de l'homme, op. cit.*, p. 269.
160. G. Corneau, *op. cit.*, p. 68.
161. S. Kleinberg, « The New Masculinity of Gay Men, and Beyond », in *Men's Lives*, p. 109.

mosexualité, et l'hypermacho qui mime le vieil idéal masculin, il n'y a guère de différence. S. Kleinberg fait observer que ce dernier n'est ni plus libre ni plus fort que le précédent ; de surcroît, « c'est dangereux de ressembler à son ennemi et pire encore, cela fait de vous son esclave, car cela signifie que la " grosse brute " est le référent par rapport auquel vous vous définissez. L'efféminé exprimait au moins une sorte de révolte contre l'oppression, mais le macho dénie à la fois la révolte et l'oppression... Passer à l'ennemi n'apaise pas sa colère. Les homosexuels en cuir sont devenus les cibles des bandes de jeunes homophobes [162]... ».

L'hypermacho et la « tante » sont victimes d'une imitation aliénante du stéréotype masculin ou féminin hétérosexuel. Les deux sont des hommes mutilés, à l'instar des hétérosexuels, durs et mous, déjà évoqués. Tous sont les victimes involontaires de la haine de soi, prisonniers de l'idéologie du dualisme oppositionnel des genres. Selon Gary Kinsman, seule la remise en cause des stéréotypes (masculins et féminins) par les hétérosexuels des deux sexes sortira les homosexuels de la prison du genre [163].

Les plus mutilés de tous sont les homosexuels qui ont intériorisé le rejet des hétérosexuels, autrement dit, les homosexuels homophobes [164].

---

162. *Idem*, p. 109.
163. Gary Kinsman, « Men Loving Men », in *Men's Lives, op. cit.*, p. 514.
164. Dans la grande enquête de Bell et Weinberg, près d'un quart des homosexuels ont dit regretter leur homosexualité (contre les 3/4 qui l'acceptaient). La même proportion avait tendance à penser que « l'homosexualité était une maladie affective, qu'ils seraient bouleversés si leur propre enfant devait devenir homosexuel et souhaitait avoir reçu une pilule magique d'hétérosexualité à la naissance » in *Homosexualités, op. cit.*, pp. 152-154. L'enquête effectuée auprès des lecteurs de la revue homophile française *arcadie* donne évidemment des résultats différents. Sur le plan conscient, la grande majorité des arcadiens, par définition militants actifs du mouvement homosexuel, acceptent leur homosexualité, 93 % ont répondu oui, et 7 % non. Mais Français ou Américains, ceux qui la rejettent évoquent la souffrance due à l'entourage, le rejet de la société globale,

Pourtant, quelles que soient les difficultés du vécu homosexuel, tous ne sont pas des hommes mutilés. Il est probable que la proportion d'homosexuels équilibrés, *well-adjusted* [165], rejoint celle des hétérosexuels non mutilés... Ni « folle » ni « hypermacho », l'homosexuel qui s'accepte reste à l'écart des stéréotypes de jadis. Il ne s'exhibe ni ne se cache, et veut vivre comme tout le monde. Pensant que « l'homosexualité est une source de bonheur égale à l'hétérosexualité [166] », il croit en l'amour, vit en couple et a une vie affective profonde et suivie. Il se sent la fibre paternelle et voudrait bien pouvoir élever un enfant [167]. Cet homosexuel-là sait maintenant que ce n'est pas lui le malade à soigner, mais l'homophobe [168] qui comme son nom l'indique souffre d'une phobie. Malheureusement, le bien-être homosexuel dépend grandement de l'évolution de la majorité hétérosexuelle. C'est seulement lorsque les *hommes mutilés* laisseront place aux *hommes réconciliés* que les homosexuels pourront à leur tour vivre en paix.

---

les conflits avec la foi, le regret de ne pas avoir d'enfant et le problème de la solitude, in *Rapport sur l'homosexualité de l'homme, op. cit.,* p. 459.

165. Expression du psychanalyste Richard Isay, « Homosexuality in Homosexual and Heterosexual Men », *in* G. Fogel, *op. cit.,* p. 277.

166. *Rapport sur l'homosexualité... op. cit.,* p. 458 et Bell et Weinberg, *op. cit.,* pp. 245-246.

167. *Le Nouvel Observateur,* 7-13 novembre 1991, pp. 10-15, « Homos : la nouvelle vie ».

168. Kenneth Plummer fut le premier à inverser la problématique de la maladie, *op. cit.,* p. 61.

CHAPITRE II

L'homme réconcilié

L'homme réconcilié n'est pas une quelconque synthèse des deux mâles mutilés précédents. Ni homme mou invertébré *(soft male),* ni homme dur incapable d'exprimer ses sentiments, il est le *gentle man* [1] qui sait allier solidité et sensibilité. Celui qui a trouvé son père et retrouvé sa mère, c'est-à-dire celui qui est devenu un homme sans blesser le féminin-maternel. Pour exprimer le caractère dialectique de ce processus, le concept d'*homme réconcilié* nous paraît préférable à celui de *gentle man.* La réconciliation illustre mieux l'idée d'une dualité d'éléments qui ont dû se séparer, voire s'opposer, avant de se retrouver. Elle prend en compte la notion du temps, d'étapes à franchir, de conflits à résoudre. Aujourd'hui, comme hier, le garçon ne peut pas faire l'économie de la différenciation masculine qui se traduit par une mise à distance de la mère et l'adoption d'un autre mode d'identification. Mais la réconciliation ne

---

1. John Misfud, « Men Cooperating for a Change », *in* F. Abbott, *op. cit.,* p. 140.

peut pas s'opérer par l'élimination d'une des deux parties. Les retrouvailles de l'homme adulte avec sa féminité première sont aux antipodes de la haine de soi qui procède par exclusion. Il est vrai que l'homme réconcilié n'est pas élevé dans le mépris et la peur du féminin qui caractérisaient l'éducation de son grand-père et qu'ainsi les retrouvailles sont moins difficiles et dramatiques que jadis.

Enfin, l'homme réconcilié ne peut naître que d'une grande révolution paternelle. Celle-ci, à peine commencée depuis une vingtaine d'années, nécessitera plusieurs générations pour être pleinement effective. Elle appelle un changement radical des mentalités et une profonde transformation des conditions de vie privée et professionnelle, qui ne peuvent se réaliser en une décennie.

La dualité intégrée et alternée

Mâles et femelles ne deviennent pleinement humains que dans l'androgynat, lequel est double, ou n'est pas. Malheureusement, l'androgyne a toujours eu mauvaise réputation. Son origine mythologique l'associe au monstre hermaphrodite ; la philosophie grecque, la mystique ou la littérature décadente du XIXᵉ siècle ont proposé d'autres interprétations qui ajoutent encore à l'extraordinaire et à la confusion. Et l'utilisation actuelle du concept d'androgyne se réfère souvent à l'une de ces conceptions passées.

L'androgyne est double

Selon son étymologie grecque (*anér-andros,* « homme » et *gyné-gynaicos,* « femme ») l'androgyne est un mélange de l'un et de l'autre, ce qui ne signifie pas un être doté de deux sexes [2].

La coexistence des deux éléments (masculin et féminin) hétérogènes est si difficile à penser que Jean Libis parle à juste titre d'« énigme ontologique de la dyade » ou d'« union paradoxale » [3]. Faut-il voir dans l'androgyne une image de la juxtaposition, « de la cumulation ou la prothèse » du masculin et du féminin dont les pouvoirs s'additionneraient ? Ou bien s'agit-il « d'une fusion, d'une synthèse » qui dissout les deux éléments dans une entité nouvelle [4] ? A moins que l'androgyne, tel qu'il se laisse voir aujourd'hui, ne soit, à proprement parler, ni juxtaposition, ni fusion.

Pour essayer de comprendre ce qu'est l'androgyne humain, il faut d'abord éliminer les confusions les plus courantes, qui ont en commun d'occulter la dualité fondamentale. Les uns confondent androgynie et féminisation, d'autres l'assimilent au masculinisme, d'autres enfin l'identifient à l'absence de toutes caractéristiques sexuelles. Ainsi, la littérature décadente de la fin du XIXᵉ siècle, fascinée par la figure de l'androgyne, le représente sous la forme du jeune homme efféminé. On donne pour bisexué un jeune éphèbe qui ressemble à un premier communiant. L'androgyne de Péladan [5] est un être non sexué, un adolescent vierge qui cessera d'exister dès qu'il succombera à la femme : « C'est le puceau qui

---

2. Le *Dictionnaire Robert* se trompe en renvoyant l'androgyne à l'hermaphrodite connu des généticiens et des physiologues parce qu'il possède effectivement des éléments des organes génitaux des deux sexes. D'ailleurs, les médecins concernés par cette anomalie ne confondent pas les deux termes. L'un désigne une anomalie physique, l'autre une réalité psychique.

3. Cf. « L'Androgyne », *Cahiers de l'hermétisme,* Albin Michel, 1986.

4. Jean Libis, « L'Androgyne et le nocturne », *Cahiers de l'hermétisme, op. cit.,* pp. 11-12.

5. *De l'Androgyne,* Sansot, Paris, 1910. Voir Françoise Cachin, « L'Androgyne du temps de Gustave Moreau », in *Nouvelle revue de psychanalyse,* nᵒ 7, 1973.

définit le mieux l'androgyne... A la première affirmation du sexe, il se résout au mâle et au féminin [6]. » Pour les esthètes de l'époque, la beauté de l'androgyne masculin se place au-dessus de la beauté féminine, bien qu'elle soit essentiellement féminine : le jeune homme imberbe aux cheveux longs n'affiche aucun signe de virilité. En revanche, une femme qui présente une masculinité évidente n'est plus ressentie comme un être féminin. F. Monneyron fait observer que dans le cas de la femme, la forme masculine ne s'ajoute plus à l'essence féminine mais la nie.

La confusion de l'androgyne et du féminin perdure encore aujourd'hui. Nombreux sont ceux qui ont cru que l'homme féminisé des années 1970 marquait l'avènement de l'androgyne [7]. Ils déchantèrent vite en constatant que cet homme mou n'avait plus rien de viril.

A l'inverse, d'autres dénoncent la tendance actuelle à une « masculinisation unilatérale : le monde est assujetti à la masculine raison, et dans sa lutte pour l'égalité des droits, la femme renie la plupart du temps sa féminité pour mieux faire valoir ses qualités masculines. Il y a eu assimilation des deux sexes, et tous deux se sont coulés dans le monde masculin » [8]. Cette critique amène plusieurs questions : les femmes doivent-elles nécessairement s'en tenir au féminin traditionnel ? Les hommes ont-ils une part de féminité et peuvent-ils l'exprimer ? Sous prétexte d'androgynes masculinisés, n'est-ce pas la notion même d'androgyne qui est mise en cause ?

Une troisième erreur possible consiste à confondre

---

6. Frédéric Monneyron, « Esthétisme et androgyne : les fondements esthétiques de l'androgyne décadent », in *Cahiers de l'hermétisme, op. cit.,* p. 221.
7. B. Ehrenreich, in *Men's Lives,* p. 34.
8. Sophie Latour, « L'archétype de l'androgyne chez Léopold Ziegler », in *Cahiers de l'hermétisme, op. cit.,* p. 205.

l'androgyne et le neutre, ce qui oblitère totalement le dualisme sexuel. Roland Barthes a bien évoqué ce « genre neutre qui n'est *ni* masculin, *ni* féminin » [9], le rien sexué. Ainsi vu, l'androgyne ne concernerait tout au plus que le nourrisson qui n'a pas encore accès à la différenciation sexuelle, peut-être le vieillard devenu indifférent, et certainement les angelots chers aux symbolistes qui, comme nous le savons, n'ont jamais eu de sexe... Même les jeunes Occidentaux qui adoptent un style unisexe (mi-masculin/mi-féminin) font moins le choix de l'indétermination et du neutre qu'ils ne manifestent en réalité l'inachèvement du processus de détermination sexuelle. Or l'androgyne humain ne se conçoit qu'après le long détour de l'acquisition de son identité sexuelle. On ne naît pas homme, on le devient et c'est seulement alors qu'on peut retrouver l'autre, et prétendre à l'androgynat qui caractérise l'homme réconcilié et achevé.

L'androgyne est l'achèvement d'un processus

On confond souvent la condition adulte avec l'âge de l'état civil. A 18 ans, on est considéré comme un homme, bon pour la citoyenneté, le mariage, la paternité et la guerre. Cependant, le jeune homme de cet âge semble fort éloigné de l'état adulte. Non seulement il n'en a pas fini avec l'acquisition de son identité masculine, mais il est encore loin de la dernière étape : celle de la réconciliation avec sa féminité qui définit le véritable androgyne.

Jung ne fut pas seulement le premier à conceptualiser

---

9. Roland Barthes, « Le Désir de neutre », cours au Collège de France en 1978, in *La Règle du jeu*, août 1991, n° 5, pp. 36-60.

la dualité de l'âme humaine *(animus/anima)*, il est aussi celui qui a attiré l'attention sur les âges de la vie et le tournant essentiel que constitue la quarantaine masculine. C'est seulement à mi-parcours que l'homme devient pleinement un adulte [10], plus tardivement que la femme. A cette époque, les normes masculines changent. Moins exclusivement centré sur lui-même, son pouvoir et sa réussite, l'homme peut se tourner vers les autres, manifester son attention et sa tendresse et ce qu'on appelle les qualités féminines. Peut-être l'âge idéal pour être père si l'on en croit l'expression de Erik Erikson, « l'âge de la générativité » [11].

Daniel Levinson, dont les travaux sur le cycle de la vie masculine font autorité, pense que la maturité se conquiert entre 18 et 40 ans selon un processus qui met en jeu différentes étapes suivies de remises en question de certains aspects de la virilité [12]. Entre 20 et 30 ans, un garçon doit encore contrôler et réprimer sa féminité intérieure. Il cherche à s'affirmer hors du monde familial, lutte pour s'imposer dans la vie professionnelle, mesure sa masculinité aux critères de la compétition, des succès, de sa reconnaissance par les hommes comme l'un des leurs et par les femmes comme un être de séduction. A 30 ans, il s'installe, se bat et travaille dur pour confirmer sa virilité. Durant cette longue période qui achève la construction de son identité masculine, il a tendance à confondre le tout de sa personnalité avec celle-ci. Vers la quarantaine, il est supposé avoir fait ses preuves [13].

---

10. John Moreland, « Age and Change in the Adult Male Sex Role », in *Sex roles*, vol. 6, n° 6, 1980, repris in *Men's Lives, op. cit.*, pp. 115-124.

11. Erik Erikson, *Childhood and Society*, 2ᵉ ed., N.Y., 1963, pp. 266-268.

12. D.J. Levinson, *The Seasons of a Man's Life*, N.Y., Ballantine, 1978, chap. 9, 13 et 15. Voir aussi Levinson (and al.), « Periods of adult development in men : âge 18-44 », in *The Counseling Psychologist*, 1976, 6, pp. 21-25.

13. « Il entre dans une phase de transition qui introduit à de nouvelles questions

Le temps de l'androgynat est venu. Comme le dit joliment Levinson, il peut enfin commencer le processus de « détribalisation » [14] pour devenir un humain au sens plein du terme.

Cette conception de l'androgyne, aboutissement d'un processus, le distingue de ses représentations antérieures. L'androgyne moderne ne résulte ni d'une conjonction des deux sexes, ni d'une fusion qui les élimine. L'être humain potentiellement bisexuel n'est pas d'emblée androgyne. Contrairement à l'hermaphrodite qui exhibe les deux sexes à la naissance, le petit de l'homme naît dans l'indétermination sexuelle et ne peut faire l'économie de l'apprentissage successif de la féminité et de la masculinité. Deux étapes pour les filles, trois pour le garçon qui accomplit un retour à la féminité. Nier la nécessité des étapes et de l'apprentissage de la différenciation ne peut engendrer que la confusion identitaire. La suggestion de la psychologue féministe américaine Sandra Bem – grande avocate de l'androgynat – d'élever les enfants « hors du schéma de genre » [15] nous paraît relever d'une méconnaissance plus aliénante que libératrice de l'androgyne. Il faut d'abord apprendre qu'on est un garçon ou une fille, et la seule distinction des organes génitaux – contrairement au dire de Sandra Bem [16] – ne suffit pas à construire un sentiment d'identité sexuelle [17].

---

et d'autres tâches. Il se retourne sur son passé, prend la mesure de la réalisation de ses rêves de jeunesse et de tout ce qu'il a laissé de côté pour s'y consacrer. Il peut enfin retrouver la partie féminine de sa personne. » Peter Filene, « Between a rock and a soft place : a century of american manhood », in *South Atlantic Quaterly, op. cit.,* pp. 348-349.

14. D.L. Levinson, *The Seasons of a Man's Life, op. cit.,* p. 242.

15. Sandra Bem, « Gender schema theory ans its implications for child development : raising gender – aschematic children in a gender – schematic society », in *Signs,* 1983, n° 8, pp. 598-616.

16. *Ibidem.*

17. Voir 1re partie, chapitre II.

En fin de parcours, l'être humain androgyne n'est pas le « genre flou » souhaité par le Québécois Marc Chabot [18]. Il n'est pas non plus *simultanément* féminin et masculin. Il *alterne* l'expression de ses deux composantes selon les exigences du moment. Les femmes jouent très bien de cette alternance en fonction des étapes de la vie ou des circonstances. Les hommes peuvent faire de même. Le père peut être successivement féminin avec son bébé, et franchement viril avec un enfant plus âgé !

Maternant puis joueur de rugby... L'identité androgynale permet un *va-et-vient* des qualités féminines et masculines qui n'est comparable ni à « l'économie de la séparation et de la distance » de jadis, ni à « l'écologie de la fusion » [19]. Elle ressemble à un jeu entre des éléments complémentaires dont l'intensité varie d'un individu à l'autre. L'identité sexuelle intériorisée, chacun joue de sa dualité à sa façon.

L'androgyne humain est un être sexué, distinct de l'autre, qui ne peut intégrer l'altérité que lorsqu'il s'est trouvé lui-même. Certes, jamais homme et femme n'ont été plus ressemblants, jamais les genres n'ont été moins contrastés [20]. Mais la ressemblance n'est pas l'identité et les *différences subtiles* [21] subsistent. Les enfants de parents androgynes finissent toujours par les détecter.

---

18. Marc Chabot : « Je viens plaider pour un genre flou », in *Genre masculin ou genre flou, op. cit.,* p. 182. Voir aussi Sandra Bem, « Au-delà de l'androgyne. Quelques préceptes osés pour une identité sexuelle libérée », in *La Différence des sexes, op. cit.,* p. 270.

19. Michel Maffesoli, *Au Creux des apparences, op. cit.,* p. 257.

20. E. Badinter, *L'Un est l'autre.*

21. Nous entendons par là les différences dûment observées dans la façon dont homme et femme tiennent le bébé, jouent avec lui, lui parlent, etc. Différences corporelles, de voix, etc. Différences de projection.

La révolution paternelle [22]

La fin du patriarcat marque le début d'une toute nouvelle paternité. L'homme réconcilié ne ressemble plus guère au père de jadis. Le patriarche incarnait la loi, l'autorité, la distance, mais on a peu prêté attention au fait que le patriarcat se définissait aussi par l'abandon des bébés par les pères. Il allait de soi que le petit enfant était la propriété exclusive de la mère. Le début de la vie se déroulait donc dans la quasi-ignorance du père. La disparition progressive du patriarcat et les recherches entreprises depuis une vingtaine d'années font apparaître une tout autre image du père et de sa fonction, notamment à l'égard de son fils. Aux Etats-Unis et en Scandinavie, de multiples études sur des garçons à problèmes ont abouti à des conclusions identiques qui bouleversent bien des croyances : « C'est au cours *des deux premières années* de leur existence que les garçons ont absolument besoin du père [23]. » Henry Biller précise même que « les garçons qui ont souffert de l'absence du père au tout début de leur vie sont plus handicapés au regard de plusieurs dimensions de leur personnalité, que ceux qui ont été privés de leur père à un âge plus avancé [24] ».

---

22. Dans tout ce chapitre, nous entendons par « père », non seulement le géniteur de l'enfant, mais tout substitut paternel qui donne amour et soins à un enfant.
23. G. Corneau, *op. cit.*, p. 26 précise : « Les garçons observés étaient, pour la plupart, des fils de soldats, abandonnés en bas âge, ou des fils de marins dont les pères s'absentaient neuf mois par an. On retrouve chez ces garçons les mêmes développements atypiques que chez les orphelins placés dans des foyers d'accueil inadéquats ou chez des fils de familles monoparentales élevés en vase clos et manquant de substituts paternels. »
24. Henry B. Biller, « Fatherhood : Implications for Child and Adult Deve-

On reprend conscience du vieil adage aristotélicien : ce sont les hommes qui engendrent les hommes. Mais aujourd'hui, avec des *a priori* radicalement différents d'hier.

Panorama de la paternité occidentale

Des deux côtés de l'Atlantique, la question du père est la plus controversée qui soit. Sans souci des nuances, on annonce le crépuscule des pères ou leur renaissance. Les sons de cloche varient du tout au tout en fonction de l'humeur et de l'idéologie des spécialistes de la famille [25]. En vérité, on ne peut plus tracer le portrait du père type tant la réalité paternelle est bigarrée. Si la majorité des pères vivent toujours sous le même toit que la mère et les enfants [26], ils sont de plus en plus nombreux à vivre à l'extérieur de ce foyer, divorcés ou séparés, ayant la charge de leur progéniture.

A lire les statistiques de l'INSEE sur l'emploi du temps quotidien des hommes et des femmes, le pessimisme le plus noir s'empare du lecteur. En 1985, une femme salariée consacrait quarante-deux minutes quotidiennes aux soins matériels des enfants, alors que son alter ego masculin ne leur accordait que six minutes [27] ! Même

---

lopment », in *Handbook of Development Psychology* (ed. Benjamin B. Wolman) Prentice-Hall, Englewood Cliffs, 1982, p. 706. Voir aussi H.B. Biller & D.L. Meredith, « Invisible American Father », in *Sexual behavior*, 1972, 2, pp. 16-22.

25. Ainsi, aux Etats-Unis, deux chercheurs bien connus du public expriment des points de vue radicalement opposés : la féministe Barbara Ehrenreich constate la fuite des hommes américains devant les responsabilités familiales, alors que Joseph Pleck l'un des fondateurs des *Men's Studies*, soutient que les hommes s'impliquent de plus en plus dans la paternité.

26. *Population et Sociétés*, janvier 1988 : en 1986, ils étaient 86,2 %, mariés ou cohabitants, dans ce cas.

27. Cf. INSEE, *Les Femmes*, 1991, p. 141.

dans les foyers qui se veulent égalitaires, les études américaines évaluent l'implication respective moyenne du père et de la mère à 35 % et 65 % [28]. Les pères passent quatre fois moins de temps que la mère en tête-à-tête avec l'enfant et n'éprouvent pas le même sentiment d'engagement à son égard [29].

Diane Ehrensaft et Arlie Hochschild, qui ont fait des études approfondies sur ces familles « égalitaires », ont tracé un portrait similaire de ce nouveau père. C'est un homme issu des classes moyennes ou supérieures qui bénéficie d'une formation et de revenus plus élevés que la moyenne. Il a une profession libérale lui permettant, comme à sa femme, de disposer plus librement de son temps et un sentiment de rejet pour la culture masculine traditionnelle. La plupart se disent en rupture avec le modèle de leur enfance et ne veulent à aucun prix reproduire le comportement de leur propre père, jugé « froid et distant ». Ils souhaitent « réparer » leur propre enfance [30]. Enfin, ils vivent avec des femmes qui n'ont pas envie d'être mère à temps complet.

De façon générale, les pères qui participent activement aux soins et à l'éducation de leurs enfants se disent plus heureux de leur paternité que ceux qui sont peu impliqués [31]. Encore faut-il préciser que la satisfaction

---

28. J. Pleck, « Men's Family Work : Three Perspectives and Some New Data », in *The Family Coordinator,* octobre 1979, pp. 481-488.
29. S. Cath, A. Gurwitt, L. Gunsberg (ed.), *Fathers and their Families,* The Analytic Press, N.Y., 1989, p. 12. Voir aussi Diane Ehrensaft, *Parenting Together,* University of Illinois Press, 1987 ; Arlie Hochschild, *The Second Shift,* Avon Books, N.Y., 1989 ; Michael Kimmel (ed.), *Changing Men, op. cit.* Voir aussi les études anglaises de Lorna McKee & Margaret O'Brien, *The Father Figure,* Tavistock Publications, 1982, et de Charlie Lewis & M. O'Brien, *Reassessing Fatherhood,* Sage Publications, 1987.
30. L'enquête d'Arlie Hochschild prouve que les nouveaux pères égalitaires qui réagissent contre leur propre père, ont néanmoins pu s'identifier avec des hommes satisfaisants (beau-père, frère aîné, etc.) ; ce qui leur a permis de retrouver leur mère sans crainte de devenir trop féminins, *op. cit.,* pp. 216-218.
31. Voir l'étude de Frodi (et al.) sur les familles suédoises, *Scandinavian*

paternelle dépend étroitement de la liberté du choix. Dans les cas de plus en plus nombreux où hommes et femmes inversent les rôles (elle a un travail et lui est au chômage), la paternité « imposée » a des conséquences moins positives. Les études de G. Russell sur ce type de famille en Australie montrent que les pères qui s'occupent à plein temps de leurs enfants se plaignent – comme beaucoup de mères dans la même situation – d'avoir une vie ennuyeuse et répétitive, de manquer de relations sociales, et en plus de subir le regard critique de la famille et des amis [32]. Dès qu'ils peuvent retrouver une activité professionnelle, ils en reviennent à un modèle familial plus traditionnel. Même constat en Suède, où le congé de paternité existe depuis 1974. Les pères prennent souvent le congé le plus court pour la naissance du bébé et rarement les plus longs pour élever l'enfant, malgré des conditions financières intéressantes [33]. Ils veulent bien « partager » avec la mère, mais non inverser

---

Journal of Psychology, 1982, 23, pp. 53-62, celles de G. Russell sur les Australiens : « Share-caregiving Families : an Australian Study », *in* Lamb (ed.), *Non Traditional Families : Parenting and Child Development,* Hillsdale, N.Y., 1982 ; Lawrence Erlbaum, *The Changing Role of Fathers,* University of Queensland Press, 1983. Voir aussi celles de Radin pour les États-Unis, ou celles de Sagi en Israël ; toutes deux sont publiées dans le recueil de Lamb, *op. cit.*

32. G. Russell, « Primary Caretaking and Role-Sharing Fathers », *in* Lamb (ed.), *The Father's Role,* J. Wiley and sons, 1986, pp. 29-57, and « Problems in Role-Reversed Families », *in* Lewis & O'Brien (ed.), *Reassessing Fatherhood, op. cit.,* pp. 161-179. Russell estime à 10 000 ou 15 000 ce type de familles en Australie, soit 1 à 2 % des familles.

33. En Suède, depuis 1988, une assurance parentale accorde 15 mois de congé aux parents pour la naissance d'un enfant, dont 12 mois avec une indemnité qui représente 90 % du salaire normal. Le congé peut être pris par les deux parents, mais non simultanément. Jusqu'à présent, les hommes ont été lents à prendre leur congé parental : un père sur cinq seulement, et ce pour des périodes plus courtes que les congés de maternité pris par les femmes. Cf. Stig Hadenius & Ann Lindgren, *Connaître la Suède,* Institut Suédois, 1990, p. 67. Il est vrai que des enquêtes faites en 1980 sur des pères qui avaient pris un mois ou plus de congé parental montraient qu'ils avaient été en butte aux réactions négatives de leur employeur (enquêtes citées par J. Pleck, « Employment and Fatherhood : Issues and Innovative Policies », *in* Lamb (ed.), *The Father's Role, op. cit.,* pp. 401-402).

les rôles. En dépit de la campagne du gouvernement suédois pour inciter les pères à s'occuper davantage de leurs enfants, les hommes ont montré qu'ils n'avaient pas envie de s'y consacrer à plein temps. En revanche, dans certaines familles norvégiennes, où père et mère travaillent à mi-temps et partagent les activités parentales, on relève le plus fort pourcentage de satisfaction des deux membres du couple [34].

Le nombre de pères qui élèvent seuls leurs enfants est en augmentation dans la plupart des sociétés occidentales. En France, on estimait, en 1990, à 223 500 le nombre d'enfants vivant avec leur père [35]. Aux Etats-Unis [36], ce nombre a augmenté de 100 % entre 1971 et 1981 et les spécialistes pensent que cela continuera ainsi, bien que la proportion des enfants confiés à la mère et au père reste toujours la même. Les études consacrées à ces pères montrent qu'ils ont plus souvent la garde des garçons que des filles, des préadolescents que des nourrissons, et qu'ils se heurtent aux mêmes problèmes que les mères seules : temps, argent, garde des enfants, etc. Ils éprouvent autant de difficultés avec leurs filles adolescentes que les mères avec leurs fils du même âge. Dans l'ensemble, les pères seuls se débrouillent bien [37], surtout quand ils savent mobiliser leur féminité, pour être père et mère à la fois [38].

34. E. Gronseth, « Work Sharing : A Norvegian Example », in Rapoport & Rapoport (eds) ; *Working Couples*, Ste Lucia, University of Queensland Press, 1978.
35. *Population et sociétés*, n° 269, juin 1992.
36. Un enfant sur cinq vivait, en 1984, dans une famille monoparentale : 90 % avec leur mère (soit 10,5 millions) et 10 % avec leur père (soit 1,5 million). Cf. Shirley M. Hanson, « Father/child relationship : Beyond Kramer vs Kramer », in *Marriage and Family Review*, vol. 9, n° 3-4, 1986, pp. 135-149.
37. *Ibidem*, p. 145. Voir aussi Arnold J. Katz, « Lone Fathers : Perspectives and Implications for Family Policy », in *The Family Coordinator*, octobre 1979, pp. 521-527, recense toutes les études sur ce sujet aux Etats-Unis, en Australie et au Canada.
38. Margaret O'Brien, qui a mené une enquête en profondeur sur 59 pères

La plupart des pères divorcés n'ont pas la garde de leurs enfants [39]. Lors du divorce, seule une minorité de pères la demandent. Plusieurs raisons peuvent expliquer ce phénomène. Depuis une vingtaine d'années, les ruptures interviennent de plus en plus tôt : elles atteignaient en 1982 leur maximum vers la quatrième année d'union [40], c'est-à-dire quand les enfants sont encore petits. Les mouvements de la condition paternelle et masculine accusent d'une même voix les juges de sexisme [41], qui confient systématiquement le petit enfant à la mère. Mais il est plus probable que la prégnance du modèle traditionnel qui sanctifie la dyade mère/enfant reçoive l'agrément conjoint du juge, du père et de la mère. Le père ne songe pas à demander la garde et la mère n'imagine pas la lui laisser [42].

Pourquoi ne pas admettre que nombre de pères n'ont tout simplement pas envie de bouleverser leur mode de vie, ralentir leur vie professionnelle et freiner leurs ambitions pour s'occuper d'un petit enfant ? Les mères seules qui travaillent à plein temps savent que les enfants sont une lourde charge. Pour les unes, les compensations affectives valent bien ce prix. Mais pour d'autres, les

londoniens en charge d'enfants de 5 à 11 ans, cite cette confidence de l'un d'eux : « Je dois me référer à moi-même comme à une " mère ", parce qu'il n'y a pas de mot pour désigner les hommes qui font ce que je fais », « Becoming a Lone Father : Differential Patterns and Experiences », in *The Father Figure, op. cit.,* p. 184.

39. En 1984, moins de 10 % des pères divorcés français avaient eu la garde de leurs enfants.

40. *Données sociales,* 1990, INSEE, p. 298.

41. *Journal de la condition masculine,* n° 50 (1987), n° 62 (1990), *L'Express,* 13-19 juin 1991, p. 80.

42. Malgré l'absence de statistiques nationales sur les demandes de garde par le père, une enquête récente effectuée auprès du tribunal de Paris semble confirmer cette hypothèse : « Sur 200 affaires traitées, dans 161 cas où il n'y avait pas de conflit sur la garde, la mère s'en est vue chargée dans 145 cas, et le père dans 12 cas seulement. La même enquête révèle que sur 14 cas de conflit, la mère a obtenu la garde de l'enfant dans 9 cas, le père dans 5. » Cf. Violette Gorny, *Priorité aux enfants. Un Nouveau pouvoir,* Hachette, 1991, p. 87.

raisons du choix ont pour noms culpabilité et sens du devoir. Autant de pressions qui pèsent encore peu sur les pères !

L'enquête menée en 1985 par H. Leridon et C. Villeneuve-Gokalp sur les relations des enfants avec leurs parents séparés montre la disparité saisissante entre les comportements paternels et maternels. « Plus de la moitié des enfants perdent contact avec le parent non gardien, la mère comme le père, ou n'ont que des relations épisodiques avec lui (moins d'une fois par mois). Comme les enfants résident avec leur mère huit fois sur dix, c'est le plus souvent avec le père que les contacts sont distendus. » Loin des yeux, loin du cœur ! Rien ne prouve que les statistiques ne seraient pas inversées si les pères avaient massivement la garde de leurs enfants. Pourtant un chiffre laisse pensif : 27 % des pères séparés ne voient *plus jamais* leur enfant, et ils sont à peu près autant à ne jamais verser un sou de pension alimentaire. Indifférence, culpabilité ou colère contre la mère, ces statistiques montrent crûment que l'amour pour l'enfant dépend étroitement du suivi et de l'intensité des relations. Et cela, il faut vraiment le vouloir.

Enfin, il existe une catégorie de pères dont on ne parle jamais en France [43] et qui commence à faire l'objet d'études aux Etats-Unis et au Canada : les pères homosexuels. Leur nombre est difficile à évaluer pour des raisons évidentes. En Amérique (Etats-Unis et Canada),

---

43. L'enquête faite au début des années 1970 auprès des arcadiens indiquait que si la grande majorité restait célibataire, 16 % avaient été un jour mariés, 8 % l'étaient encore au moment de l'enquête, 13 % avaient des enfants (10 % conçus, 3 % adoptés). Mais l'on ne sait à peu près rien de leur paternité, *Rapport sur l'homosexualité de l'homme, op. cit.*, pp. 156 et 163. Alan P. Bell estime à 20 % le nombre d'hommes homosexuels qui avaient déjà été mariés, in *Homosexualités, op. cit.*, p. 202.

Fréquence des rencontres des enfants avec leurs parents [44], lorsque ceux-ci sont séparés (et tous deux vivants)

| | Ensemble | Dont parents : | | | | Age de l'enfant | | | |
| | | Séparés dès la naissance | Cohabitants jamais mariés | Divorcés | | 0-4 ans | 5-8 ans | 9-12 ans | 13-16 ans |
				Total	dont : avec garde conjointe				
Avec la mère									
– Vie commune (a)	81	94	78	82	70	89	82	83	75
– Mi-temps	2	1	1	2	11	2	2	1	2
– Un jour ou deux par semaine	0	0	0	0	2	0	0	1	0
– Tous les 15 jours	4	2	3	5	7	4	3	4	4
– Une fois par mois ou toutes les vacances scolaires	1	0	0	1	2	0	2	1	1
– Moins d'une fois par mois	4	0	8	4	6	0	4	3	7
– Jamais	6	1	10	4	0	5	5	7	7
– Non-réponse, inconnu	2	2	0	2	2	0	2	0	4
Total	100	100	100	100	100	100	100	100	100
Avec le père									
– Vie commune (a)	12	5	20	13	14	5	10	11	18
– Mi-temps	3	2	3	3	14	3	5	1	3
– Un jour ou deux par semaine	6	3	5	7	17	5	7	4	7
– Tous les 15 jours	13	2	5	18	9	14	15	14	10
– Une fois par mois ou toutes les vacances scolaires	7	2	3	9	4	3	8	8	7
– Moins d'une fois par mois	21	12	20	23	26	22	23	22	18
– Jamais	27	56	39	19	6	40	24	26	25
– Non-réponse, inconnu	11	18	5	8	10	8	8	14	12
Total	100	100	100	100	100	100	100	100	100

(a) Ou : rencontre « presque tous les jours »

44. Henri Leridon et Catherine Villeneuve-Gokalp, *Enquête sur la situation des familles*, INED, janvier 1988, p. 19. Tableau republié dans *Population et sociétés*, janvier 1988, n° 220.

258

on estime à six millions le nombre d'homosexuels mariés ou pères [45], et à un million le nombre de pères gays.

Beaucoup se demanderont : comment peut-on être homosexuel et père ? Généralement, ces hommes se sont mariés en toute bonne foi, ignorant leurs pulsions homosexuelles [46]. Se marier et avoir des enfants constituent à leurs yeux un certificat de normalité. La plupart ne reconnaissent leur homosexualité qu'une fois mariés et pères. Prise de conscience graduelle, douloureuse et terriblement culpabilisante. David Leavitt a superbement décrit le chemin de croix d'un père de famille qui ne pourra avouer son homosexualité qu'après vingt-sept ans de mariage, terrorisé à l'idée de blesser sa femme, son fils, et de briser son foyer [47]. Double vie, mensonges, peur d'être découvert constituent le quotidien de ces hommes qui redoutent la stigmatisation et le regard de leurs enfants. Ceux qui choisissent de vivre à visage découvert finissent par divorcer et se retrouvent dans une situation juridique et sociale difficile. Victimes à la fois du rejet des homosexuels et des hétérosexuels qui leur reprochent de s'être mariés pour se dissimuler, les pères gays sont isolés, privés de la garde de leurs enfants [48]. Le pire étant d'avoir à leur révéler leur orientation sexuelle au risque de les traumatiser, de perdre leur affection et leur respect [49].

---

45. F.W. Bozett, *Gay and Lesbian Parents*, N.Y., Praeger, 1987.
46. *Rapport sur l'homosexualité, op. cit.*, pp. 166-170 ; Brian Miller, « Lifestyles of Gay Husbands and Fathers », in *Men's lives, op. cit.*, pp. 559-567 ; B. Miller, « Gay fathers and their children », in *The Family Coordinator*, octobre 1979, pp. 544-552 ; Robert L. Barret & Bryan E. Robinson, *Gay Fathers*, Lexington books, 1990.
47. David Leavitt, *Le Langage perdu des grues*, 1986, trad. française, Denoël, 1988.
48. B. Miller, *The Family Coordinator, op. cit.*, p. 549.
49. En 1977, une enquête nationale révéla que l'homosexualité était le sujet le plus difficile à aborder entre parents et enfants, *The General Mills American Family Report*, Minneapolis, 1977.

Le silence qui entoure les pères homosexuels n'empêche pas la constitution d'un certain nombre de mythes, tous plus négatifs les uns que les autres. Barret et Robinson en ont relevé une dizaine [50]. Parmi les plus répandus, l'idée que les pères gays sont des malades qui risquent de transmettre leur homosexualité à leurs enfants. Or il n'existe aucune preuve que les enfants d'homosexuels aient davantage tendance à l'homosexualité que les autres [51]. Comme le remarquait avec humour un père interviewé : « Mes parents hétérosexuels n'ont pas réussi à faire de moi un hétérosexuel. Il n'y a donc aucune raison de croire que je réussirai à faire le contraire, même si je le voulais [52] ! »

Autre mythe qui a la vie dure : le gay serait un obsédé sexuel et le père homosexuel aurait tendance à s'attaquer à ses propres enfants, ou à laisser ses amis le faire. Or rien n'est plus faux. Toutes les enquêtes prouvent que l'homosexuel se rend moins souvent coupable d'actes délictueux que l'hétérosexuel [53]. Selon les statistiques nationales de la police américaine, 90 % des enfants agressés sexuellement le sont par des hétérosexuels [54]. Les comportements incestueux ou les attentats à la pudeur sont rarissimes, voire inexistants chez les pères homosexuels. Or c'est l'une des raisons le plus souvent invoquées devant les tribunaux américains pour leur refuser la garde de leurs enfants...

---

50. Barret & Robinson, *op. cit.*, pp. 32-33.
51. Une étude approfondie de 40 pères homosexuels, dont les 48 filles et 42 garçons étaient suffisamment grands pour que l'on connaisse leur préférence sexuelle, a démenti ce mythe. Seuls un des garçons et trois filles semblaient s'orienter vers l'homosexualité ; Brian Miller, in *Men's Lives, op. cit.*, p. 565 ; Brian Miller, in *The Family Coordinator, op. cit.*, pp. 546-547.
52. Brian Miller, in *The Family Coordinator*, p. 547.
53. A. Bell & M. Weinberg, *Homosexualités ; Le Regard des autres*, Arcadie, 1979, p. 65 ; Barret & Robinson, *op. cit.*, pp. 42 et 80.
54. B. Voeller & J. Walters, « Gay Fathers », *The Family Coordinator*, 1978, nº 27, pp. 149-157 ; B. Miller, *The Family Coordinator*, 1979, p. 546.

Dernier argument contre les pères homosexuels : ils exposeraient leurs enfants à la persécution de la société. Il est vrai que les pères qui vivent ouvertement leur homosexualité font encourir à leurs enfants le risque d'être méprisés et rejetés par leurs pairs et les adultes. Mais les enquêtes montrent que ces pères sont sensibles à ce handicap et font ce qu'ils peuvent pour en protéger leurs enfants. Contrairement au fantasme répandu, le père homosexuel n'est pas un pervers irresponsable. Il aime ses enfants comme n'importe quel père. Les différentes études à notre disposition le décrivent avide d'avoir des relations affectueuses et stables avec ses enfants, souvent plus maternel, mais aussi plus strict dans l'application de la loi que le père traditionnel [55].

Ces mises au point nécessaires ne doivent pas dissimuler les difficultés rencontrées par les enfants d'homosexuels. D'abord, la nécessité de garder le secret à l'égard de l'entourage, même le plus proche. La peur de trahir le père ou celle des quolibets crée un sentiment d'isolement pénible. S'il n'y a pas de secret à garder, la vie de l'enfant n'est guère plus facile car il reçoit de plein fouet l'homophobie non dissimulée de la société. Le pire étant que l'enfant intériorise lui-même cette homophobie. Enfin, les enquêtes à notre disposition tendent à montrer que les filles acceptent mieux que les garçons l'homosexualité de leur père, mais que certains enfants manifestent des troubles du comportement ou de l'identité. Au demeurant, pas notablement plus que les enfants de parents divorcés hétérosexuels [56].

---

55. F.W. Bozett, « Gay Fathers : A Review of the Literature », in *Journal of Homosexuality*, 1989, 18, pp. 137-162 ; J. Bigner & A. Jacobsen, « The value of Children for Gay Versus Heterosexual Fathers », in *Journal of Homosexuality*, 1989, 18, pp. 163-172.
56. R. Barret & B. Robinson, *op. cit.*, p. 89.

De cette parenthèse sur le père homosexuel, on peut retenir que l'orientation sexuelle ne prouve rien quant à la qualité du « parentage ». Pourtant, l'opinion est bien plus sévère à l'égard de ce père-là que vis-à-vis de celui qui a disparu de la vie de son enfant...

Le bon père : du maternage au paternage

Depuis des décennies, on ne compte plus les études destinées à mesurer les conséquences du père absent. Leurs conclusions sont sujettes à controverses [57]. S'il est vrai que les garçons élevés sans père paraissent statistiquement rencontrer plus de difficultés que les autres (contrôle de l'agressivité, réussite scolaire, problème d'identité de genre...), le constat souffre de larges exceptions. Tous les enfants élevés sans père n'ont pas nécessairement de problèmes et ceux qui vivent sous le même toit que lui ne sont pas assurés d'un développement normal. A ce jour, personne ne connaît à coup sûr les raisons du succès ou de l'échec. Présence ou absence paternelle ne suffisent pas, seules, à en rendre compte [58].

Depuis que les mères sont entrées massivement sur le marché du travail et que les pères « de transition » [59] sont appelés à s'occuper de leurs enfants, les recherches plus récentes inversent la problématique et tentent de mesurer les effets de la présence paternelle notamment

---

57. Pour le résumé de ces études et controverses, cf. Michael E. Lamb, *The Father's Role, op. cit.*, pp. 14-16. Cf. aussi, Gregory G. Rochlin, *The Masculine Dilemma*, Little, Brownaud Co, Boston, 1980.

58. De multiples facteurs entrent en jeu : la présence ou non de substituts paternels ; l'étroitesse des rapports entre père et fils est certainement plus importante que la présence ou l'absence du père.

59. Theresa Jump & Linda Haas, « Fathers in Transition », in *Changing Men, op. cit.*, pp. 98-114.

auprès des tout-petits. L'homme commence sa carrière paternelle avec la naissance de l'enfant. Durant les premiers mois du nourrisson, il est à proprement parler un père/mère [60], ou si l'on préfère une mère masculine, plus mère que masculine pour satisfaire aux besoins du bébé. Contrairement à la tradition culturelle et linguistique, le « maternage » n'a pas de sexe [61]. Pour éviter le piège du langage, les Anglo-Américains lui préfèrent souvent le mot plus neutre *nurturing,* qui signifie « nourrir physiquement et affectivement », ou *parenting.* Les deux termes ayant l'avantage d'effacer les distinctions sexuelles.

Le maternage s'apprend sur le tas. L'homme et la femme apprennent [62] d'autant plus vite qu'ils ont eu eux-mêmes des parents maternants. La qualité du maternage est aussi une question d'opportunité : une étude sur les pères qui élèvent seuls leur bébé montre qu'ils adoptent plus encore que les pères mariés un comportement proche de celui de la femme maternante. Plus qu'une différence de genre, le maternage d'un homme ou d'une femme dépend de son enfance, ou de circonstances extérieures qui n'ont rien à voir avec sa physiologie [63].

Pour bien s'occuper de son bébé, le père – comme la mère – doit mobiliser toute sa féminité première. D'ailleurs, la réactivation de celle-ci commence souvent pendant la grossesse de sa femme. L'*expectant father* est en butte à des bouleversements psychologiques de mieux

---

60. E. Badinter, *L'Amour en plus, op. cit.,* pp. 365-368.
61. Diane Ehrensaft utilise le mot « maternage » pour désigner les soins quotidiens donnés à l'enfant, accompagnés de la conscience d'être directement responsable de lui, ce qui n'a rien à voir avec les quelques minutes par jour que le père traditionnel consacre à son enfant, « When Women and Men Mother », in *Socialist Review,* février 1980, n° 49, pp. 45-46.
62. Voir Robert A. Fein, « Research on Fathering », in *Journal of Social Issues,* 1978, vol. 3-4, n° 1, p. 128. Cf. aussi M. Lamb, *op. cit.,* p. 11.
63. Barbara J. Risman, « Men who Mother », in *Gender & Society,* mars 1987, vol. 1, n° 1, pp. 8-11.

en mieux connus. Il doit faire face au retour du féminin maternel primaire et au souvenir inconscient de la fusion [64]. Expérience que certains hommes supportent mal, comme en témoignent mille petits maux éprouvés durant la grossesse ou leur fuite hors du foyer [65]. Nul doute que pour certains hommes, « l'adoption d'une identité paternelle cohérente est la tâche d'intégration la plus difficile de l'âge adulte [66] ».

Après la naissance, le père est d'autant plus maternant qu'il réactive les toutes premières relations avec sa mère. Contrairement aux théories de Chodorow soutenant que les hommes n'ont pas les mêmes capacités relationnelles que les femmes, l'expérience prouve au contraire que leur commune protoféminité passée les met à égalité devant le maternage. Plus le père se laisse envahir par sa féminité, plus il manifeste d'intimité avec son bébé, et meilleur père il est. Les nombreuses études sur la relation père/nourrisson, observée au cours des six premiers mois, sont formelles : les pères maternent aussi bien que les mères [67], et presque comme les mères [68]. Affirmation confirmée par l'observation des pères célibataires, ou de ceux, mariés, qui ont le rôle maternant principal [69]. Le père peut, comme la mère, établir une

---

64. S. Osherson, *Finding our Fathers, op. cit.,* pp. 133 et 140.
65. John Updike, *Rabbit Run,* trad. française, *Cœur de lièvre.* Le héros prend la fuite en apprenant la grossesse de sa femme, et délaisse ensuite sa maîtresse également enceinte. Voir aussi G. Delaisi de Parseval, *La Part du père,* Le Seuil, 1981, et Mary-Joan Gerson, « Tomorrow's Fathers », *in* Cath, Gurwitt, Gunsberg (ed.), *Fathers & their Families,* 1989, *op. cit.,* pp. 127-144.
66. Mary-Joan Gerson, *op. cit.,* p. 141.
67. En plus des travaux déjà cités, cf. ceux de T. Berry Brazelton, Michaël Yogman, Kyle Pruett, F. Pedersen, etc.
68. « Des enfants de trois mois interréagissent parfaitement bien avec le père comme avec la mère selon un même schéma réciproque et mutuellement régulé... Pères et mères manifestent la même capacité à faire jouer le nourrisson, à capter son attention... » Cf. M. Yogman, « La Présence du père », in *Objectif bébé ; Autrement,* n° 72, 1985, pp. 143-144.
69. Kyle C. Pruett, « The Nurturing Male », *in* Cath (and al.), 1989, pp. 389-

véritable relation symbiotique avec son bébé [70]. A condition de savoir mettre en sommeil sa masculinité traditionnelle. « Le pur macho, le dur de dur, est essentiellement inapte à la paternité [71]. » Ne sont bons parents que ceux qui savent jouer de leur bisexualité.

Pourtant, si le père peut materner aussi bien que la mère, les spécialistes de la relation père/nourrisson observent de subtiles différences entre le maternage masculin et féminin. « Le père tend à jouer avec le tout-petit plus que la mère et ses jeux sont généralement plus stimulants, plus vigoureux, plus excitants et plus perturbateurs pour le bébé [72]. » Yogman a noté que les pères se livraient, très tôt, à des jeux tactiles et de mouvement au cours desquels ils cherchaient à exciter l'enfant, alors que les mères préféraient les jeux visuels qui incitaient l'enfant à fixer son attention. Mêmes observations quand l'enfant a huit mois et au-delà. Dès la naissance, le père, qui se comporte dans les autres domaines comme la mère, a tendance à le tenir et à le bercer davantage. Au cours des entretiens avec Yogman, les pères soulignaient l'importance du contact physique, de la « sensation du bébé qui bougeait contre eux [73] ». Ces différences dans la façon de jouer et dans la qualité de la stimulation se retrouvent dans toutes les études consacrées au père non

405 ; R. Fein, « Research on Fathering », *op. cit.*, pp. 127-131 ; McKee & M. O'Brien, *The Father Figure, op. cit.*, pp. 56-60 et 162-167.

70. Peter B. Neubauer, « Fathers and Single Parents », *in* Cath (and al.), 1989, pp. 63-75.

71. Judith Kestenberg (and al.), « The Development of Paternal Attitudes », *in* Cath, Gurwitt & Munder Ross (eds), *Father and Child*, 1982, p. 206. A. Hochschild a noté que les pères très impliqués parlaient de la paternité comme les femmes du maternage, *op. cit.*, pp. 228-229.

72. N. Yogman in *Autrement, op. cit.*, p. 144. Voir aussi du même « Observations on the Father-Infant Relationship », *in* Cath (and al.), 1982, *op. cit.*, pp. 101 à 122.

73. *Ibidem, Autrement*, p. 145.

traditionnel, américain ou suédois, anglais ou australien [74].

Autre différence entre le maternage du père et de la mère : le père se comporte différemment avec le bébé mâle et femelle, surtout à partir d'un an. Contrairement à la mère, qui traite garçon et fille de la même façon, le père est plus préoccupé de la virilité de son bébé mâle. Non seulement, il a tendance à passer plus de temps à jouer avec lui [75] mais il encourage des attitudes viriles, comme l'activité physique, l'indépendance, l'exploration, alors qu'il est plus caressant avec sa fille dont il stimule les caractères féminins : douceur, passivité, tranquillité...
Autre différence sexuelle : on a constaté que les parents touchaient davantage les organes génitaux de l'enfant du même sexe qu'eux et moins l'autre [76]. Le témoignage d'un père qui a réfléchi sur ses sentiments paternels est éloquent : donner le bain à son fils de 17 mois est un plaisir sensuel revendiqué : « Après tout il est le seul homme dont je puisse, sans enfreindre directement le tabou de l'homosexualité, toucher la verge, amusant petit appendice. Les baisers, alors appelés papouilles, se donnent dans une grande camaraderie. » Rien de tel avec sa fille, une dizaine d'années auparavant : « J'étais un jeune père éperdu, fasciné par la beauté de cette petite femme... Mais totalement respectueux, presque inhibé à l'endroit de son sexe. Quand je passais le coton d'hygiène

---

74. M. Lamb fait observer que l'on ignore encore si ces différences sont d'origine sociale ou biologique.
75. Michael Lamb & Jamie Lamb, « The Nature and Importance of the Father-Infant Relationship », in *The Family Coordinator,* octobre 1976, pp. 379-384. Voir M. Lamb, « The Development of Mother-Infant and Father-Infant Attachments in the Second Year of Life », in *Developmental Psychology,* 1977, n° 13, pp. 637-648. Mêmes conclusions de Charles Lewis, « The Observation of Father-Infant Relationship », in *The Father Figure, op. cit.,* p. 161.
76. Charlie Lewis, *op. cit.,* p. 155.

à l'intérieur des grandes lèvres... Je me transformais sur-le-champ en puéricultrice, froide et professionnelle [77]. »

En vérité, pas de bonne paternité possible sans l'acceptation de son homosexualité latente, et un soupçon de pédophilie ! Il est temps que l'on reconnaisse au père ce qu'on accorde à la mère depuis toujours...

Les avantages du père/mère sont considérables pour le petit enfant. Outre qu'il représente une nouvelle source de stimulation et un autre objet d'amour que la mère, il se révèle un très bon modèle d'identification pour son fils. Mais pas de la façon attendue. Les travaux de H. Biller [78] et de M. Lamb [79] ont démontré que c'est moins la masculinité du père qui importe que l'intimité et la chaleur de la relation père/fils. Autrement dit, ce sont les caractéristiques « féminines » du père qui donnent au fils l'envie de le prendre pour modèle. Certes, il sera plus androgyne que le fils d'un père traditionnel, moins avide de la distinction des rôles sexuels, mais au fur et à mesure qu'il grandit, le garçon peut s'identifier à un objet d'amour du même sexe que lui. Dès dix-huit mois (phase phallique), le fils recherche activement la présence du père, l'imite et le préfère [80]. Cela n'a rien à voir avec une attitude féminine, passive, ni avec l'amour qu'il porte à sa mère. Selon Loewald, l'attachement précoce au père repose sur l'identification avec un idéal. Ainsi s'instaure une relation triangulaire pré-œdipienne positive [81] qui

---

77. Jules Chancel, « Le corps de b. », in *Pères et fils, Autrement,* nº 61, juin 1984, p. 210, souligné par nous.
78. H. Biller, *Father, Child, and Sexe Role,* Lexington M.A., Heath, 1971.
79. M. Lamb, *The Role of the Father in Child Development,* N.Y., Wiley, 1981.
80. *Idem.* Le petit garçon est très fier que son père lui apprenne à uriner debout comme un homme.
81. Voir les travaux de John Munder Ross, 1977, 1979, 1982. Et Peter Blos, *Son and Father,* N.Y., The Free press, 1985. John Munder Ross, qui a réinterprété le cas du petit Hans, suggère une autre raison de sa névrose : l'insuffisance du

l'aide à sortir du dilemme maternel et atténue la peur des femmes. Elle n'empêche pas l'intervention du complexe d'Œdipe ni l'angoisse de la castration, mais en diminue les effets dramatiques.

Le nouveau père/mère apporte un démenti éclatant à la thèse de l'attachement exclusif du nourrisson pour sa mère (John Bowlby), et à sa conséquence : un bébé ne peut s'attacher qu'à une seule personne à la fois [82]. Les travaux précurseurs de M. Lamb ou M. Yogman montrent qu'il n'en n'est rien. C'est le parent qui investit le plus son bébé qui devient le principal objet d'attachement – sans distinction de sexe – et ce rapport préférentiel n'en exclut pas d'autres. De plus, les préférences changent avec l'âge. Si une majorité d'enfants semblent plus proches de la mère la première année, tous changeront plusieurs fois de parents favoris au cours des deux années suivantes. Cela dépend des étapes psychologiques, du sexe de l'enfant et des circonstances extérieures [83]. Mais quelle que soit l'évolution de ses sentiments, l'enfant intériorise ses deux parents disponibles et n'est plus enfermé dans une relation à deux qui risque de l'étouffer.

On mesure très bien les avantages de ce nouveau type de famille, en particulier pour le petit garçon. Nul besoin de rites barbares pour le séparer de sa mère et le faire accéder au monde des hommes. Des contacts étroits avec le père dès la naissance lui épargneront avantageusement les chagrins et les douleurs de la masculinisation. Mais celle-ci sera moins différenciée, moins évidente que la précédente. Elle s'organisera autour des *différences subtiles,* aussi essentielles demain que l'était hier le dualisme

---

père durant la deuxième année. Cf. « The Riddle of Little Hans », *in* Cath (and al.), 1989, pp. 267-283.
82. Voir M. Malher, Winnicott, F. Dolto, etc.
83. Diane Ehrensaft, *Parenting Together, op. cit.,* pp. 195-199.

oppositionnel. Passées les premières années, le père doit mobiliser toute sa virilité pour la transmettre à son fils. Il doit jouer de sa bisexualité et savoir évoluer du père/mère au père/mentor. Deux étapes de l'amour paternel aussi nécessaires l'une que l'autre. Mais jusqu'ici, rares sont les pères qui ont su passer de l'une à l'autre.

Les conditions de la révolution paternelle

La révolution paternelle, à peine perceptible aujourd'hui, devrait engendrer de grands bouleversements pour les générations à venir et notamment une nouvelle masculinité, plus diversifiée et plus subtile. Mais elle suppose des rapports de couple plus démocratiques que ceux que nous connaissons aujourd'hui, qui ne relèvent pas de la seule bonne volonté des individus. A ce jour, les instances dirigeantes des sociétés occidentales n'ont pas encore intégré qu'une femme vaut un homme et moins encore qu'un père vaut une mère [84].

Près des deux tiers des mères travaillent à l'extérieur de chez elles [85]. Même si les mères danoises travaillent trois fois plus souvent que les espagnoles, nul doute qu'un nouveau modèle maternel s'impose très rapidement dans

---

84. Un homme qui reste chez lui, en France, pour s'occuper d'un enfant malade est encore plus mal vu qu'une femme qui fait de même. En revanche, en Suède, l'assurance parentale prévoit une indemnisation pour le parent qui reste au foyer pour s'occuper d'un enfant malade (au plus 90 jours par an et par enfant jusqu'à l'âge de douze ans). Les pères sont, en gros, aussi nombreux que les mères à rester au foyer pour soigner leur enfant malade. Cf. *Connaître la Suède, op. cit.,* p. 67.

85. Pour les Etats-Unis, cf. Bureau of labor statistics, *Employment and Earning, Characteristics of Families : First Quarter* (Washington, D.C., U.S. Department of Labor, 1988). Pour l'Europe, cf. Julio Caycedo & Boyd Rollins, « Employment Status and Life Satisfaction of Women in Nine Western European Countries », in *International Journal of Sociology of the Family,* 1989, vol. 19, pp. 1 à 18.

l'ensemble de la société occidentale. Et l'on n'en finit pas de recenser les injustices dont elles sont l'objet [86]. Les mères françaises, qui ne sont pas les plus mal loties [87], disent souvent leur lassitude d'une inégalité dont elles ne voient pas la fin. Tout naturellement, elles en appellent à leurs compagnons qui font la sourde oreille, ou presque.

Cette situation bien connue d'une majorité de femmes ne doit pas en dissimuler une autre plus rarement évoquée : la résistance des mères au partage du maternage. Toutes les études montrent que l'implication paternelle dépend aussi de la bonne volonté maternelle [88]. Or beaucoup de femmes ne désirent pas voir leur compagnon s'occuper davantage des enfants. Vers les années 1980, deux enquêtes montraient que les pères qui auraient voulu s'impliquer un peu plus n'y étaient pas encouragés : 60 à 80 % de leurs épouses n'y tenaient pas [89].

Pour expliquer leur attitude de refus, bien des femmes invoquent l'incompétence de leur mari qui leur donne plus de travail qu'il ne leur en épargne. Mais plus profondément, elles ressentent leur prééminence maternelle comme un pouvoir qu'elles ne veulent pas partager ; fût-ce au prix d'un épuisement physique et psychique [90]. De fait, leur attitude à l'égard de l'implication paternelle

---

86. Une enquête danoise extrêmement détaillée concluait en 1988 : « Il est vrai que les hommes partagent de plus en plus les tâches de la maison, mais c'est toujours les femmes qui font le plus gros travail », *Time and Consumption*, Gunnar Viby Mogensen, 1990, pp. 36 et 201. Cette volumineuse étude danoise prouve la volonté de ce pays de mettre en lumière les inégalités sexuelles.

87. Comme les mères américaines, elles travaillent au total près de 7 heures de plus par semaine que leurs compagnons, soit 15 jours de plus par an !

88. N. Radin, « Primary Caregiving and Role-Sharing Fathers » et G. Russell, « Shared-Giving Families : An Australian Study », in *Non-Traditional Families* (ed. Lamb), 1983, *op. cit.*, pp. 173-204 et 139-171.

89. Quinn & Staines, *The 1977, Quality of Employment Survey*, Ann Arbor, M.I., 1979. Voir aussi J. Pleck, *Husbands and Wifes' Paid Work, Family Work, and Adjustment*, Wellesley, M.A., 1982.

90. M. Lamb & D. Oppenheim, « Fatherhood and Pather-Child Relationships », in Cath (and al.), 1989, p. 18.

a très peu changé depuis quinze ans [91]. Et on peut supposer qu'elle ne changera pas fondamentalement tant que l'ensemble de la société n'aura pas entériné une nouvelle distribution des pouvoirs masculins et féminins. Même parmi les femmes qui disent vouloir une plus grande participation paternelle, il peut y avoir plus d'ambivalence que ne l'indiquent les résultats de l'enquête de 1982. Les travaux de Russell sur les pères australiens [92], qui s'occupent de la maison et des enfants, ont révélé une réelle insatisfaction de leurs épouses, source de frictions conjugales.

La précieuse étude de Diane Ehrensaft sur ces nouvelles familles montrent que les mères sont souvent jalouses des liens qui unissent le père et l'enfant [93]. Elles se sentent exclues et se plaignent de ne pas avoir avec leur mari la même intimité que celle qu'il partage avec l'enfant, ce qui fait dire à Ehrensaft que lorsque la mère perd son rôle prééminent, elle doit faire face à l'idée que l'enfant n'est pas un prolongement d'elle-même. Il appartient et s'identifie aussi à quelqu'un d'autre. Impression encore plus pénible si l'enfant est un garçon. Curieusement, l'enquête n'a montré aucune jalousie symétrique du père à l'égard de la dyade mère/enfant.

Mais les couples regardés au scalpel par Ehrensaft sont une minuscule exception à la règle générale. Ces parents qui partagent à 100 %, sans aucune distinction des rôles, ne sont absolument pas représentatifs de la réalité familiale actuelle. Il serait faux et malhonnête de laisser entendre que les hommes ne sont que les victimes des femmes qui les empêchent de paterner. A côté d'un

91. J. Pleck, *op. cit.*, 1982.
92. En 1982 et 1983, *op. cit.*
93. *Parenting Together*, *op. cit.*, pp. 151 à 163.

certain nombre de pères qui en feraient volontiers un peu plus, subsiste une armée d'hommes qui ne s'en sentent ni l'envie, ni le devoir. Ceux-là ne sont pas des « pères empêchés » par leurs femmes, mais les héritiers de l'homme dur qui s'interdit à lui-même d'être père.

Avantages et inconvénients du partage parental

Il y a deux modèles possibles : l'un où pères et mères font exactement la même chose ; l'autre où les parents se partagent les tâches. Le premier modèle, plus rare encore que le second, est celui adopté par les 40 couples observés par Ehrensaft. Dès la naissance de l'enfant, les parents avaient choisi de remplir toutes les tâches (sauf l'allaitement quand il avait lieu) indifféremment et de montrer à l'enfant que papa et maman étaient interchangeables. Les résultats enregistrés ne sont pas dénués d'ambivalence, pour l'enfant et le couple lui-même.

Pas d'apparence de confusion ou d'anxiété chez l'enfant d'un tel couple. Même si, petits, ils utilisent les mots « papa » et « maman » de façon interchangeable et pas toujours à bon escient. Ehrensaft, d'abord inquiète, a compris en les observant que pour eux ces appellations renvoyaient davantage à des catégories sociales qu'à des noms propres. Quand un enfant appelait sa mère, c'était parfois le père qui se manifestait. Autrement dit, c'était le parent le plus proche qui répondait à l'appellation « maman » et l'enfant apprenait que deux personnes pouvaient remplir le même rôle. La critique la plus courante adressée à ce mode de « parentage » est le risque encouru par les enfants d'avoir un sentiment confus de leur identité sexuelle. Or aucun d'entre eux ne manifestait de problème identitaire *(core gender)*. En revanche, ils n'avaient pas une claire notion des rôles sexuels habituels *(gender role identity)* puisque papa et maman faisaient la même chose. Ils l'acquéraient plus tardivement, au contact du monde extérieur, et par la perception des *différences subtiles,* entre le père et la mère. Même ces enfants de parents particulièrement androgynes éprouvent le besoin, le moment venu, c'est-à-dire vers trois, quatre ans, d'accuser leur identité de genre. Telle cette petite Sonia (dont père et mère aux cheveux longs ne vivaient qu'en jeans), qui se déguisait en petite fille modèle (cheveux bouclés, apparence soignée et robes à smocks) pour affirmer sa féminité. Devenue une adolescente à la fois féminine et sportive, elle aimait les garçons mais avait une conscience bien établie de l'égalité des sexes.

En revanche, certains jeunes garçons exprimaient d'abord leur féminité [94] au grand dam des parents, qui redoutaient d'avoir un fils homosexuel. La revendication masculine venait plus tard et moins marquée que la revendication féminine des filles. Par ailleurs, aucun de ces garçons ne manifestait ce mépris des filles qui caractérise le petit mâle traditionnel.

Les plus grands inconvénients de ce modèle sont probablement pour les parents. La division ambiguë du travail entre eux fait qu'ils ne savent jamais qui est censé faire quoi. La constante double responsabilité parentale aboutit à un surinvestissement de l'enfant qui n'est avantageux ni pour lui ni pour eux. Le « surparentage » donne des enfants plus égocentriques qui attendent d'être aimés et pris en charge à chaque instant.

---

94. Notamment en mettant des vêtements féminins. Mais, contrairement au *Sissy boy,* ce comportement qui n'était qu'une manifestation de la double identification sexuelle, était toujours passager.

En faisant passer l'enfant avant tout, les parents perdent leur intimité de couple et risquent d'évacuer leurs intérêts personnels et sexuels. De plus, tous les parents égalitaires reconnaissent la nécessité de négociations concernant l'enfant qui exige une grande dépense d'énergie et de temps. Si ce mode de parentage est propre à la solidarité des parents, il a ses limites. Le couple peut être en danger quand les enfants quittent la maison.

Le second modèle, plus répandu, est le partage à 50/ 50 : participation égale, mais tâches différentes. Plus précisément, il y a certains soins donnés à l'enfant indifféremment par le père ou la mère, et d'autres, plus spécifiques de l'un ou l'autre des parents. Les tenants de la disparition radicale des rôles sexuels désapprouvent ce modèle accusé de prolonger les stéréotypes. Pourtant, le danger n'existe que faiblement dans la mesure où ceux qui choisissent ce modèle ont déjà fait le pas essentiel hors des conventions. Economie de temps, accès de l'enfant à ses deux parents, plus grande solidarité parentale que dans le modèle traditionnel qui conforte le couple, sans le menacer. D'ailleurs, les enfants semblent plus solides et moins anxieux.

Quel que soit le modèle adopté, la révolution paternelle ne mettra pas fin à la mésentente des couples ni aux divorces. Leurs enfants continueront à se partager entre père et mère. Mais si les pères achèvent leur révolution, ces enfants auront une plus grande chance de conserver des relations suivies et chaleureuses avec eux. Quand on a beaucoup aimé, soigné et investi un petit enfant, on ne l'abandonne pas facilement. Encore faut-il que les femmes reconnaissent le partage des responsabilités et que magistrats, employeurs et autres institutions prennent acte de cette évolution.

Propos utopiques, diront certains. La réalité est chaotique et conflictuelle. L'égoïsme des uns, la passion des autres, les éternels règlements de comptes, feront échouer de tels schémas. Pas si sûr, car il y va de l'intérêt de tous. De l'enfant à coup sûr, même si nous savons qu'il ne suffit pas toujours à déterminer le comportement de ses parents, mais aussi des parents eux-mêmes, parce qu'à long terme rien n'est plus douloureux et culpabilisant que le mal-être de son enfant. A condition, toutefois, qu'on ait appris à l'aimer.

L'homme en mutation

La double paternité (du père/mère au père mentor) mettra du temps à s'imposer, et avec elle les conditions de la réconciliation masculine. Cela ne veut pas dire que les hommes des générations présentes soient condamnés à l'alternative de la mutilation. L'homme dur et l'homme mou ne sont que deux prototypes qui ne prétendent pas décrire la réalité masculine dans sa diversité. De tout temps, il y eut des hommes pour refuser les figures imposées, des pères chaleureux et attentifs qui ont laissé parler leur féminité, des hommes tendres pour aimer leurs femmes comme leurs égales. Mais il faut du courage pour défier les modèles dominants, et il en fallait plus encore au temps des cow-boys qu'il y a trente ou quarante ans sous nos cieux.

Aujourd'hui, les jeunes hommes ne se retrouvent ni dans la virilité caricaturale du passé, ni dans le rejet de toute masculinité. Ils sont déjà les héritiers d'une première génération de mutants. Fils de femmes plus viriles et d'hommes plus féminins, ils ont parfois du mal à s'identifier à leurs pères. Parmi ces derniers, il y a ceux,

nombreux, qui ont fait un pas hors du modèle traditionnel, par conviction ou pour plaire à leur compagne, sans
y renoncer vraiment. Coincés entre un discours moder-
niste et une pratique qui ne l'est pas, ils se sentent
déphasés à l'égard des femmes et offrent à leurs fils une
image contradictoire de la masculinité. D'autres, plus
rares, ont récusé la virilité traditionnelle et se sont
retrouvés démunis de tout modèle masculin. Ils se sont
essayés aux pères/mères sans pouvoir transformer l'essai,
puisqu'ils ne savaient plus quelle masculinité transmettre.
Face à des femmes qui jouaient allègrement de leur
nouvelle virilité, ces hommes ont cru les rejoindre sur le
terrain de l'androgynat en étant plus féminins qu'elles.
Inversion des identités qui n'a pas nécessairement séduit
les fils. On en connaît qui se tournent à contrecœur vers
leur mère pour découvrir le secret de la virilité et en
veulent inconsciemment au père émasculé.

A ce jour, les pères qui offrent à leur fils une image
d'homme réconcilié sont encore des exceptions. Comment
s'en étonner ? Il faut être ignorant des problèmes identitaires pour croire qu'une même génération d'hommes,
élevée dans l'ancien modèle, réussirait d'un seul coup le
triple saut périlleux : la remise en question d'une virilité
ancestrale, l'acceptation d'une féminité redoutée et l'invention d'une autre masculinité compatible avec elle. Ce
n'est pas parce qu'on conteste l'identité de ses pères
qu'on est prêt psychologiquement à se réconcilier avec
sa féminité. Ni parce qu'on a accepté celle-ci, que l'on
a découvert la virilité qui vous sied. Surtout lorsque ce
mot est devenu l'objet de tant d'interrogations et de
polémiques.

Il est temps de dire à nos fils que Terminator, loin
d'être un surhomme, en est une parodie misérable. Il est
surtout grand temps de faire l'éloge des vertus masculines

qui ne s'acquièrent ni passivement, ni facilement, mais se disent en termes d'efforts et d'exigences. Elles s'appellent maîtrise de soi, volonté de se surpasser, goût du risque et du défi, résistance à l'oppression... Elles sont les conditions de la création, mais aussi de la dignité. Elles appartiennent à tout être humain au même titre que les vertus féminines. Celles-ci conservent le monde, celles-là en font reculer les limites. Loin d'être incompatibles, elles sont indissociables pour prétendre au titre d'humain. Bien qu'une tradition millénaire les ait opposées en les attribuant à l'un ou l'autre sexe, nous prenons peu à peu conscience que les unes sans les autres risquent de tourner au cauchemar : la maîtrise de soi peut devenir névrose, le goût du risque être suicidaire, la résistance se muer en agression. Inversement, les vertus féminines, tant célébrées de nos jours, peuvent, si elles ne sont pas tempérées par les vertus masculines, conduire à la passivité et à la subordination.

Les femmes l'ont compris un peu avant les hommes et se réjouissent d'incarner cette humanité réconciliée. Mais elles ont tort de s'étonner du retard masculin à les rejoindre. Contrairement à la vieille histoire de la damnation d'Eve, Dieu s'est fait son complice. Non seulement il a ôté le pouvoir procréateur à Adam pour le donner à sa compagne, mais du même coup, il a accordé aux femmes le privilège de naître d'un ventre du même sexe. Il leur a ainsi épargné tout un travail de différenciation et d'opposition qui marque de façon indélébile le destin masculin. Le père/mère peut atténuer les douleurs de la séparation et faciliter l'acquisition de l'identité masculine, il ne pourra jamais annuler les effets de la fusion originaire. Tant que les femmes accoucheront des hommes, et que XY se développera au sein de XX, il sera toujours un peu plus long et un peu plus difficile

277

de faire un homme qu'une femme. Pour s'en convaincre, il suffit d'imaginer l'hypothèse inverse : si les femmes naissaient d'un ventre masculin, qu'en serait-il du destin féminin ?

Quand les hommes prirent conscience de ce désavantage naturel, ils créèrent un palliatif culturel de grande envergure : le système patriarcal. Aujourd'hui, contraints de dire adieu au patriarche, ils doivent réinventer le père et la virilité qui s'ensuit. Les femmes, qui observent ces mutants avec tendresse, retiennent leur souffle...

Bibliographie

Choix de romans
qui éclairent la condition masculine
contemporaine

Amis Martin, *Money, Money,* 1984, traduit de l'anglais, Mazarine, 1987.

Assayas Michka, *Les Années vides,* L'Arpenteur, 1990.

Bannier François-Marie, *Balthazar, fils de famille,* Gallimard, 1985.

Bazot Xavier, *Tableau de la passion,* POL, 1990.

Belletto René, *La Machine,* POL, 1990.

Bellow Saul, *Au Jour le jour,* Nouvelles, traduit de l'américain, Gallimard, 1962.

– *Le Cœur à bout de souffle,* 1987, traduit de l'américain, Juilliard, 1989.

Benoziglio Jean-Louis, *Tableau d'une ex.,* Seuil, 1985.

Bernhard Thomas, L'ensemble de son œuvre et en particulier la suite autobiographique : *L'Origine, La Cave, Le Souffle, Le Froid, Un Enfant,* Biblios, Gallimard, 1990.

– *Extinction, un effondrement,* 1986, traduit de l'allemand, Gallimard, 1990.

Bonhomme Frédéric, *L'Obsédé,* Laffont, 1990.

Brancati Vitaliano, *Les Années perdues,* 1943, traduit de l'italien, Fayard, 1988.

– *Don Juan en Sicile,* 1942, traduit de l'italien, Gallimard, 1968, réédité par Fayard, 1990.

Braudeau Michel, *L'Objet perdu de l'amour*, Seuil, 1988.
Braudigan Richard, *L'Avortement*, 1971, traduit de l'américain, Points, Seuil, 1991.
Bruckner Pascal, *Lunes de fiel*, Seuil, 1984.
Bryce-Echenique Alfredo, *L'Ultime déménagement de Felipe Carrillo*, 1988, traduit de l'espagnol, Presses de la Renaissance, 1990.
Bukowski Charles, *Women*, 1978, traduit de l'américain, Livre de Poche, 1985.
Burger Hermann, *La Mère artificielle*, 1982, traduit de l'allemand, Fayard, 1985.
Camon Ferdinando, *La Maladie humaine*, 1981, traduit de l'italien, Gallimard, 1984.
– *La Femme aux liens*, 1986, traduit de l'italien, Gallimard, 1987.
– *Le Chant des baleines*, 1989, traduit de l'italien, Gallimard, 1990
Carrère Emmanuel, *La Moustache*, POL, 1986.
Chardin Philippe, *L'Obstination*, Jacqueline Chambon, 1990.
Charyn Jérôme, *Poisson-chat*, 1980, traduit de l'américain, 1982, Poche, Seuil, 1983.
Clément Roland, *Fausse note*, Éd. Phébus, 1990.
Conroy Pat, *Le Grand Santini*, 1976, traduit de l'américain, Presses de la Renaissance, 1989.
– *Le Prince des marées*, 1986, traduit de l'américain, Presses de la Renaissance, 1988.
Cubertafond Bernard, *On s'est manqué de peu, Chroniques d'un homme libéré*, Dumerchez-Naoum, 1987.
Dagerman Stig, *Notre plage nocturne*, traduit du suédois, Maurice Nadeau, 1988.
– *Notre besoin de consolation est impossible à rassasier*, traduit du suédois, Actes Sud, 1989.
Delisle Michael, *Drame privé*, POL, 1990.
Djian Philippe, *Lent dehors*, Bernard Barrault, 1991.
Domecq Jean-Philippe, *Antichambre*, Quai Voltaire, 1990.
Donleavy J.P., *Un Homme singulier*, 1963, traduit de l'américain, Denoël, 1971.
– *Les Béatitudes bestiales de Balthazar B.*, 1968, traduit de l'américain, Denoël, 1973.
– *Le Tennis de Alphonce*, 1984, traduit de l'américain, Denoël, 1986.
Drieu La Rochelle Pierre, *Journal*, 1939-1945, Gallimard, 1992.
Faber Thomas, *La Courbe du chien*, 1984, traduit de l'américain, Gallimard, 1986.
Faldbakken Knut, *Le Journal d'Adam*, 1978, traduit du norvégien, Presses de la Renaissance, 1991.
– *La Séduction*, 1985, traduit du norvégien, Presses de la Renaissance, 1988.

~ *Le Monarque,* 1988, traduit du norvégien, Presses de la Renaissance, 1990.

Fernandez Dominique, *L'Ecole du Sud,* Grasset, 1991.

~ *Porfirio et Constance,* Grasset, 1991.

Field Michel, *Le Passeur de Lesbos,* Bernard Barrault, 1984.

Ford Richard, *Rock Springs* (1979/1987), Nouvelles, traduit de l'américain, Payot, 1989.

~ *Un Week-end dans le Michigan,* 1986, traduit de l'américain, Payot, 1990.

Franck Christopher, *Le Rêve du singe fou,* 1976, Seuil-Poche, 1989.

Franck Dan, *La Séparation,* Seuil, 1991.

Giudicelli Christian, *Station balnéaire,* Gallimard, 1986.

Goytisolo Juan, *Chasse gardée,* 1985, traduit de l'espagnol, Fayard, 1987.

~ *Les Royaumes déchirés,* 1986, traduit de l'espagnol, Fayard, 1988.

Grass Günter, *Le Turbot,* 1977, traduit de l'allemand, Seuil, 1979.

Grimm Jacob et Wilhelm, « L'homme de fer », *Contes,* t. II, Grand Format, Flammarion, 1991.

Guibert Hervé, *Mes Parents,* Gallimard, 1986.

Gustafson Lars, *Musique funèbre,* 1983, traduit du suédois, Presses de la Renaissance, 1985.

Haavardsholm Espen, *Le Romantisme est mort, Anna,* 1983, traduit du norvégien, Actes Sud, 1988.

Handke Peter, *La Femme gauchère,* 1976, traduit de l'allemand, Gallimard, 1978.

Härtling Peter, *Une femme,* 1974, traduit de l'allemand, Flammarion, 1977.

~ *Hubert ou le retour à Casablanca,* 1978, traduit de l'allemand, Seuil, 1982.

~ *Felix Guttmann,* 1985, traduit de l'allemand, Seuil, 1985.

Hemingway Ernest, *Les Aventures de Nick Adams,* 1972, traduit de l'américain, Gallimard, 1977.

Irving John, *Le Monde selon Garp* (1976, 1977, 1978), traduit de l'américain, Seuil, 1980.

~ *L'Hôtel New Hampshire,* 1981, traduit de l'américain, Seuil, 1983.

Jaccard Roland, *Les Chemins de la désillusion,* Grasset, 1979.

~ *Lou,* Grasset, 1982.

James Henry, *Les Bostoniennes,* 1886, traduit de l'américain, Folio, 1973.

Janvier Ludovic, *Monstre, va !,* Gallimard, 1988.

Jarry Alfred, *Le Surmâle,* Ramsay-J.J. Pauvert, 1990.

Kafka Franz, « Lettre au père », 1919, in *Préparatifs de noce à la campagne,* L'Imaginaire, Gallimard, 1988.

Kristeva Julia, *Les Samouraïs,* Fayard, 1990.

281

Krüger Michaël, *Pourquoi moi ? Et autres récits* (1984-1987), traduit de l'allemand, Seuil, 1990.

Lawrence David Herbert, *Amants et fils*, 1913, traduit de l'anglais, Gallimard, 1970.

Leavitt David, *Quelques pas de danse en famille*, Nouvelles (1983-1984), traduit de l'américain, Denoël, 1986.

– *Le Langage perdu des grues*, 1986, traduit de l'américain, Denoël, 1988.

– *Tendresses partagées*, 1989, traduit de l'américain, Flammarion, 1989.

Lees-Milne James, *Un Autre moi-même*, 1970, traduit de l'anglais, Éditions Criterion, 1991.

Lodge David, *Jeu de société*, 1988, traduit de l'anglais, Éd. Rivages, 1990.

Mailer Norman, *Prisonnier du sexe*, traduit de l'américain, R. Laffont, 1971.

– *Les Vrais durs ne dansent pas*, traduit de l'américain, R. Laffont, 1984, Edition de Poche, 1986.

Marek Lionel, *Nouvelles d'un amour*, Denoël, 1990.

Matzneff Gabriel, *Isaïe, réjouis-toi*, La Table Ronde, 1974.

– *Les Passions schismatiques*, Stock, 1977.

– *Mes Amours décomposées*, Gallimard, 1990.

McCauley Stephen, *L'Objet de mon affection*, 1986, traduit de l'américain, Denoël, 1989.

McGahern John, *L'Obscur*, 1965, traduit de l'anglais, Presses de la Renaissance, 1989.

McGuane Thomas, *L'Homme qui avait perdu son nom*, 1989, traduit de l'américain, Christian Bourgois, 1990.

Michaels Léonard, *Le Club*, 1981, traduit de l'américain, Presses de la Renaissance, 1983.

Miller Henry, *Crazy Cock*, 1991, traduit de l'américain, Belfond, 1991.

Mishima Yukio, *Les Amours interdites*, 1952, traduit du japonais, Gallimard, 1985.

– *Confessions d'un masque*, 1958, traduit du japonais, Folio, 1983.

Moravia Alberto, *Moi et lui*, 1971, traduit de l'italien, Folio, 1974.

– *Brève autobiographie...*, traduit de l'italien, Salmy, 1989.

Musil Robert, *Trois femmes, suivi de noces*, traduit de l'allemand, Seuil, 1963.

– *L'Homme sans qualités*, 2 tomes, traduit de l'allemand, Seuil, 1979.

– *Journaux*, 2 tomes, traduit de l'allemand, Seuil, 1981.

Nakagami Kenji, *La Mer aux arbres morts*, 1977, traduit du japonais, Fayard, 1985.

Paasilinna Arto, *Le Lièvre de Vatanen*, 1975, traduit du finnois, Denoël, 1989.

Patier Xavier, *Le Migrateur*, La Table Ronde, 1990.

Puig Manuel, *Le Baiser de la femme-araignée*, 1976, traduit de l'espagnol, Seuil, 1979.

Quignard Pascal, *Les Escaliers de Chambord*, Gallimard, 1989.

Robert Jean-Marc, *Mon père américain*, Seuil, 1988.

Rosei Peter, *Homme et femme* SARL, 1984, traduit de l'allemand, Fayard, 1987.

‒ *L'Insurrection*, 1987, traduit de l'allemand, Fayard, 1990.

Roth Henry, *L'Or de la terre promise*, 1933, traduit de l'américain, Grasset, 1968, réédité en 1985.

Roth Philip, *Portnoy et son complexe*, traduit de l'américain, 1967, Gallimard, 1970.

‒ *Le Sein*, 1972, traduit de l'américain, Gallimard, 1976.

‒ *Ma vie d'homme*, 1974, traduit de l'américain, Gallimard, 1976.

‒ *Professeur de désir*, 1977, traduit de l'américain, Gallimard, 1982.

‒ *Zuckerman délivré*, 1981, traduit de l'américain, Gallimard, 1982.

‒ *La Leçon d'anatomie*, 1983, traduit de l'américain, Gallimard, 1983.

‒ *La Contrevie*, 1985, traduit de l'américain, Gallimard, 1986.

‒ *Les Faits*, 1988, traduit de l'américain, Gallimard, 1990.

Rouart Jean-Marie, *La Femme de proie*, Grasset, 1989.

Rozo Thierry, *Ce n'est pas la vie que je voulais*, Presses de la Renaissance, 1990.

Selby Hubert, *Last Exit to Brooklin*, Nouvelles (1957-1968), traduit de l'américain, Albin Michel, 1970.

Smadja Edgar, *Lubie*, Bernard Barrault, 1990.

Sollers Philippe, *Femmes*, Gallimard, 1983.

Stern Richard, *Les Filles des autres*, 1973, traduit de l'américain, Presses de la Renaissance, 1988.

Targowla Olivier, *Narcisse sur un fil*, Maurice Nadeau, 1989.

‒ *L'Homme ignoré*, Maurice Nadeau, 1990.

Toole John Kennedy, *La Conjuration des imbéciles*, 1980, traduit de l'américain, Robert Laffont, 1981.

Toussain Jean-Philippe, *La Salle de bains*, Éd. de Minuit, 1985.

Ungar Herman, *Les Mutilés*, 1923, traduit du tchèque, rééd. Ombres, 1987.

Updike John, *Des Musées et des femmes et autres nouvelles* (1960-1972), trad. française, Gallimard, 1975.

‒ *Cœur de lièvre*, 1960, traduit de l'américain, Seuil, 1962.

‒ *Rabbit rattrapé*, 1971, traduit de l'américain, Gallimard, 1973.

‒ *Rabbit est riche*, 1981, traduit de l'américain, Gallimard, 1983.

Wägeus Mats, *Scène de chasse en blanc*, 1986, traduit du suédois, Presses de la Renaissance, 1990.

Weyergans François, *Le Pitre*, Gallimard, 1973.

‒ *Le Radeau de la Méduse*, Gallimard, 1983.

‒ *Rire et pleurer*, Grasset, 1990.

White Edmund, *Un jeune Américain,* traduit de l'américain, Mazarine, 1984.

– *La Tendresse sur la peau,* 1988, Picador Pan books, traduit de l'américain, Christian Bourgois, 1988.

Zimmermann Daniel, *Les Virginités,* Manya, 1990.

Bibliographie générale

Abbas Nacer, Bishop Colin & Fellous Marc, « Le déterminisme géné-
tique du sexe », *La Recherche*, n° 213, septembre 1989, pp. 1036-
1046.
Abbott Franklin (ed.), *New Men, New Minds*, The Crossing Press/
Freedom, Ca, 1987.
Abelove Henry, « Freud, Male Homosexuality and the Americans »,
Dissent, Winter 1986, vol. 33, pp. 59-69.
Actes de la recherche en sciences sociales, *Masculin/Féminin*, 1 et 2,
n° 83, juin 1990 et n° 84, septembre 1990.
Actes du colloque, *Enfances du père*, Éd. GREC, 1989.
Actes du colloque, *Les Pères aujourd'hui*, INED, 1982.
Actes du colloque, *Le Père. Métaphore paternelle et fonctions du père*,
L'espace analytique, Denoël, 1989.
Actes du Congrès international, *Le Regard des autres*, Arcadie, 1979.
Alcoff Linda, « Cultural Feminism Versus Post-Structuralism : The
Identity Crisis in Feminist Theory », *Signs*, spring 1988, vol. 13, n° 3,
pp. 405-436.
Altman Dennis, *Homosexuality : Power and Politics*, Allison & Busby,
London, 1980.
– *The Homosexualization of America, the Americanization of the
Homosexual*, St Martin Press, N.Y., 1982.
Anatrella Tony, *Le Sexe oublié*, Flammarion, 1990.
Arkin William & Dobrofsky Lynne R., « Military Socialization and
Masculinity », *Journal of Social Issues*, vol. 34, n° 1, 1978, pp. 151-
168.

285

Astrachan Anthony, *How Men Feel*, Anchor Press/ Double day N.Y., 1986.
- « Dividing lines », in *Men's Lives, op. cit.*, pp. 63-73.
August Eugène R., *Men's Studies*, Libraries unlimited Inc., Colorado, 1985.
Badinter Elisabeth, *L'Amour en plus*, Flammarion, 1980.
- *L'Un est l'autre*, Odile Jacob, 1986.
Balswick Jack O. & Peek Charles W., « The Inexpressive Male : A Tragedy of American Society », vol. 20, n° 3, octobre 1971, pp. 363-368.
Barash David, *The Wisperings Within*, N.Y., Harper & Row, 1979.
Barber Brian K. & Thomas Darwin L., « Dimensions of Fathers' and Mothers' Supportive Behavior : The Case of Physical Affection », *Journal of Marriage and the Family*, 48, novembre 1986, pp. 783-794.
Barnett Rosalind C. & Baruch Grace K., « Determinants of Fathers' Participation in Family Work », *Journal of Marriage and the Family*, 49, février 1987, pp. 29-40.
Barret Robert L. & Robinson Bryan E., *Gay Fathers*, Lexington books, 1990.
Barthes Roland, « Masculin, Féminin, Neutre », *Le Masculin. Le Genre humain*, n° 10, 1984, Editions Complexe, pp. 171-187.
- « Le désir du neutre », cours au Collège de France en 1978, *La Règle du jeu*, août 1991, n° 5, pp. 36-60.
Baudelot Christian et Establet Roger, *Allez les filles !*, Seuil, 1992.
Bear Sheryl, Beyer Michael & Wright Larry, « Even Cowboy Sing the Blues », *Sex Roles*, vol. 5, n° 2, 1979.
Bell Alan P. & Weinberg Martin S., *Homosexualités*, Albin Michel, 1980.
Bell Robert R., *Worlds of Friendship*, Sage Publications, 1981.
Bem Sandra, « The Measurement of Psychological Androgyny », *Journal of Clinical and Consulting Psychology*, 1974, 42, pp. 155-162.
- « Sex Role Adaptability : One Consequence of Psychological Androgyny », *Journal of Personality and Social Psychology*, 1975, 31, pp. 634-643.
- « Gender Schema Theory and its Implications for Child Development : Raising Gender-Aschematic Children in a Gender-Schematic Society », *Signs*, 1983, n° 8, pp. 598-616.
Beneke Timothy, *Men on Rape*, St Martin Press, 1982.
Bernard Jessie, *Women, Wives, Mothers*, Aldine Publishing Company, Chicago, 1975.
- « The Good Provider Role », *American Psychologist*, vol. 36, n° 1, janvier 1981, pp. 1-12.

Bernstein Jérôme, « The Decline of Masculine Rites of Passage », in *Betwixt & Between*, Open Court, 1987, pp. 135-158.

Bettelheim Bruno, *Les Blessures symboliques*, Gallimard, 1971.

– *Le Poids d'une vie*, Robert Laffont, 1991.

Bigner J. & Jacobsen A., « The Value of Children for Gay Versus Heterosexual Fathers », *Journal of Homosexuality*, 1989, 18, pp. 163-172.

Biller Henry & Meredith D., *Fathers Power*, N.Y., Doubleday, 1975.

Birke Linda, *Women, Feminism and Biology*, Methven, N.Y., 1986.

« Bisexualité et différence des sexes », *Nouvelle revue de psychanalyse*, n° 7, printemps 1973, Gallimard.

Blos Peter, *Son and Father, Before and Beyond the Œdipus Complexe*, The Free Press, N.Y., 1985.

Bly Robert, « *The Erosion of Male Confidence* », *Betwixt & Between*, op. cit., 1987, pp. 187-189.

– « Men's Initiation Rites », *in* M. Kimmel & M. Messner (eds), *Men's Lives* (1985), pp. 153-157.

– *Iron John*, Addison-Wesley Publishing Co., 1990.

Bon Michel & d'Arc Antoine, *Rapport sur l'homosexualité de l'homme*, Editions universitaires, 1974.

Bonneau Dominique et Fellous Marc, « Les accidents du programme : ni homme, ni femme », *Science et vie*, n° 171, juin 1990, pp. 32-36.

Boswell John, *Christianity, Social Tolerance and Homosexuality*, University of Chicago Press, 1980.

Bourdieu Pierre, « La domination masculine », *Actes de la recherche en sciences sociales*, n° 84, septembre 1990, pp. 2-31.

Bowlby John, *L'Attachement*, PUF, 1978.

Boyer Régine, « Identité masculine, identité féminine parmi les lycéens », *Revue française de pédagogie*, n° 94, janvier-mars 1991, pp. 13-18.

Bozett F.W., *Gay and Lesbian Parents*, N.Y., Praeger, 1987.

– « Gay Fathers : A Review of the Literature », *Journal of Homosexuality*, 1989, pp. 137-162.

Bozon Michel, « Les Loisirs forment la jeunesse », *Données sociales*, 1990, pp. 217-222.

Breton Stéphane, *La Mascarade des sexes, fétichisme, inversion et travestissement rituels*, Calmann-Lévy, 1989.

Brittan Arthur, *Masculinity and Power*, Basil Blackwell, 1985.

Brod Harry, « Eros Thanatized : Pornography and Male Sexuality », *Humanities in Society*, 7, n°s 1-2, hiver/printemps, 1984.

– (ed.), *The Making of Masculinities*, Boston, Unwin Hyman, 1987.

– « A Case for Men's Studies », M. Kimmel (ed.), *Changing Men*, A Sage Focus edition, 1987, pp. 263-277.

– « Fraternity, Equality, Liberty », *in* F. Abbott, op. cit., pp. 148-153.

Broughton John M. (ed.), *Critical Theories of Psychological Development*, N.Y., Plenum Press, 1987.

Brown Marion, Dunbar John & Amoroso Donald M., « Some Correlates of Attitudes Toward Homosexuality », *The Journal of Social Psychology*, février 1973, 89, pp. 271-279.

Brown Marion & Amoroso Donald M., « Attitude Toward Homosexuality Among West Indian Male and Female College Students », *The Journal of Social Psychology*, février 1975, 97, pp. 163-168.

Brownmiller Susan, *Against our Will, Men, Women and Rape*, Penguin Books, 1976.

Butler Judith, *Gender Trouble*, Routledge, 1990.

Cachin Françoise, « Monsieur Vénus et l'ange de Sodome. L'androgyne du temps de Gustave Moreau », *Nouvelle revue de psychanalyse*, n° 7, 1973, pp. 63-69.

Cahiers de l'hermétisme, *L'Androgyne*, Albin Michel, 1986.

Cancian Francesca M., « The Feminization of Love », *Signs*, été 1986, vol. 11, n° 4, pp. 692-709.

– *Love in America, Gender and Self-Development*, Cambridge University Press, 1990.

Caplan Pat (ed.), *The Cultural Construction of Sexuality*, London, Tavistock Publications, 1987.

Carnes Mark C. & Griffen Clyde (eds), *Meanings for Manhood, Constructions of Masculinity in Victorian America*, The University of Chicago Press, 1990.

Castelain-Meunier Christine, *Les Hommes aujourd'hui, virilité et identité*, Acropole, 1988.

Cath Stanley H., Gurwitt Alan R., Ross John Munder (eds), *Father and Child*, Little, Brown and company, Boston, 1982.

Cath Stanley H., Gurwitt Alan R., Gunsberg Linda (eds), *Father & their Families*, The Analytic Press, N.Y., 1989.

Caycedo Julio C. & Rollins Boyd C., « Employment Status and Life Satisfaction of Women in Nine Western European Countries », *Intern. Journal of Sociology of the Family*, automne 1989, vol. 19, pp. 1-18.

Chabot Marc, *Chroniques masculines*, Québec, Les Editions Pantoute Inc., 1981.

– *Des Hommes et de l'intimité*, Québec, Ed. Şaint-Martin, 1987.

– « Genre masculin ou genre flou », *Des Hommes et du masculin*, Bief., Presses Universitaires de Lyon, 1992, pp. 177-203.

Chancel Jules, « Le corps de B », *Autrement, Pères et fils*, n° 61, juin 1984.

Chasseguet-Smirgel Janine, *Les Deux arbres du jardin*, Des Femmes, 1988.

Chesler Phyllis, *La Mâle donne*, Des femmes, 1982.

Chevallier Philippe, « Population infantile consultant pour des troubles psychologiques », *Population*, mai-juin 1988, n° 3, pp. 611-638.

Chodorow Nancy, *The Reproduction of Mothering*, University of California Press, 1978.

Clatterbaugh Kenneth, *Contemporary Perspectives on Masculinity*, Westview Press, Boulder, 1990.

Coltrane Scott, « Father-Child Relationships and the Status of Women : a cross-cultural study », *American Journal of Sociology* (1988), 93, pp. 1060-1070.

Condorcet, Prudhomme, Guyomar..., *Paroles d'hommes* (1790-1793), présentées par Elisabeth Badinter, POL, 1989.

Connell Robert W., *Gender and Power*, Stanford University Press, 1987.

– « Masculinity, Violence and War », in *Men's Lives*, 1985, *op. cit.*, pp. 194-200.

– « Remaking Masculinity in the Context of the Environmental Movement », in *Gender & Society*, vol. 14, n° 4, décembre 1990, pp. 452-478.

Connell Robert W., Carrigan Tim and Lee John, « Toward a New Sociology of Masculinity », in *The Making of Masculinities* (1987) *op. cit.*, pp. 63-100.

Connell Robert W., Radican Norm & Martin Pip, « The Changing Faces of Masculinity », in *Men's Lives* (1989), *op. cit.*, pp. 578-585.

Conway Jill K., Bourque Susan C. & Scott Joan W. (eds), *Learning about Women*, The University of Michigan Press, 1989.

Corneau Guy, *Père manquant, fils manqué*, Québec, Les éditions de l'homme, 1989.

Daumas Maurice, *Le syndrome des Grieux. La relation père-fils au XVIIIᵉ siècle*, Seuil, 1990.

David Deborah S. & Brannon Robert, *The Forty-Nine Percent Majority : the Male Sex Role*, Addison-Wesley, 1976.

Dearborn Mary, *Henry Miller, biographie*, Belfond, 1991.

Delaisi de Parseval Geneviève, *La Part du père*, Seuil, 1981.

– (éd), *Les Sexes de l'homme*, Seuil, 1985.

Delavenay Emile, *Lawrence D. H., L'Homme et la genèse de son œuvre*, 2 vol., Librairie Klincksieck, 1969.

D'Emilio John & Freedman Estelle B., *Intimate Matters. A History of Sexuality in America*, Harper & Row, 1988.

Demos John, *Past, Present and Personnal : The Family and the Life Course in American History*, N.Y., Oxford University Press, 1986.

Dentan Robert K., *The Semai : A Non Violent People of Malaysia*, N.Y., Holt, Rinehart and Wurston, 1979.

Devo-Holly, *Gender Blending*, Indiana University Press, 1989.

Diamond Milton, « Sexual Identity, Monozygotic Twins Reared in Discordant Sex Roles », *Archives of Sexual Behavior*, vol. 11, n° 2, 1982, pp. 181-186.

Diderot Denis, *Le Rêve de d'Alembert*, 1769, Œuvres philosophiques, Garnier, 1967.

Dolto Françoise, *Lorsque l'enfant paraît*, t. II, Seuil, 1978.

Don Sabo, « Pigskin, Patriarchy and Pain », in *New Men, New Minds* (1987), *op. cit.*, pp. 47-50.

Dor Joël, *Le Père et sa fonction en psychanalyse*, Points, Seuil, 1989.

Dover K.Y., *Homosexualité grecque*, La Pensée Sauvage, 1982.

Dubbert Joe, *A Man's Place : Masculinity in Transition*, Englewood Cliffs, N.·Y., Prentice-Hall, 1979.

Dumas Didier, *La Sexualité masculine*, Albin Michel, 1990.

Dworkin Andrea, *Pornography : Men Possessing Women*, London, Women's Press, 1981.

Edel Léon, *Henry James. Une vie*, Seuil, 1990.

Ehrenreich Barbara, *The Hearts of Men*, Anchor Press, Doubleday, 1983.

– « A Feminist's View of the New Man », in *The New York Times*, Sunday magazine, 20 mai 1984.

Ehrensaft Diane, « When Women and Men Mother », *Socialist Review*, n° 49, janvier-février 1980, pp. 37-73.

– *Parenting Together*, University of Illinois Press, 1987.

– « Feminists Fight for Fathers », *Socialist Review*, 1990, n° 4, pp. 57-80.

Eisenstein Hester, *Contemporary Feminist Thought*, Allen & Unwin, 1984.

Eisenstein Hester & Jardine Alice (eds), *The Future of Difference*, Rutgers University Press, 1987.

Elliott Mark L. « The Use of " Impotence " and " Frigidity " : Why has " Impotence " Survived ? », *Journal of Sex and Marital Therapy*, vol. 11, n° 1, printemps, 1985.

Erikson Erik H., *Childhood and Society*, 2ᵉ éd., N.Y., Norton, 1963.

– *Identity : Youth and Crisis*, N.Y., Norton, 1968.

– *Identity and the Life Cycle*, N.Y., Norton & Co, 1980.

Fagot Beverly I., « Consequences of Moderate Cross-Gender Behavior in Pre-School Children », *Child Development*, septembre 1977, 48, pp. 902-907.

– « The Influence of Sex of Child on Parental Reactions to Toddler Children », *Child Development*, juin 1978, 49, pp. 459-465.

– *Le Fait féminin, Qu'est-ce qu'une femme ?* Sous la direction d'Evelyne Sullerot, Fayard, 1978.

Falconnet G. et Lefaucheur N., *La Fabrication des mâles*, Seuil, 1975.

Farrell Michael P., « Friendship Between Men », numéro spécial de

Marriage and Family Review, vol. 19, nos 3-4, hiver, 1985-1986, pp. 163-197.

Farrell William, *The Liberated Man*, N.Y., Random House, 1974.

« Fatherhood », numéro spécial de *The Family Coordinator*, octobre 1976.

Faure-Oppenheimer Agnès, *Le Choix du sexe*, PUF, 1980.

Fausin Bent, Kiselberg Steffen, Senius Clausen Niels, *L'Histoire des hommes. Textes et images*, Tiderne Skifter, Danemark, 1984.

Fausto-Sterling Anne, *Myths of Gender, Biological Theories About Women and Men*, Basic Books, N.Y., 1985.

Feigen Fasteau Marc, *Le Robot mâle*, Denoël-Gonthier, 1980.

Fein Robert A., « Research on Fathering : Social Policy and an Emergent Perspective », *Journal of Social Issues*, 1978, vol. 34, no 1, pp. 122-135.

– *Les Femmes*, INSEE, Contours et caractères, 1991.

Filene Peter G., « Between a Rock and a Soft Place : a Century of American Manhood », *South Atlantic Quaterly*, automne 1985, vol. 84, no 4, pp. 339-355.

– *Him/Her/Self*, sec. ed. The John Hopkins University Press, Baltimore, 1986.

– « The Secrets of Men's History », in *The Making of Masculinities* (1987), *op. cit.*, pp. 103-109.

Fine Gary Alan, « Little League Base-ball and Growing up Male », *in* Robert A. Lewis (ed), *Men in Difficult Times, op. cit.*, 1984, pp. 62-74.

– « The Dirty Play of Little Boys », in *Men's Lives*, 1989, *op. cit.*, pp. 171-179.

Finkielkraut Alain & Bruckner Pascal, *Le Nouveau désordre amoureux*, Points, Seuil, 1977.

Finkielkraut Alain, « La nostalgie de l'épreuve », *Le Genre humain*, no 10, *Le Masculin*, juin 1984, pp. 57-63.

Flamant-Paparatti Danielle, *Le Journal de Lucas*, Denoël-Gonthier, 1983.

Flem Lydia, « Le stade du cow-boy », *Le Genre humain*, no 10, *Le Masculin*, juin 1984, pp. 101-115.

Fogel Gerald I. et Al. (eds), *The Psychology of Men*, Basic Books, N.Y., 1986.

Foucault Michel, *La Volonté de savoir*, Gallimard, 1976.

– *L'Usage des plaisirs*, Gallimard, 1984.

– *Le Souci de soi*, Gallimard, 1984.

Frain John de, « Androgynous Parents Tell Who They Are and What They Need », *The Family Coordinator*, avril 1979, pp. 237-244.

Freud Sigmund, *Trois essais sur la théorie de la sexualité*, Idées, Gallimard.

– *Un Souvenir d'enfance de Léonard de Vinci*, Idées, Gallimard, 1977.

- *Introduction à la psychanalyse*, Payot, 1970.
- *Nouvelles conférences sur la psychanalyse*, Idées, Gallimard, 1971.
- *La Vie sexuelle*, PUF, 1970.
- *Correspondance* (1873-1939), Gallimard, 1967.

Friedman Richard C., *Male Homosexuality. A Contemporary Psychoanalytic Perspective*, Yale University Press, 1988.

Friedman Robert M. & Lerner Leila (eds), « Toward a New Psychology of Men : Psychoanalytic and Social Perspectives », *The Psychoanalytic Review*, hiver, 1985, vol. 73, n° 4.

Fuchs Epstein Cynthia, *Deceptive Distinctions, Sexe Gender and the Social Order, Yale University Press, 1988*.

Gerlach-Nielsen Merete, « *Essai sur l'évolution du rôle masculin au Danemark, 1975-1985* ». *Conférence donnée au colloque international de l'Unesco sur les nouveaux rôles de la femme et de l'homme dans la vie privée et publique. Publiée en partie dans La Gazette des femmes*, Québec, juillet-août 1986, vol. 8, n° 2, pp. 10-12.

- « La Question des femmes au Danemark de 1975 à 1991 », *Boréales, revue du Centre de recherches inter-nordiques*, n° 46-49, 1991.

Gillette Douglas & Moore Robert, *King, Warrior, Magician, Lover*, Harper, San Francisco, 1990.

Gilligan Carol, *In Different Voice*, 1982, traduit en français sous le titre *Une si grande différence*, Flammarion, 1986.

Gilmore David, *Manhood in the Making, Cultural Concepts of Masculinity*, Yale University Press, 1990.

Gleason Philip, « Identifying Identity : a Semantic History », *The Journal of American History*, mars 1983, vol. 69, n° 4, pp. 910-931.

Godelier Maurice, *La Production des grands hommes*, Fayard, 1982.

Goffman E., *Stigma*, Englewood Cliffs, N.J., Prentice Hall, 1963.

Goode William J., « Why Men Resist ? », in *Men's Lives* (1989), *op. cit.*, pp. 43-56.

Gorny Violette, *Priorité aux enfants. Un nouveau pouvoir*, Hachette, 1991.

Green Richard, « One Hundred Ten Feminine and Masculine Boys : Behavioral Contrast and Demographic Similarities »,*Archives of Sexual Behavior*, vol. 5, n° 5, septembre 1976.

- *The Sissy Boy Syndrome and the Development of Homosexuality*, Yale University Press, 1987.

Green Richard & Stoller Robert, « Treatment of Boyhood Transsexualism »,*Archives Gen. Psychiat.*, vol. 26, mars 1972.

Green Richard et al., « Masculine or Feminine Gender Identity in Boys. Developmental Differences Between Two Diverse Family Groups », *Sex Roles*, vol. 12, n° 11-12, 1985, pp. 1155-1162.

Greenson Ralph, « On Homosexuality and Gender Identity », *Int. J. Psycho-Anal* (1964), n° 45, pp. 217-219.

– « A Transvestite Boy and a Hypothesis », *Int. J. Psycho-anal* (1966), 47, pp. 396-403.
– « Dis-Identifying from Mother : Its Special Importance for the Boy », *Int. J. Psycho-Anal* (1986), 49, pp. 370-373.
Groddeck Georg, *Le Livre du ça,* 1923, Tel, Gallimard, 1980.
Gronseth E., « Worksharing : A Norvegian Exemple », *in* Rapoport & Rapoport (eds), *Working Couples,* Ste Lucia University of Queensland Press, 1978.
Gross Alan E., « The Male Role and Heterosexual Behavior », *American Behavioral Scientist,* vol. 29, n° 5, mai-juin 1986, pp. 563-577.
Hahn Pierre, *Nos Ancêtres les pervers, la vie des homosexuels sous le Second Empire,* Olivier Orban, 1979.
Halperin David M., *One Hundred Years of Homosexuality,* Routledge, 1990.
Halsaa Béatrice, « A Feminist Utopia », *Scandinavian Political Studies,* vol. 11, n° 4, 1988, pp. 323-336.
Hantover Jeffrey P., « The Boy Scouts and the Validation of Masculinity », *Journal of Social Issues,* 1978, 34, 1, pp. 184-195.
– « The Social Construction of Masculine Anxiety », in *Men in Difficult times* (1981), *op. cit.,* pp. 87-98.
Harrison James, « Warning : The Male Sex Role May be Dangerous to your Health », *Journal of Social Issues,* vol 34, n° 1, 1978, pp. 65-86.
Hartley Ruth, « Sex Role Pressures and the Socialization of the Male Child », *Psychological Reports,* 1959, 5, pp. 459-468.
Heilbrun Carolyn G., *Toward a Recognition of Androgyny,* Harper Colophon books, 1973.
Herculine Barbin, dite Alexina B., présenté par Michel Foucault, Gallimard, 1978.
Herdt Gilbert H. (ed), *Rituals of Manhood, Male Initiation in Papua New Guinea,* University of California Press, 1982.
Herek Gregory M., « On Heterosexual Masculinity », *American Behavioral Scientist,* vol. 29, n° 5, mai-juin 1986, pp. 563-577.
Herman Imre, *L'Instinct filial,* Denoël, 1972.
Hirsch Marianne & Fox Keller Evelyn (eds), *Conflicts in Feminism,* N.Y., Routledge, 1990.
Histoire des femmes, sous la direction de Georges Duby et Michelle Perrot, tome IV, le XIXᵉ siècle, Plon, 1992.
Hite Shere, *Le Rapport Hite sur les hommes,* Robert Laffont, 1983.
Hochschild Arlie, *The Second Shift,* Avon books, N.Y., 1989.
Hocquenheim Guy, *Le Désir homosexuel,* Éditions Universitaires, 1972.
Hofmann Kurt, *Entretiens avec Thomas Bernhard,* La Table Ronde, 1990.
Des Hommes et du masculin, BIEF, Presses Universitaires de Lyon, 1992.

Hurtig Marie-Claude & Pichevin Marie-France (eds), *La Différence des sexes*, Tierce-Sciences, 1986.
Irigaray Luce, *Le Temps de la différence*, Livre de Poche, 1989.
– *Je, tu, nous*, Grasset, 1990.
– *Sexes et genres à travers les langues*, Grasset, 1990.
Jeffords Susan, *The Remasculinization of America*, Indiana University Press, 1989.
Jeffrey Sheila, *Anticlimax, A Feminist Perspective and the Sexual Revolution*, Women Press, London, 1990.
Johnson Miriam M. & Stockard Jean, « The Social Origins of Male Dominance », *Sex Roles*, vol. 5, n° 2, 1979, pp. 199-218.
Johnson Miriam M., *Strong Mothers, Weak Wifes*, University of California Press, 1988.
Jonasdéttir Anna G., « Does Sex Matter to Democracy », *Scandinavian Political Studies*, vol. 11, n° 4, 1988, pp. 299-322.
Jost Alfred, « Le développement sexuel prénatal », *Le Fait féminin* (1978), *op. cit.*, pp. 85-90.
Jourard Sydney M., *The Transparent Self*, N.Y., Van Nostraud, 1971.
Jump Teresa L. & Haas Linda, « Fathers in Transition. Dualcareer Fathers Participating in Child Care », *Changing Men* (1987), *op. cit.*, pp. 98-114.
Kahn Arnold, « The Power War : Male Response to Power Loss Under Equality », *Psychology of Women Quaterly*, vol. 8 (3), printemps, 1984, pp. 234-247.
Kando Thomas, « Males, Females, and Transsexuals : A Comparative Study of Sexual Conservatism », *Journal of Homosexuality*, vol. 1 (1), 1974, pp. 45-64.
Katz Jonathan Ned, « The Invention of Heterosexuality », *Socialist Review*, 1990 (1), pp. 7-34.
Kaufman Michael (ed), *Beyond Patriarchy*, Oxford University Press, 1987.
Kessler Suzanne J., « The Medical Construction of Gender : Case Management of Intersexed Infants », *Signs*, vol. 16, n° 1, automne 1990, pp. 3-26.
Kimball Gayle, « Egalitarian Husbands », *Men's Lives* (1989), *op. cit.*, pp. 550-558.
Kimmel Michael S., éditeur du numéro spécial sur l'homme, *American Behavioral Scientist*, vol 29, n° 5, mai-juin 1986.
– « Men's Responses to Feminism at the Turn of Century », *Gender & Society*, 1987, 1, pp. 261-283.
– « The Cult of Masculinity : American Social Character and the Legacy of the Cow-boy », *Beyond Patriarchy* (1987), *op. cit.*, pp. 234-249.
– « Good Bye John Wayne », *New Men, New Minds* (1987), *op. cit.*, pp. 143-147.

– « The Contemporary Crisis of Masculinity in Historical Perspective »,
The Making of Masculinities (1987), *op. cit.*, pp. 121-153.
– (ed), *Changing Men, New Directions in Research on Men and Mas-
culinity*, Sage Focus edition, 1987.
Kimmel Michael S. & Messner Michael A. (eds), *Men's Lives*, Mac-
millan, N.Y., 1989.
Kimmel Michael S. & Levine Martin P., « Men and Aids », *Men's Lives*,
op. cit., pp. 344-354.
Kimmel Michael S. & Fracher Jeffrey, « Counseling Men about Sexua-
lity », *Men's Lives, op. cit.*, pp. 471-482.
Kinsey Alfred (et al.), *Sexual Behavior in the Human Male*, Philadel-
phie, Saunders, 1948.
Kinsman Gary, « Men Loving Men », *Men's Lives, op. cit.*, pp. 505-518.
Klein Carole, *Mères et fils*, Robert Laffont, 1988.
Kleinberg Seymour, « The New Masculinity of Gay Men and Beyond »,
Men's Lives, op. cit., pp. 101-114.
Kreisler Léon, « Les intersexuels avec ambiguïté génitale », *La Psychia-
trie de l'enfant*, vol. XIII, fasc. 1, 1970, PUF.
Lacan Jacques, *Ecrits*, Seuil, 1966.
Lallemand Suzanne, « Le b.a.ba Africain », *Autrement. Pères et fils*,
n° 61, juin 1984, pp. 180-187.
Lamb Michael & Lamb Jamie, « The Nature and Importance of the
Father Infant Relationship », *The Family Coordinator*, octobre 1976,
pp. 379-384.
Lamb Michael, « The Development of Mother-Infant and Father-Infant
Attachments in the Second Year of Life », *Developmental Psychology*,
1977, n° 13, pp. 637-648.
– *The Role of the Father in Child Development*, N.Y., Wiley, 1981.
– (ed), *Non-Traditional Families : Parenting and Child Development*,
Hillsdale, N.Y., 1982.
– (ed), *The Father's Role, Applied perspectives*, John Wiley & sons,
N.Y., 1986.
Laqueur Thomas, *Making Sex*, Harvard University Press, 1990, traduit
de l'américain, *La Fabrique du sexe*, Gallimard, 1992.
Latour Sophie, « L'archétype de l'androgyne chez Léopold Ziegler »,
Cahiers de l'hermétisme, op. cit., pp. 197-211.
Lee John, *The Flying Boy*, Florida, hci, 1987.
Lehne Gregory, « Homophobia Among Men : Supporting and Defining
the Male Role », *Men's Lives, op. cit.*, pp. 416-429.
Le Rider Jacques, « Thomas Bernhard. La misogynie d'un poète mau-
dit », *Repères*, n° 4, Lausanne, 1982.
– *Le cas Otto Weininger*, PUF, 1982.
– « Otto Weininger : Féminisme et virilité à Vienne », *L'Infini*,
automne 1983, n° 4, pp. 5-20.

– « Misère de la virilité à la belle époque », *Le Genre humain*, n° 10, *Le Masculin*, juin 1984, pp. 117-137.
– « Modernité viennoise et crises de l'identité », PUF, 1990.
– « Wittgenstein et Weininger », *Wittgenstein et la critique du monde moderne*, La lettre volée, 1990, pp. 43-65.
Leridon Henri & Villeneuve-Golkalp Catherine, « Enquête sur la situation des familles », *Population et sociétés*, janvier 1988, n° 220.
Lessing Theodor, *La Haine de soi. Le refus d'être juif*, 1930, traduit de l'allemand, Berg International editors, 1990.
Lever Maurice, *Les Bûchers de Sodome*, Fayard, 1985.
Levinson Daniel (and al.), « Periods of Adult Development in Men : Ages 18-44 », *The Counseling Psychologist*, 1976, 6, pp. 21-25.
– *The Seasons of a Man's Life*, N.Y., Ballantine, 1978.
Levy Robert I., *Tahitians Mind and Experience in the Society Islands*, University of Chicago Press, 1973.
– « The Community Function of Tahitian Male Transvestism : A Hypothesis », *Anthropological Quaterly*, janvier 1971, vol. 44, n° 1, pp. 12-21.
Lewis Charlie & O'Brien Margaret (eds), *Reassessing Fatherhood*, London, Sage Publications, 1987.
Lewis Robert A., « Emotional Intimacy Among Men », *Journal of Social Issues*, vol. 34, n° 1, 1978.
Lewis Robert A. & Pleck Joseph H. (eds), « Men's Roles in the Family », numéro spécial de *The Family Coordinator*, octobre 1979.
Lewis Robert A. (ed), *Men in Difficult Times*, Prentice-Hall Inc., Englewood Cliffs N.J., 1981.
Lewis Robert A. & Sussman Marvin B. (eds) « Men's Changing Roles in the Family », numéro spécial de *Marriage & Family review*, vol. 9, n° 3-4, hiver 1985-1986.
Lewis Robert A. & Salt Robert E., *Men in Families*, Sage Publications, 1986.
Libis Jean, « L'androgyne et le nocturne », *Cahiers de l'hermétisme*, Albin Michel, 1986, pp. 11-26.
Lidz Ruth et Theodore, « Male Menstruation : a Ritual Alternative to the Œdipal Transition », *Int. J. Psycho-Anal* (1977), 58, 17, pp. 17-31.
Lionetti Roberto, *Le Lait du père*, Imago, 1988.
Lisak David, « Sexual Aggression, Masculinity and Fathers », *Signs*, vol. 16, n° 2, hiver 1991, pp. 238-262.
Lloyd Barbara B. & Archer John (eds), *Exploring Sex Differences*, Academic Press, Inc. London, 1976.
Loraux Nicole, « Blessures de la virilité », *Le Genre humain*, n° 10, *Le masculin*, juin 1984, pp. 39-56.
– *Les Expériences de Tirésias*, Essais, Gallimard, 1989.

Luria Zella & Herzog Eleanor W., « Sorting Gender Out in a Children's Museum », *Gender & Society*, vol. 5, n° 2, juin 1991, pp. 224-232.

Lynn Kenneth S., *Hemingway*, Payot, 1990.

Maccoby Eleanor E. & Jacklin Carol N., *The Psychology of Sex Differences*, 2 vol., Stanford University Press, 1974.

Maccoby Eleanor E., Snow Margaret Ellis, Jacklin Carol N., « Sex of Child. Differences in Father-Child Interaction at One Year of Age », *Child Development* 1983, 54, pp. 227-232.

Maccoby Eleanor E., « Le sexe, catégorie sociale », *Actes de la recherche en sciences sociales*, n° 83, juin 1990, pp. 16-26.

Madhi Louise Carus, Foster Steven & Little Meredith (eds), *Betwixt & Between, Patterns of Masculine and Feminine Initiation*, Open Court, Illinois, 1987.

Maffesoli Michel, *Au Creux des apparences*, Plon, 1990.

Mahler Margaret S. & La Perrière Kitty, « Mother-Child Interaction During Separation-Individuation », *The Psycho-analytic Quaterly*, vol. XXXIV, 1965, n° 4, pp. 483-498.

Mahler Margaret S., *Psychose infantile, Symbiose humaine et individuation*, Payot, 1982.

Malson Lucien, *Les Enfants sauvages*, 10-18, 1964.

Marignac Thierry, *Norman Mailer, économie du machisme*, Ed. du Rocher, 1990.

Marini Marcelle, *Lacan*, Les dossiers Belfond, 1986.

Markstrom-Adams Carol, « Androgyny and its Relation to Adolescent Psycho-Social Well-Being : A Review of the Litterature », *Sex Roles*, vol. 21, n° 5-6, septembre 1989, pp. 325-340.

Maugue Annelise, *L'Identité masculine en crise au tournant du siècle*, Rivages-Histoire, 1987.

McIntosh Mary, « The Homosexual Role », *Social Problems*, n° 16 (1968), pp. 182-192.

McKee Lorna & O'Brien Margaret, *The Father Figure*, London, Tavistock Publications, 1982.

Mead Margaret, *Mœurs et sexualité en Océanie*, Plon, 1963.

– *L'Un et l'autre sexe*, Denoël-Gonthier, 1966.

Meslin Michel, *L'Homme romain*, Editions Complexe, 1985.

Messner Michael, « The Meaning of Success : The Athletic Experience and the Development of Male Identity », *in* H. Brod (ed), *The Making of Masculinities* (1987), pp. 193-209.

– « The Life of a Man's Seasons : Male Identity in the Life Course of the Jock », in *Changing Men* (1987), *op. cit.*, pp. 53-67.

– « Ah, Ya Throw Like a Girl », *New Men, New Minds* (1987), *op. cit.*, pp. 40-42.

– « Sports and the Politics of Inequality », in *Men's Lives* (1989), pp. 187-190.

- « Boyhood, Organized Sports, and the Construction of Masculinities », *Journal of Contemporary Ethnography*, vol. 18, n° 4, janvier 1990, pp. 416-444.

Miller Brillan, « Gay Fathers and their Children », *The family Coordinator*, octobre 1979, pp. 544-552.

- « Life-Styles of Gay Husbands and Fathers », in *Men's Lives* (1989), *op. cit.*, pp. 559-567.

Mishima Yukio, *Le Japon moderne et l'éthique du samouraï*, Gallimard, 1985.

Mishkind Marc E., Rodin Judith, Siberstein Lisa & Striegel-Moore Ruth, « The Embodiment of Masculinity », *Changing Men* (1987), *op. cit.*, pp. 37-52.

Mitscherlich Margaret, *La Fin des modèles*, Des Femmes, 1983.

- *La Femme pacifique*, Des Femmes, 1988.

Mitscherlich Margaret & Dierichs Helga, *Des Hommes*, Des Femmes, 1983.

Mogenstein Gunnar Viby, *Time and Consumption in Denmark*, Denmarks statistik, 1990.

Money John, « Sexual Dismorphism and Homosexual Gender Identity », *Psychological Bulletin*, 1970, vol. 74, n° 6, pp. 425-440.

Money John & Ehrhardt Anke A., *Man and Woman. Boy and Girl*, The John Hopkins University Press, Baltimore, 8e éd., 1982.

Mongrédien Georges, *Les Précieux et les précieuses*, Mercure de France, 1939.

Monneyron Frédéric, « Esthétisme & androgyne », *Cahiers de l'hermétisme*, *op. cit.*, pp. 213-227.

Moreland John, « Age and Change in the Adult Male Sex-Role », *Men's Lives*, *op. cit.*, pp. 115-124.

Morin Stephen F. & Garfinkle Ellen M., « Male Homophobia », *Journal of Social Issues*, vol. 34, n° 1, 1978, pp. 29-47.

Morin Stephen F. & Nungesser Lonnie, « Can Homophobia be Cured ? » *Men in Difficult Times* (1981), *op. cit.*, pp. 264-274.

Mucchielli Alex, *L'Identité*, PUF, 1986.

Munder Ross John, « Towards Fatherhood : The Epigenesis of Paternal Identity During a Boy's First Decade », *Int. Rev. Psycho-Anal* (1977), 4, pp. 327-347.

Munder Ross John, « Fathering : A Review of Some Psycho-Analytic Contributions on Paternity », *Int. Journal of Psycho-Anal* (1979), 60, pp. 317-326.

Munroe Robert & Ruth, « Psychological Interpretation of Male Initiation Rites : The Case of Male Pregnancy Symptoms », *Ethos*, 1, hiver 1973, n° 4, University of California Press, pp. 490-498.

Nattiez Jean-Jacques, *Wagner Androgyne*, Christian Bourgois, 1990.

Nungesser Lonnie G., *Homosexual Acts, Actors and Identities*, Praeger, N.Y., 1983.

Nye Robert A., « Sex Difference and Male Homosexuality in French Medical Discourse, 1830-1930 », in *Bull. Hist. Med.*, 1989, 63, pp. 32-51.

« Objectif Bébé », *Autrement*, n° 72, septembre 1985.

Olivier Christiane, *Les Enfants de Jocaste*, Denoël-Gonthier, 1980.

Olivier Christiane, « Pères empêchés », in *Autrement*, « Pères et fils », n° 61, juin 1984.

Osherson Samuel & Dill Diana, « Varying Work and Family Choices : Their Impact and Men's Work Satisfaction », *Journal of Marriage and the Family*, mai 1983, pp. 339-346.

Osherson Samuel, *Finding Our Fathers*, The Free Press, 1986.

« Particularisme & universalisme », *Nouvelles questions féministes*, coordonné par Christine Delphy, n°s 16-17-18, 1991.

Paul Robert A., « Instinctive Aggression in Man : the Semai Case », *Journal of Psychological Anthropology*, 1, 1978, hiver, pp. 65-79.

Pawel Ernest, *Franz Kafka ou le cauchemar de la raison*, Seuil, 1988.

« Pères et fils », *Autrement*, n° 61, juin 1984.

Pleck Joseph H. (ed), *Men and Masculinity*, Prentice Hall, N.Y., Englewood Cliffs, 1974.

– (ed), « The Work-Family Role System », *Social Problems*, avril 1977, 24, pp. 417-427.

Pleck Joseph H. & Brannon Robert (eds) « Male Roles and the Male experience », *Journal of Social Issues*, 1978, 34 (1), pp. 1-199.

Pleck Joseph H. & Pleck Elisabeth H. (eds), *The American Man*, Prentice Hall Inc, N.Y., 1980.

Pleck Joseph H., *The Myth of Masculinity*, The MIT Press, 1981.

– « American Fatherhood : Historical Perspective », *American Behavioral Scientist*, 1985, 29, 1, pp. 7-23.

– « Prisoners of Manliness », in *Men's Lives*, 1989, *op. cit.*, pp. 129-138.

Plummer Kenneth, *The Making of the Modern Homosexual*, London, Hutchinson, 1981.

Pollak Michael, *Vienne, 1890*, Coll. Archives Gallimard-Julliard, 1984.

Pryor Monique, *Tout ce qu'ils ont sur le cœur*, Robert Jauze, 1985.

Quiguer Claude, *Femmes et machines de 1900, Lecture d'une obsession Modern Style*, Klincksieck, 1979.

Raphaël Ray, *The Men From the Boys, Rites of Passage in Male America*, University of Nebraska Press, 1988.

Rapoport Rhona & Robert N. & Strelitz Siona, *Fathers, Mothers & Society, Perspectives on Parenting*, Vintage Books, N.Y., 1980.

Raymond Janice, *L'Empire transsexuel*, Seuil, 1981.

Reeves Sanday Peggy, *Female Power and Male Domination*, Cambridge University Press, 1981.

Research Group for Comparative Sociology, University of Helsinki, *Scandinavian Men and Women : A Welfare Comparison*, n° 28, 1980.
Reynaud Emmanuel, *La Sainte virilité*, Syros, 1981.
– *Les Femmes, la violence et l'armée*, Fondation pour les études de défense nationale, 1988.
Rich Adrienne, *Naître d'une femme*, Denoël-Gonthier, 1980.
– « Compulsory Heterosexuality and Lesbian Existence », *Signs*, été 1980, vol. 5, n° 4, pp. 631-660.
Ricks Shirley S., « Father-Infant Interactions : A Review of the Empirical Literature », *Family Relations*, vol. 34, n° 4, octobre 1985, pp. 505-511.
Risman Barbara J., « Intimate Relationships From a Microstructural Perspective : Men Who Mother », *Gender & Society*, vol. 1, mars 1987, pp. 6-32.
Robinson Brian E., « Men Caring for the Young : An Androgynous Perspective », *The Family Coordinator*, octobre 1979, pp. 553-559.
Robinson Bryan E. & Barret Robert L., *The Developing Father*, N.Y., Guilford, 1986.
Rochlin Gregory G., *The Masculine Dilemma*, Little, Brown and Co. Boston, 1980.
Roiphe Herman & Galenson Eleanor, *La Naissance de l'identité sexuelle*, PUF, 1987.
Ross Hildy & Taylor Heather, « Do Boys Prefer Daddy or his Physical Style of Play », *Sex Roles*, vol. 20, n° 1-2, 1989, pp. 23-33.
Rotundo E. Anthony, « Patriarchs and Participants : A Historical Perspective on Fatherhood in the United States », in *Beyond Patriarchy* (1987), *op. cit.*, pp. 64-80.
– « Boy culture : Middle-Class Boyhood in Nineteenth Century in America », in *Meanings for Manhood* (1990), *op. cit.*, pp. 15-36.
Rousseau Jean-Jacques, *Emile*, La Pléiade, Gallimard, 1969.
– *Lettre à d'Alembert*, Garnier-Flammarion, 1967.
Rubin Lillian, *Des Etrangers intimes*, Robert Laffont, 1986.
Ruffié Jacques, *Le Sexe et la mort*, Odile Jacob, 1986.
Sauer Raymond J., « Absentee Father Syndrome », *Family coordinator*, avril 1979, pp. 245-249.
Sayers Janet, *Sexual Contradictions*, Tavistock Publications, London, 1986.
Scott Joan, « Genre, une catégorie d'analyse historique », *Cahiers du Grig*, n°s 37/38, printemps 1988, pp. 125-153.
Scott Joan & Poover Mary, « Feminism & Deconstruction », *Feminist Studies*, printemps, 1988, n° 14, pp. 33-66.
Seavy C.A., Katz P.A. & Zalk S.R., « Baby X : The Effect of Gender Labels on Adult Responses to Infants », *Sex Roles*, 1975, 1, pp. 103-110.

Sebbar Leïla, *Le Pédophile et la maman*, Stock, 1980.

Segal Lynne, *Slow Motion, Changing Men*, Rutgers University Press, 1990.

Sergent Bernard, *L'Homosexualité initiatique dans l'Europe ancienne*, Payot, 1986.

« Sexualités occidentales », sous la direction de Philippe Ariès et André Bejin, *Communications*, 35, Points, Seuil, 1982.

« La Sexualité », *La Recherche*, n° 213, septembre 1989.

Sherrod Drury, « The Bonds of Men : Problems and Possibilities in Close Male Relationships », *The Making of Masculinities* (1987), *op. cit.*, pp. 213-239.

Sidel Ruth, « But Where are the Men ? » in *Men's Lives* (1989), *op. cit.*, pp. 530-540.

Siderowicz Laura S. & Sparks Lunney G., « Baby X Revisited », *Sex Roles*, vol. 6, n° 1, 1980, pp. 67-73.

Simoneau Jean-Paul (ed), *Répertoire de la condition masculine*, Québec, Ed. Saint-Martin, 1988.

Sipriot Pierre, *Montherlant sans masque*, R. Laffont, 1990.

Sorensen Thorkil & Hertoft Preben, « Male and Female Transsexualism : The Danish Experience with 37 Patients », *Archives of Sexual Behavior*, vol. 11, n° 2, 1982, pp. 133-155.

Statistisk Arbok, Norvège, 1990.

Stearns Peter N., *Be a Man ! Males in Modern Society*, 2ᵉ éd. Holmes & Meier, N.Y., 1990.

Stein Peter J. & Hoffman Steven, « Sport and Male Role Strain », *Journal of Social Issues*, vol. 34, n° 1, 1978, pp. 136-150.

Steinem Gloria, « The Myth of Masculine Mystique », Pleck & Sanyer (eds) *Men and Masculinity* (1970), *op. cit.*, pp. 134-139.

Stoller Robert, « Création d'une illusion : l'extrême féminité chez les garçons », *Nouvelle revue de psychanalyse*, automne 1971, n° 4, pp. 55-72.

– « The Bedrock of Masculinity and Feminity : Bisexuality », *Arch. Gen. Psychiat.*, vol. 26, mars 1972, pp. 207-212.

– « Faits et hypothèses : un examen du concept freudien de bisexualité », *Nouvelle revue de psychanalyse*, printemps 1973, n° 7, pp. 135-155.

– *Recherches sur l'identité sexuelle*, Gallimard, 1978.

– « Transvestism in Women », *Archives of Sexual Behavior*, vol. 11, n° 2, 1982, pp. 99-115.

Stoller Robert & Herdt Gilbert H., « The Development of Masculinity : A Cross-Cultural Contribution », *Journal of the American Psychoanalytic Association*, n° 30, 1982, pp. 29-59.

Stoller Robert, *L'Excitation sexuelle*, Payot, 1984.

– *Masculin ou féminin ?* PUF, 1989.

Stoltenberg John, « Other Men », *New Men, New Minds* (1987), *op. cit.*, pp. 122-129.
– *Refusing to Be a Man,* A Meridian Book, 1990.
Tap Pierre, *Masculin et féminin chez l'enfant,* Privat-Edisem, 1985.
Tavris Carol, « Woman & Man ». *Psychology Today,* mars 1972.
– « Masculinity » *Psychology Today,* janvier 1977.
Theweleit Klaus, *Male Fantasies,* vol. I, University of Minnesota Press, Minneapolis, 1990.
Thomas Chantal, *Thomas Bernhard,* Seuil, 1990.
Thompson Cooper, « A New Vision of Masculinity », *Men's Lives* (1989), *op. cit.*, pp. 586-591.
Thorne Barrie, « Girls and Boys Together... but Mostly Apart », *Men's Lives* (1989), *op. cit.*, pp. 138-153.
Thuillier Pierre, « L'homosexualité devant la psychiatrie », *La Recherche,* vol. 20, n° 213, septembre 1989, pp. 1128-1139.
Tiefer Leonore, « In Pursuit of the Perfect Penis », *Changing Men* (1987), *op. cit.*, pp. 165-184.
Tiger Lionel, *Men in Groups,* N.Y., Random house, 1969.
Treadwell Perry, « Biologic Influences on Masculinity », *The making of masculinities* (1987), *op. cit.*, pp. 259-285.
Types-paroles d'hommes, Paternité, n° 1, janvier 1981.
Types-paroles d'hommes, Plaisirs, n° 2-3, mai 1981.
Types-paroles d'hommes, Masculin pluriel, n° 4, mai 1982.
Types-paroles d'hommes, A propos des femmes, n° 5, 1983.
Types-paroles d'hommes, Numéro mixte, n° 6, 1984.
Tyson Phyllis, « A Developmental Line of Gender Identity, Gender Role, and Choice of Love Object », *Journal of the American Psychoanalytic Association,* n° 30, 1982, pp. 61-86.
« L'un et l'autre sexe », *Science et vie,* n° 171, juin 1990, hors série.
Vidal-Naquet Pierre, *Le Chasseur noir,* La Découverte-Maspero, 1983.
Vigier Bernard et Picard Jean-Yves, « L'AMH : hormone-clé de la différenciation sexuelle ? », *Science et vie,* n° 171, juin 1990, pp. 22-31.
Walczak Yvette, *He and She. Men in the Eighties,* Routledge, 1988.
Weeks Jeffrey, *Sexuality and its Discontents,* London, Routledge, 1985.
– *Sex, Politics & Society,* 2ᵉ éd., Essex, Longman Group, 1989.
Weininger Otto, *Sexe et caractère,* 1903, L'Age d'homme, Essais, 1989.
Whitam Frederic L., « Culturally Invariable Properties of Male Homosexuality : Tentative Conclusions from Cross-Cultural Research », *Archives of Sexual Behavior,* vol. 12, n° 3, 1983, pp. 207-226.
Wilson Edward, *Sociobiology : the New Synthesis,* Harvard University Press, 1975.
– *On Human Nature,* Harvard University Press, 1978.
Winkler John J., *The Constraints of Desire,* Routledge, 1990.
Winnicott D.W., *L'Enfant et sa famille,* Payot, 1973.

BIBLIOGRAPHIE

– *De la Pédiatrie à la psychanalyse*, Payot, 1978.
Processus de maturation chez l'enfant, Payot, 1989.
Women's Studies & Research on Women in the Nordic Countries, Solveig Bergman Turku, 1991.
Woodhouse Annie, *Fantastic Women. Sex, Gender and Travestism*, Rutgers University Press, 1989.
Yogman Michael, « La présence du père », *Autrement, Objectif bébé*, n° 72, 1985, pp. 140-149.
– « Observations on the Father-Infant Relationship », *Father and child* (1982), *op. cit.*, pp. 101-122.
Yorburg Betty, *Sexual Identity. Sex Role and Social Change*, a Wiley-interscience Publication, N.Y., 1974.
Yudkin Marcia, « Transsexualism and Women : a Critical Perspective » *Feminist Studies*, vol. 4, n° 3, octobre 1978, pp. 97-106.
Zucker K.J., « Cross-Gender Identified Children », *in* B.W. Steiner ed., *Gender Disphonia : Development, Research, Management*, N.Y., Plenum, 1985.
Zuger Bernard, « Early Effeminate Behavior in Boys, Out Come and Significance for Homosexuality », *Journal of Nervous and Mental Disease*, vol. 172, n° 2, février 1984.

INDEX DES NOMS CITÉS

Table des matières

311

CET OUVRAGE A ÉTÉ COMPOSÉ
ET ACHEVÉ D'IMPRIMER SUR ROTO-PAGE
PAR L'IMPRIMERIE FLOCH À MAYENNE
EN AOÛT 1992

Nº d'impression : 32670.
Nº d'édition : 7381-0179-1.
Dépôt légal : août 1992.
Imprimé en France